CEO
레터

CEO 레터

1판 1쇄 인쇄 2009년 3월 10일
1판 2쇄 발행 2009년 4월 30일

지은이 이화언

발행인 양원석
총편집인 김기중
편집장 하명란
책임편집 김진영
캘리·일러스트 권기철
영업 마케팅 정도준, 김성룡, 백준, 백창민
펴낸곳 랜덤하우스코리아(주)
주소 서울시 강남구 삼성동 159 오크우드호텔 별관 B2
편집문의 02-3466-8826 **구입문의** 02-3466-8955
홈페이지 www.randombooks.co.kr
등록 2004년 1월 15일 등록 제2-3726호

ISBN 978-89-255-3208-0 03320

※ 이 책은 랜덤하우스코리아(주)가 저작권자와의 계약에 따라 발행한 것이므로
   본사의 서면 허락 없이는 어떠한 형태나 수단으로도 이 책의 내용을 이용하지 못합니다.
※ 잘못된 책은 구입하신 서점에서 바꾸어 드립니다.
※ 책값은 뒤표지에 있습니다.

CEO 레터

섬김의 리더십으로 지속가능경영을 이끌다

이화언 지음

랜덤하우스

추·천·사

CEO들만 몰래 봐야 할 책!

얼마 전 신문에서 "경영 이외에 CEO들이 가장 많이 고민하는 영역이 리더십"이라는 기사를 접한 적이 있습니다. 기업이든 공직이든 수장이 되면 '내 리더십이 대내외에 어떻게 비쳐질까?' 고민하고, 차별화된 리더십을 찾기 위해 노력하기 마련이라는 것입니다.

추천사를 부탁받고 책을 넘기면서 그 기사가 떠올랐고, '이 책이야말로 CEO들이 몰래 숨겨놓고 봐야 할 책'이란 생각이 들었습니다. 리더십을 고민하는 CEO들이 곶감 빼먹듯이 벤치마킹할 만한 아이디어가 빼곡했기 때문입니다.

직원 간의 소통 요령, 일할 맛 나는 직장 만들기, 비전 공유 방법, 미래 경영, 성공적인 IR를 위한 행장의 역할 등등. 사실 내심 "나도 따라해 봐야겠다."라는 생각이 드는 아이디어도 여럿 눈에 띄었습니다.

아울러 동생과 자주 편지를 교환하기 위해 편지로 바둑을 두었던 일화를 펼쳐놓은 대목과, 어릴 때부터 엄마처럼 동생을 보살핀 습관 때문에 칠십줄의 누님이 아직도 동생에게, 그것도 은행장인 동생에게 용돈을 쥐어준다는 이야기에 이르러서는 진심으로 부러움을 느꼈습니다.

지난 4년간 대구은행장으로 계시면서 대구은행을 '작지만 강한' 우량 은행으로 만들어놓으신 이화언 행장께서 뜻밖에 용퇴를 하신다는 말씀을 들었을 때 매우 놀랐습니다. 후배에게 길을 터주고 아름다운 퇴장을 고하신 이 행장님의 용기와 선택에 경의를 표합니다.

지금 우리 경제는 안팎으로 매우 어렵습니다. 새로운 진용의 경영진으로 새롭게 출발하는 대구은행이 앞으로도 지역경제에 든든한 버팀목이 되어 주실 것을 믿어 의심치 않습니다. 특히 지역의 건실한 중소기업이 일시적 유동성 부족으로 경영활동과 고용유지에 어려움을 겪지 않도록 각별히 신경 써 주시길 당부 드립니다. 추천사 사례(謝禮)는 이런 금융지원으로 대신해 주십시오.

아울러 제가 재무부 은행과장으로 있을 때 맺은 이 행장님과의 인연을 지금까지 지속해 올 수 있었던 것을 기쁘게 생각하며, 이번 『CEO 레터』의 추천사를 쓰도록 배려해 주심에 감사드립니다.

윤증현 (기획재정부장관)

추·천·사

꿈과 희망을 함께 나눈 CEO

이화언 행장은 언제나 부드러운 어조와 온화한 표정의 선비형이지만, 때로는 그 분의 내면에서 열정과 에너지가 뿜어져 나오는 것을 느낄 수 있다. 한마디로 전형적인 외유내강의 성품을 가지신 분이다.

대구은행이 지방은행이지만 시중은행에 못지않은 우량한 경영성과를 올린 것도 이화언 행장의 탁월한 경영능력과 리더십, 그리고 안으로 끓어오르는 열정이 그 바탕이 되었기 때문이라 할 것이다.

이화언 행장의 남다른 리더십은 그 분이 은행장 재임 기간 중에 꾸준히 추진한 직원중시경영에서 찾을 수 있다. 대부분의 CEO들은 주주가치나 고객만족에 가장 우선을 두는 데 반해 이화언 행장은 주주가치와 고객만족은 직원중시경영에서 출발한다고 보았던 것이다. 이화언 행장의 임기 중에 고객만족경영대상을 몇 차례나 받고 우리 금융감독원이 평가하는 민원처리우수기관에 선정된 것도 이 행장의 직원중시경영의 덕분이 아닌가 생각한다.

이화언 행장의 뛰어난 통찰력은 그가 일찍이 추진한 지속가능경영에서 엿볼 수 있다. 이화언 행장은 글로벌 경쟁력을 가진 초우량 금융기관이 되기 위해서는 재무성과가 좋아야 할 뿐만 아니라, 윤리경영·사회공헌·환경경영 등 지속가능경영에 앞서가야 한다는 강한 믿음을 가지고 비교적 이른 시기에 이를 추진했다.

이러한 노력을 통해 대구은행은 규모가 비록 작지만 선진 우량 은행들과 어깨를 겨루어도 조금도 손색이 없는 수준에 이를 수 있었다.

행원에서 출발하여 은행장이 된 이화언 행장이 주위의 끈질긴 만류에도 불구하고 멋있는 전통을 만들고자 용퇴를 결심했다. 이러한 이화언 행장의 모습에서 조직을 아끼고 사랑하며 조직구성원들과 꿈과 희망을 공유한 진정한 리더십을 느낀다.

조직을 책임지고 이끌어가는 리더의 생각을 직원들과 공유하는 것이 변화와 혁신의 첫걸음이라는 신념에서 시작된 『CEO 레터』가 이제 한 권의 아름다운 책으로 엮여져 세상에 나오게 되었다.

이화언 행장의 『CEO 레터』는 조직을 위하고 직원들을 사랑하는 리더가 보여주어야 할 참된 모습이 무엇인지를 보여주고 있다.

김종창(금융감독원 원장)

추·천·사

가슴 깊이 와 닿는 감성 CEO의 목소리

　이화언 행장님과 나는 거의 비슷한 시기에 각자의 임기를 시작하여 지역발전이라는 공통분모를 갖고 함께 만나 의논하고 조언을 구하는 가운데 그 분의 훌륭한 품성과 글로벌리더(Global Leader)로서의 탁월한 능력, 그리고 남다른 통찰력에 이끌리게 되었다. 이화언 행장님은 재임 기간 중에 많은 것을 이루어 놓으셨다. 국내외 금융환경과 지역경제 여건이 어려운 가운데서도 대구은행을 지역의 대표기업으로 우뚝 서게 만드셨다. 우리 지역에 대구은행과 같은 우량 기업이 있다는게 자랑스럽다. 대구은행은 지역에서 가장 편리한 점포망을 갖추고 있고, 지역 내 시장 점유율이 가장 높을 뿐더러 지역 산업에 자금을 공급하는 가장 큰 물꼬 역할을 하고 있다. 우리 고장의 대표기업답게 지역의 장학, 문화, 예술, 체육, 주민복지의 진흥을 지원하는 가장 큰손 역할을 하고 있으며, 환경보존 활동에도 앞장서고 있다.

대구은행 전 임직원이 참여하고 있는 'DGB봉사단'은 어려운 이웃을 찾아돕고, 지역의 재난 현장에 가장 먼저 달려가 봉사와 구호의 손길을 펴고 있어 지역 안팎에서 칭찬이 자자하다. 대구사랑운동기금 조성, 재래시장 상품권 판매, 2008대구국제육상경기대회 후원, 대구FC 후원, 대구광역시장학기금 출연 등을 통해 지역 발전과 이웃사랑을 실천해 오고 있다. 대구은행의 지역사회 공헌과 봉사의 중심에는 늘 이화언 행장님이 있었다. 특히 지난 2007년 3월에는 2011세계육상선수권대회 유치단의 일원으로 멀리 몸바사까지 달려오셔서 유치활동을 도와주셨다. 대구 유치가 확정된 벅찬 기쁨의 순간을 함께한 기억은 지금도 새롭다. 지역 경제의 한 축 역할을 해오신 이화언 행장님이 후진에게 자리를 물려주고 용퇴하시겠다는 뜻을 밝혔을 때는 매우 놀라고 당혹스러웠다.

지역 금융의 수장 역할을 해오신 그의 빈 자리가 너무나 클 것으로 생각되어 이인중 대구상공회의소 회장님과 함께 이 행장님의 사임을 극력 만류했다. '강을 건널 때는 말을 갈아타지 않는다.'는 옛말도 있듯이, 지역경제가 그 어느 때보다 어려운 때에 이 행장님의 퇴임이 바람직하지 않다고 여겨졌기 때문이다. 그러나 후배에게 길을 터주고 떠나는 것이 대구은행을 위해서나 본인의 명예에도 도움이 될 것이라는 이 행장님의 생각과 결심을 꺾을 수는 없었다. 끝낼 때와 멈출 때를 알고(知終知止) 용퇴를 선언하신 이화언 행장님은 또 한 번의 신선한 충격을 주었다. CEO들이 직원들과의 원활한 소통을 절감하면서도 막상 이를 실천하기란 쉽지 않다. 그러나 이화언 행장님은 바쁜 일상 속에서도 정성과 심혈을 기울여 만 4년 동안 매주 직원들에게 써 보낸 편지들을 엮어 책을 출판했다. 이화언 행장님의 남다른 직원 사랑, 그리고 직원들과 한 약속을 반드시 지키려는 의지와 성실성을 엿볼 수 있는 일이라 할 수 있다. 『CEO 레터』에서는 우정과 동기·가족 간의 따뜻한 정을 소중히 여기는 이화언 행장님의 따뜻한 인간애를 느낄 수 있을 뿐만 아니라, 깊은 통찰력과 혜안을 지니고 경영혁신을 추진해 온 한 CEO의 열정에 찬 목소리가 가슴 깊이 울려와 닿는다. 특히 섬김의 리더십을 온몸으로 실천하고, 미래지향적 안목을 바탕으로 새로운 경영패러다임인 지속가능경영을 앞장서 실천하신 것은, 기후변화 대응과 저탄소 녹색성장이 화두가 되고 있는 오늘날의 경영자들에게 좋은 교훈과 많은 시사점을 던져주기에 충분하다. 나는 이 책을 읽으면서 대구은행이 왜 지방은행임에도 불구하고 대형 시중은행을 능가하는 우량한 경영성과를 거두고 지역사회의 신뢰를 받고 있는지 알게 되었다. 그것은 바로 글로벌 시대에 걸맞은 폭넓은 시각과 국제적 감각을 지니신 이화언 행장님의 탁월한 리더십이 뒷받침됐기 때문이라 할 것이다. 이화언 행장님의 인생과 기업경영의 철학이 고스란히 담긴 『CEO 레터』는 개인이나 기업의 훌륭한 등대가 될 것으로 확신한다.

김범일 (대구광역시장)

추·천·사

아름다운 남자, 이화언

대구은행 이화언 행장! 그는 참 아름다운 사람이다. 남자에게 아름답다는 표현이 조금은 낯설지 모르지만 그가 살아온 인생이나 지금의 대구은행이 있기까지 행원으로서 또 행장으로서 걸어온 길을 살펴보면 아름답다는 표현만큼 그에게 어울리는 말이 없다.

기업인과 금융인으로서 또한 지역경제를 걱정하며 함께해 온 긴 시간 동안 느꼈던 그에 대한 존경심을 어떻게 말로 다 표현할 수 있을까만, 행장에서 물러나는 순간까지 사람들의 마음속에 깊은 감동을 전해주는 모습을 통해 내가 느끼는 감정은 역시 아름답다는 표현 이외에는 찾을 수 없을 듯하다.

설명하지 않아도 많은 이들이 잘 알고 있듯이 이화언 행장은 오늘날 대구은행이 지방은행의 한계를 뛰어넘어 글로벌 초우량 금융기관으로 자리매김할 수 있게 한 장본인이다. 행원으로 시작해 행장에 오른 최초의 인물이자 40년간의 은행원 생활 동안 묵묵하게 자신에게 주어진 길을 걸어가는 일관된 모습으로 대구은행 가족들은 물론 그를 알고 있는 주변인들에게 언제나 신뢰와 감동을 심어주었다. 특히 열린 경영, 직원중시경영, 편경영, 환경경영 등 뚜렷한 경영철학을 바탕으로 조직문화를 변화시키고 한 단계 발전적이고 친근한 대구은행의 모습을 정착시켰으며, 지역은행으로서 그 뿌리라 할 수 있는 대구와 경북을 위한 수많은 사회공헌 활동을 앞장서서 지휘해 온 주인공이다.

이러한 그가 이번에 아름다운 퇴장을 한다. 그리고 행장 재임 시절 직원들과의 소통을 위해 매주 한 번씩 CEO로서 직원들에게 보냈던 편지들을 모아 『CEO 레터』를 펴냈다. 평소 아끼던 대구은행 직원들에게 말로는 다 표현하지 못했던 여러 가지 마음들, 어려운 시절을 함께 이겨내자는 따뜻한 격려, 그리고 평소 대구은행의 CEO이자 인생의 선배로서 생각하고 느끼는 갖가지 철학들을 한곳에 모은 정화라 할 수 있을 것이다.

이제 『CEO 레터』를 통해 그와 맺은 소중한 인연의 시간들을 돌이켜 볼 수 있는 새로운 연결고리가 생겼다. 이 한 권의 책 속에 그에 대한 추억과 향기가 곳곳에 녹아 있는 만큼, 이 책을 읽는 모든 이들이 나와 같은 행복감을 느낄 수 있었으면 한다.

이인중(대구상공회의소 회장)

추 · 천 · 사

감성이 풍부한 영국신사, 이화언

나는 이화언 행장의 'CEO 레터'를 1호에서 182호 마지막 호까지 한 번도 빼놓지 않고 읽을 행운을 가졌다. 대구은행에 몸을 담은 적이 있는 나는 이 분과 30여 년간의 교우관계를 이어오고 있다. 특히 최근 수년간은 같은 아침형 인간으로서 걷기와 스트레칭 등을 하면서 새벽 시간을 함께 보낼 수 있었다. 잠에서 금방 깨어난, 있는 그대로의 진솔한 모습을 눈여겨 보고 있다.

오랫동안 그를 지켜본 사람으로서 그에 대한 인물평을 하라면 한마디로 '감성이 풍부한 영국신사'라 할 수 있다. 남을 배려하고 존중하며 자신에겐 엄하고 다른 사람에게는 봄바람처럼 훈훈하게 대하는 그의 인품과 삶의 철학은 많은 사람들에게 깊은 감명을 준다. 한마디로 그는 소통의 달인(達人)이다. 이러한 인품과 삶의 철학은 그대로 은행경영에 녹아들었을 뿐만 아니라, 직원들에게 보낸 『CEO 레터』에 가득 담겨 있음을 알 수 있다. 만 4년 동안 몇 번의 해외 출장 때를 제외하고 매주 빠짐없이 직원들에게 편지를 쓰는 열정과 성의는 이행장과 같은 감성경영 경영자가 아니면 해내기 어려운 일이다.

『CEO 레터』는 매우 다양한 주제의 감동적인 글들로 엮어져 있다. 그의 삶의 행적이나 가족사를 조금의 꾸밈이나 과장 없이 솔직하게 보여주기도 하고, 그가 가장 우선시한 '직원중시경영'의 실천 사례들을 눈에 보이듯 생생하게 그려내고 있다. 친구와 가족 간의 깊은 정을 묘사한 '바둑 편지', '촌놈 더 촌놈', '메주와 고춧가루', '셋째 딸 이름 짓기', '김수환 추기경님과 나의 모교 성의(聖義)' 등은 읽는 이들의 심금을 울릴 만큼 아름다운 수필이다. 이를 통해 이 행장이 학창 시절부터 갈고 닦아온 문화, 예술, 역사에 관한 깊은 소양과 타고난 문재(文才)를 새삼 엿볼 수 있기도 하다.

이 행장이 이룩한 가장 큰 업적은 무엇보다 변화와 혁신을 통해 대구은행의 경영 성과와 브랜드 가치를 크게 높였다는 점이라 할 수 있다. 4년간의 은행장 재임 기간 중 당기순이익 규모가 해마다 사상 최고 수준을 갱신하면서 대구은행의 황금기를 연 것으로 평가받고 있음은 널리 알려진 사실이다.

그의 미래지향적 사고와 깊은 통찰력을 지닌 CEO로서의 면모를 가장 잘 보여주는 것 중의 하나가 지속가능경영이다. 그는 일찍이 윤리경영·사회공헌·환경경영을 아우르는 지속가능경영이 21세기 기업경영의 새로운 패러다임이 될 것임을 내다보고, 국내 금융권에서는 가장 먼저 글로벌 기준에 입각한 지속가능경영체제를 도입, 추진해 오고 있다. 이것이 대구은행의 브랜드 가치를 획기적으로 높인 원동력이 되고 있다고 믿는다.

그는 이번 3월의 정기 주주총회를 앞두고, 그의 연임을 바라는 은행 안팎의 여론과 지역 지도층 인사들의 강력한 퇴임 만류에도 불구하고 아름다운 퇴장을 고함으로써 다시 한 번 그의 진면목을 보여줬다. 자리를 가려 머물 때와 떠날 때를 알고 실천한 수분지족(守分知足)의 자세는 모든 사람들의 귀감이 되고도 남을 것이다. e-메일을 통해 받아보던 이화언 행장의 CEO 레터를 이제 한 권의 책으로 받아 읽으면서 그 때 느꼈던 그 감동과 교훈을 다시 한 번 반추할 시간을 가져본다.

최용호(경북대학교 명예교수)

저·자·서·문

  2005년 3월 25일 필자가 제9대 대구은행장에 취임하면서 한 다짐은, 재임 기간 중에 어떻게든 대구은행을 글로벌 시장에서도 인정받을 수 있는 초우량 지역은행으로 가꿔야겠다는 것이었다. 그래서 은행의 경영 이념을 '꿈과 풍요로움을 지역과 함께'로, 비전을 '세계적인 초우량 지역은행'으로 삼았다. 비전을 공표할 당시 은행 안팎에서 '세계적인'이라는 표현에 고개를 갸웃거리는 사람들도 없지 않았다. 그러나 오늘날과 같이 국가 간 울타리가 사라지고 전 세계가 하나의 경쟁무대로 변모하는 글로벌 시대에, 우물 안 개구리로 남아서는 안 되고 우리의 시야와 지평을 세계로 넓혀야겠다고 생각했다.

  비전에 담긴 '세계적인'이라는 말에는 자산규모가 세계 랭킹에 든다거나 점포망이 전 세계에 뻗어 있기 때문이 아니라, 국제 기준(global standard)을 충실히 지키고, 재무적·비재무적 성과가 모두 세계적인 은행과 견주어 손색이 없을 만큼 우량한 수준에 올려놓겠다는 의지가 담겨 있다.

  은행도 하나의 기업인 만큼, 국민 경제발전과 고용창출에 기여해야 한다. 그러기 위해서는 이익을 많이 내는 등 재무적 성과가 좋아야 함은 두말할 나위가 없다. 한마디로 돈을 잘 벌어야 한다. 그러기 위해서는 현상에 안주하지 않고 생산성과 가치 혁신을 위한 경영혁신과 변화관리를 끊임없이 추진해야 한다. 나는 조직 내에 혁신과 변화의 바람을 불어넣기 위해 마흔 살이 되면 고통스런 갱생을 통해 30년을 더 산다는 솔개 우화를 차용한 '솔개 프로젝트'를 가동하였다.

  '솔개 프로젝트'는 창립 40주년을 맞은 대구은행이 솔개의 갱생과도 같이 경영 곳곳에 쌓인 낡은 먼지와 찌꺼기를 걷어내고 조직, 인사, 기업문화, 영업 등 경영 각 분야에서 변화와 혁신을 이끌어내기 위한 노력이었다. 기업 가치를 높이기 위한 경영의 기본 방침으로는 흔히 고객만족, 주주가치 극대화, 그리고 직원만족을 든다. 이러한 세 가지 경영 방침 중에서 나는 '직원중시경영'을 맨 첫째 자리에 두기로 했다. 기업의 '내부고객'인 직원들이 직장생활에서 긍지와 보람을 느끼고 만족할 때 비로소 고객만족과 주주가치 극대화를 실현할 수 있고, 궁극적으로는 세계적인 초우량 지역은행을 만들 수 있다고 굳게 믿었기 때문이다.

  직원중시경영은 무엇보다 CEO가 직원을 경영의 중요한 파트너로 생각하고 직원들의 목소리에 귀 기울이는 동시에, 직원 위에 군림하는 것이 아니라 직원의 눈높이에서 '섬김의 리더십'을 발휘하는 것이라 생각한다. 나는 평소 사람이 무엇보다 중요하고 사람 간의 관계는 신뢰가 그 바탕이 되어야 하며, 신뢰는 원활한 의사소통에서 생겨난다고 믿고 있다. 직원들과 소통하고 함께하는 시간을 갖기 위해 나는 수시로 직원들과 함께 산행을 하고 식사를 하면서 이야기를 나누고 때론 그들과 노래하고 춤을 추기도 했다. 그리고 은행장의 생각과 여태껏 살아온 삶을 직원들과 더불어 나누고, 은행에서 일어난 일이나 경영의 이모저모를 알려줌으로써 공감의 폭을 넓히고 뜻과 힘을 모으고 싶었다. 그렇게 해서 시작한 것이 매주 행내 결재망인 '오아시스'를 통해 보낸 'CEO 레터'다.

대구은행을 세계적인 초우량 지역은행으로 만들기 위해 또 하나 역점을 둔 경영방침은 '지속가능경영(Corporate Sustainability)'이다. 글로벌 우량기업이 되기 위해서는 재무적 성과가 우수해야 함은 말할 것도 없고, 윤리경영, 사회공헌, 환경경영을 아우르는 지속가능경영 면에서도 앞서가야 한다.

재무적 성과가 뛰어난 내로라하는 기업들이 회계 부정, 아동노동 사용, 유해물질 유출, 성희롱 등으로 곤욕을 치르거나 하루 아침에 나락으로 떨어진 사례는 적지 않다. 국민들도 이제는 소비와 투자를 결정할 때, '착한 기업'을 선호할 뿐만 아니라, 사회책임투자(SRI) 등에 투자가들의 관심이 날로 커지고 있고, 여기로 흘러들어오는 돈도 급격히 늘어나고 있다.

기후변화와 환경문제는 21세기 최대 화두이자 인류 공통의 관심사가 될 것임에 틀림없다. 글로벌 기업이 되고자 한다면 하나뿐인 지구와 우리의 삶의 터전인 아름다운 자연과 생태계를 지키고 보존하는 일에 앞장서지 않으면 안 된다고 생각한다. 기후변화 문제는 세계 경제의 지도를 바꾸고, 심지어는 금본위제와 달러본위제에 이어 '탄소본위제' 시대가 도래할 것을 예고하고 있기도 하다. 기후변화 문제에 어떻게 대응하느냐에 따라 한 국가나 지역의 성쇠는 말할 것도 없고 기업의 생존과 경쟁력을 좌우하게 될 수도 있을 것이다.

윤리경영, 사회공헌, 환경경영을 아우른 지속가능경영이야말로, 탐욕과 도덕적 해이, 그로 인한 신뢰의 상실에서 빚어진 글로벌 경제위기를 치유할 수 있는 하나의 해법이 될 수 있을지 모른다. 지속가능경영은 기업과 사회, 사람과 사람, 그리고 사람과 자연이 함께 나눔과 공존을 추구함으로써, 시장 만능의 신자유주의적 경제 질서의 폐해를 줄이고 이른바 '인간의 얼굴을 한 자본주의 질서'를 회복시키는 데 기여할 수 있을 것이기 때문이다.

지난 4년간 은행장 직을 맡아 일하는 동안 우리 대구은행이 이처럼 알찬 경영성과를 거둠으로써, 취임 시에 정한 비전인 '세계적인 초우량 지역은행'에 성큼 다가설 수 있게 된 것은, 무엇보다 우리 3,000여 임직원을 비롯한 대구은행 가족 모두가 은행장을 믿고 성원해 준 덕분이라 생각한다. 또 자랑스런 대구은행의 오늘이 있기까지는 지역사회를 비롯하여 주주와 고객님들의 뜨거운 사랑과 협력에 힘입은 바 크며, 자랑스런 전통과 문화를 심고 가꾸어 주신 역대 은행장님들과 선배·동료 행우들이 쏟은 값진 땀과 열정의 소산이기도 하다.

이처럼 자랑스러운 대구은행을 뒤로 하고 이제 작별을 고한다. 필자가 CEO 레터 최종회에서 든 대학(大學)의 "물유본말(物有本末), 사유종시(事有終始)"의 글귀와 같이 세상 모든 것에는 근본과 말단이 있고, 일에는 시작과 끝이 있기 마련이다. 지금은 젊고 유능한 후진에게 자리를 내어주고 한 사람의 평범한 시민으로, 그리고 동우회 회원의 한 사람으로 돌아가고자 한다. 은행장에 취임하던 때부터 은행장으로 일하는 동안 겸허한 자세로 양심껏 일하고 물러날 때가 되면 초연하게 떠날 것을 스스로 다짐해 왔다. 그것이 내가 우리 대구은행과 지역사회로부터 빚만 지고 살아온 자로서의 도리라 여겼기 때문이다.

유능하고 준비된 CEO인 하춘수 신임 행장이 경제위기의 파고를 힘차게 헤쳐나감은 물론, 위기를 새로운 성장의 기회로 삼아 100년 은행의 기틀을 탄탄히 다져나가기를 빌고, 또 그렇게 될 것을 굳게 믿는다.

개인적으로 많은 조언과 힘을 보태주시고 대구은행 발전의 튼튼한 버팀목이 되어 주신 우리 대구은행 가족과 많은 분들의 사랑과 성원에 채 보답하지 못하고, 또 일일이 찾아뵙고 인사를 드려야 함에도 그렇게 하지 못하고 떠나게 되어 죄송한 마음 가득하다.

그 동안 보낸 182편의 CEO 레터 중에서 모두 94편을 골라 '대구은행과 함께한 40년, 마이스토리', '직원중시경영과 섬김의 리더십', '세계적인 초우량 지역은행을 향한 변화와 혁신', '100년 은행을 위한 대구은행의 지속가능경영' 등 모두 네 개의 장으로 나누어 엮어 보았다.

막상 책으로 내고 보니 문재(文才)의 부족함을 새삼 깨닫고 안타까움과 부끄러움이 앞선다. 그 동안 『CEO 레터』 마감에 쫓길 때마다 그만둘까도 생각했지만 그러한 유혹을 이겨내고 끝까지 직원들과의 약속을 지킬 수 있었던 나의 끈기를 그나마 위안으로 삼고 싶다.

도서 출판 과정에서 졸고(拙稿)를 미려한 디자인과 아름다운 활자로 글에 생기를 불어넣어주시고 책을 돋보이게 해주신 랜덤하우스코리아 관계자 여러분과, 편집을 도와주신 진병용 대은경제연구소 본부장과 편집위원들에게도 감사드린다. 아울러 그동안 CEO 레터를 열독해 주시고 지식경영포털인 '스카이'를 통해 댓글을 달아주시며 뜨거운 관심과 호응을 보내주신 우리 대구은행 임직원들에게도 진정 어린 감사의 뜻을 전하고 싶다.

그리고 지난 40년 동안 한 직장에서 일하고, 은행장직을 끝으로 명예롭게 퇴임하기까지 따뜻한 사랑으로 버팀목이 되어준 가족과 친구, 친지, 선후배 여러분들께 지면을 빌려 깊이 감사를 드린다.

2009년 3월 이화언

프·롤·로·그 prologue

CEO 레터를 시작하며

　창문을 열고 따스한 봄 내음에 취해 커피 한잔을 마시고 싶은 날, 이렇게 편지로 여러분을 찾아뵈니 느낌이 새롭습니다. 제가 은행장으로 취임한 지가 오늘로 10일이 됩니다. 이 짧은 기간 동안 많은 변화가 있었다고 생각합니다. 그래서 그 변화의 일부를 여러분에게 알리고 또 여러분들로부터 좋은 의견을 듣고자 'CEO 레터'를 씁니다.

　뱅크워(Bank War)라는 말이 나올 정도로 치열해져 가는 금융환경에서 생존하기 위해 우리는 많은 부문에서 변화와 혁신을 해야 한다고 생각합니다. 누구나 변화와 혁신을 외치면서도 막상 실천을 하지 못하는 것은 그 동안의 타성에 젖어 현실에 안주하기 때문이 아닌가 생각합니다. 취임식 때 저는 임원들과 함께 먼저 식장에 도착하여 직원들을 맞이했고, 제가 직접 임원들을 소개하면서 업무분장을 했습니다. 그리고 저와 사업본부장, 노조위원장이 손을 잡고 직원들에게 인사했습니다. 부점장들에게 사령장을 수여할 때에도 좁은 3층 회의실에서 서서 하는 딱딱한 방식 대신 잔잔한 음악이 흐르는 강당에서 앉은 채 실시했습니다. 신임 발령자들이 본점 층층을 올라 다니면서 부서장들을 찾아가 인사하는 폐단을 없애기 위해 본부 부서장들도 사령장 수여식에 참석토록 했습니다.

왜일까요? '보여주기'위해서였을까요? 아닙니다. 직원중시경영을 통한 고객만족 및 주주가치경영을 달성하고, 그 동안의 권위주의와 형식에 젖어 있는 사고를 바꾸어 보려는 시도에서였습니다. 조직을 변화시키고 형식과 권위를 타파하고 자율과 책임이 따르는 행동을 할 수 있는 기업문화를 만드는 데 제가 앞장서서 실천하고자 하는 의도였습니다.

저는 우리 대구은행이 가장 자율적이고 가장 민주적이지만 자기가 하는 일에 책임을 지는 기업문화가 정착되는 그 날까지, 은행장의 권위와 기득권을 버려서라도 계속 노력할 것입니다. 직원 여러분도 적극적인 참여를 부탁드립니다. 앞으로 매주 CEO 레터로 여러분들을 찾아 뵐 것을 약속드리오니 따뜻하게 저를 맞이해 주시기 바랍니다. 오늘 퇴근길에 동료들과 소주 한잔을 기울이며 우정을 나누는 좋은 날이 되기를 바랍니다.

2005년 4월 6일

차·례 contents

추천사 · 4
저자서문 · 16
프롤로그 · 22

제1부_ 대구은행과 함께한 40년, 마이 스토리

바둑 편지 · 30
촌놈, 더 촌놈 · 35
메주와 고춧가루 · 39
월봉 25,000원의 풋내기 행원으로 입행하여 · 43
행원에서 대리까지 한 지점에서 보내다 · 46
박영복 사건과 제1기 신용분석사 과정 · 49
셋째 딸 이름 짓기 · 52
신용분석사, 신용리스크의 파수꾼 · 55
대구은행을 세우고 키우신 김준성 초대 행장님 · 58
32년 전 울릉도 표류의 추억 · 62
다시 가본 울릉도, 그리고 우리 땅 독도 · 65
꿈의 해외연수 · 70
철저한 전통 숭상의 나라 영국 · 73
보수성과 합리성의 조화 · 77
세계 금융시장, 변화의 중심 뉴욕 · 81
글로벌 네트워크 구축에 전념한 외환업무과장 시절 · 85
의전 중심에서 업무 중심의 비서실로 · 88
국립도서관과 서울지점 · 93
팔도회, 그리고 (주)대구창업투자 · 97

서울생활에서 얻은 것들 · 102
글로벌 마인드와 꿈을 키운 뉴욕사무소장 시절 · 106
나의 금연기 · 110
파랑새 문고와 한솥밥 먹기 · 114
구원투수로 14년 만에 대구 귀환 · 118
아주 특별한 휴가 · 121
휴가 만필(漫筆) · 124
몸바사에서 전하는 승전보 · 129
나의 건강 지킴이 · 134
명예경영학 박사학위를 받고 · 137
김수환 추기경님과 나의 모교 성의(聖義) · 143

제2부_ 직원중시경영과 섬김의 리더십

기업문화 · 148
직원중시경영 · 151
섬김의 리더십과 편경영 · 155
가장 일하고 싶은 직장 만들기 · 159
진수 테리의 편경영 · 162
가방 속에 세계를 담아라 · 166
독도사랑 마라톤 대회 · 170
잊을 수 없는 빗속 산행 · 174
힘찬 비상을 위한 한마음 하나로 전진대회 · 178
역대 행장님들의 초상화 헌액식 · 182
꿈과 비전을 함께한 대화의 시간 · 186
행장표 도시락 · 190
내몸사랑 캠페인과 독서 캠페인 · 194
DGB웰빙센터 · 198
DGB아이꿈터 · 202
고승(高僧)의 시 한 수 · 206

제3부 _ 세계적인 초우량 지역은행을 향한 변화와 혁신

이카로스 패러독스(Icarus Paradox) · 212
잘나갈 때 미리 대비해야 · 215
IR와 'Good to Great' · 219
융합 · 224
외국어 조기교육 · 228
경북 제1의 도시 포항에서 가진 부점장 회의 · 232
IR 대상을 수상하고 · 236
사이버세상 속의 블루오션 · 239
감사와 축제의 장이 된 주주총회 · 242
지식경영시스템 '스카이' · 249
미래는 준비하는 자에게 · 252
선진 IT 시스템 벤치마킹을 다녀와서… · 255
IR는 최상의 경영컨설팅, 해외 IR를 다녀와서 · 260
다시 런던을 다녀와서 · 266
싱가포르, 홍콩, 그리고 동북아 금융허브 · 269
줄탁동시(啐啄同時) · 273
작은 거인 마카오 · 276
서브프라임 모기지, The World is Flat · 280
도광양회(韜光養晦) · 284
아시아 최우수 경영기업상을 수상하고 · 287
상하이사무소 · 292
글로벌 금융위기와 미국의 투자은행 · 297
금융 허리케인의 한가운데서 · 302
글로벌 금융위기 속의 홍콩, 싱가포르를 다녀와서 · 307
마부작침(磨斧作針) · 313
하이브리드채권 · 316

제4부 _ 100년 은행을 위한 대구은행의 지속가능경영

불편한 진실 · 322
나우르의 비극 · 327
물, 생명의 원천이자 소중한 자원 · 329
공기를 팝니다 · 333
육식과 채식, 그리고 환경 · 338
하나뿐인 지구, 녹색금융으로 살려야 · 342
윤리경영 없는 우량기업 없다 · 346
대구은행역에 내리면서 · 349
세계적인 초우량 지역은행, 지속가능경영에서부터 · 353
우량 장수기업의 공통점 · 358
지속가능경영 원년 선포 · 362
경주 최부잣집과 노블레스 오블리주 · 366
GRI 'A등급' 획득한 지속가능경영보고서 · 369
신뢰는 또 하나의 경쟁력 · 373
인식에서 행동으로(Awareness to Action) · 378
선진국과 선진시민 · 383
100년 은행을 위한 대구은행의 선택 · 388
DGB STOP CO_2 플랜 · 393
금융시장 신뢰 상실의 대안 · 398
지속가능경영은 글로벌 경쟁력의 조건 · 401
'매니페스토 약속대상'을 수상하고 · 405

에필로그 · 408
언론이 주목한 이화언 행장 · 412

■ **일러두기**
1. 본문에 나오는 모든 수치와 내용은 작성 당시를 기준으로 한 것으로 현재의 것과 차이가 있을 수 있습니다.
2. 본문에 나오는 직위는 책 출간 시점을 기준으로 하였습니다.

| 제 1 부 |

대구은행과 함께한 40년, 마이 스토리

1967년 국내 최초의 지방은행으로 설립된 대구은행은 창립 이후 지난 40여 년간 지역과 함께 호흡하며 초우량 지역은행으로 성장하였다. 월급 25,000원의 수습행원으로 입행하여 뉴욕사무소장, 국제부장, 융자부장, 수석부행장을 거쳐 은행장이 되기까지 이화언 행장의 발자취는 대구은행의 산 역사이기도하다.

바둑 편지

저는 경상북도 김천 시내에서 16킬로미터 떨어진 구성면 상원리라는 시골 마을에서 8남매 중 7번째로 태어났습니다. 돌아가신 어머니께서 1905년 을사생이시니까 나이 마흔에 저를 출산하셨습니다.

제가 태어난 이듬해 큰누님은 시집을 가셨고, 누님의 맏아들인 저의 생질은 저와 같은 날 군에 입대하기도 하였습니다. 큰누님이 친정에 와서 늦둥이 동생에게 젖을 먹이곤 했다니 지금으로서는 도저히 상상도 할 수 없는 일입니다.

문제는 제가 태어난 지 3년 후에 막내 동생이 또 태어난 것입니다. 늦둥이는 성장에 문제가 있다는 속설이 있으나 막내 동생은 형제 중 제일 건장하게 잘 성장하였습니다. 이미 동생도 올해가 환갑이라 대기업 사장을 끝으로 은퇴를 하였습니다.

'14. 3. 78

오늘 아침 (방금) 편지 잘 받았습니다.
新學年과 함께 바쁘시네요. 베를린은 이제 책도 더 두껍게 느끼
줄조. 바둑도 예상대로 형님께 육구 하셨고 (애는 형편을 보고
했어야 되는데) 나는 라감이 손흥배 10 월에 받습니다.
내 옥가도 6月는 훈수(?) 받께서 미리 알려준 마십니다.
큰 행님께선 바둑가 잘도 숨통로도 옮기셨대요 한 듯합니다.
한국에서 오랜 기반을 닦으니와 바나 얼려 한계 많고 그게
게임이 잘도 돌아 오네요. 큰행님께도 잘 되게 해야 겠어요.
매주 경누형께선 꽃이 볼고 바쁘시니 꿰 김순이 어속이
행께 하니나만 건강이 허락아니 바쁘신 종에도 좀 도와 드려야
할것뇨. 말이만 커멀습니까. 저주나 넷이면 안심입니다.
일단 건강히 돼신을 봐셔야 되겠음니다. 우리집 한가로 건강
바로 아직도 열부 있으셔서 이런 예가 계속 나왔습니다.
저는 경학에 번거로 더해 한짝 다니 (케메지) 속이 독곡이 가끈 터지로
경기가 있으나 먹으로 조심하는거 아곤 목소 특고도 세업재로
더러 잘 못하고 있는 종입니다. 의사에게도 간보고 싶은 흔들일 꺼니다.
한달에 뼈가 아니라 가고 하루이 간 편이 지는 거지로. 옮이 차거로
상대에서 신는 쪽도 ㅂ   ㅉ는)   조심 해야 갸로.
                         (가수에. 국도) 에서
                         ㅈ는 다섯여나 같분
                         이리있으요.
                         (시간도 빼까지 얻으나
                        써 몇로 목회한쪽
                         시 미국로 바로 하는
                        일반는 포기를 했습니다.

634
경북 대구시 남구 대명동 648-6
이   화   연   귀하
süd-KOREA

MIT LUFTPOST
PAR AVION
BY AIR MAIL

독일 베를린 공과대학에서 유학 중이던 동생과 주고받았던 바둑
편지 중 한 통과 봉투. 매주 주고받았던 바둑 편지는 이화언 행
장과 아우, 두 형제의 각별한 우애를 보여준다.

제1부 대구은행과 함께한 40년, 마이 스토리 | 31

독일 베를린에서의 고된 유학 시절 태권도 사범을 하기도 했던 아우의 뛰어난 태권도 실력

저와 동생은 여러 형제 중 가장 친한 사이로 평소 무슨 일이든 서로 상의하곤 하였습니다. 1974년 고려대학교를 졸업한 동생은 저와 진로에 대해 많은 고민을 한 끝에 독일 베를린 공과대학으로 유학을 떠났습니다.

저는 지금의 교동시장지점에서 행원으로 근무하면서 푼푼이 저금하였던 통장을 다 해약하여 동생 유학 비용의 일부를 보탰습니다. 동생은 그때 신혼이었던 형으로부터 조그만 도움을 받고는 평생 동안 감사하며 몇 곱절의 갚음을 해왔습니다.

독일로 떠난 뒤 동생은 온갖 궂은 아르바이트로 고된 유학 생활을 하면서도 틈틈이 저에게 편지를 보내곤 했습니다. 중식당에서 하루에 오리 100마리의 각을 뜨기도 하고, 태권도 사범을 하기도 했습니다. 그때 제가 편지 바둑을 두자고 제의했습니다. 우리가 앞으로 몇 년간 편지를 주고받자면 편지 바둑이 제격이라고 생각했던 것입니다.

책상머리에 가로 19줄은 A, B, C, D…… 세로 19줄은 1, 2, 3, 4……로 표시한 바둑판을 그려 놓고 편지 쓸 때 첫머리에 바둑돌부터 놓는 식입니다. 오늘은 'C-3' 하고 편지를 보내면 답장은 'Q-17'이라고 응수해 오곤 했습니다.

그 당시에 저는 바둑이 4급 정도로서 7급 정도인 동생이 3점 정도 붙여야 했지만 서로 연구할 수 있는 시간이 충분한지라 맞바둑을 두기로 했습니다. 우리는 편지 바둑 두는 재미에 평균 1주일에 한 번씩은 서신을 주고받았습니다. 어떤 연인 사이라도 그렇게 장기간 편지를 주고받기는 쉽지 않을 것입니다.

　4년 후 동생이 귀국한 1978년쯤에도 대국은 끝이 안 나고 판이 어느 정도 어우러질 정도였습니다. 문제는 제가 동생보다 고단수였지만 오히려 바둑 판세가 점점 제게 불리하게 전개되고 있었다는 것입니다.

　동생이 귀국하자마자 우리는 마주앉아 그동안의 편지 바둑을 복기(復棋)하고 마무리 바둑을 두었습니다. 열 번을 두어도 제가 다 지고 말았습니다. 그동안의 불리하게 전개된 판세를 도저히 뒤집을 수 없었기 때문입니다. 편지 바둑이 아닌 일반 바둑을 두면 물론 제가 판판이 이겼습니다. 그 이유를 마침내 동생이 고백하였는데 그 당시 베를린에 프로 기사 한 분이 계셔서 그분의 코치를 계속 받았다는 것입니다. 동생의 이실직고에 우리는 서로 박장대소하고 말았습니다.

　인터넷이 발달한 지금은 원격지에 있는 사람과 실시간으로 바둑을 두곤 합니다. 얼마 전에도 인터넷으로 동생을 불러 같이 인터넷 바둑을 두면서 편지 바둑 이야기를 했습니다. 지금은 동생이 아마 5단으로서 바둑 실력이 저보다 월등합니다.

　인터넷의 발달로 세계가 평평해진 지금과 비교해 보면 30여 년 전은 정말 호랑이 담배 피우던 시절이었습니다. 그러나 그때 동생과 편지 바둑을 열심히 두던 그 시절은 잊을 수 없는 아름다운 추억으로 저에게 남아 있습니다.

2007년 6월 13일

촌놈, 더 촌놈

저는 지난주 필리핀에서 여름휴가를 보내고 왔습니다. 찌는 듯한 삼복더위에 하필 적도 가까운 남국, 필리핀으로 떠난 이유는 저의 죽마고우인 '촌놈'과 휴가를 함께 보내기 위해서였습니다.

그는 현재 성공한 기업인이자 사회적으로 존경받는 경제인으로서 마닐라 근교 휴양지인 푸에르토 아줄에 그림 같은 별장을 갖고 있습니다. 어느 때인가부터 '촌놈'은 서로를 부르는 자연스러운 호칭이 되었습니다. 촌놈이라는 어감에서 풍기는 고향의 그 풋풋함을 서로가 은근히 즐기고 있었던 것입니다.

유행가 한 소절씩 따라 부르다 보면 '이것 참, 내 이야기 같다.' 싶은 노래가 다들 몇 곡씩 있을 줄 압니다. 저에게도 그런 노래가 있으니 바로 정지용 님의 시에 곡을 붙인 「향수」입니다. 단어 하나하나가 그냥 지나칠 수 없을 정도로 미학적이고, 에둘러 빗댄 표현 너머 그려지는 풍경들은 어찌 말로 다 표현할 수 있을까 싶던 우리 고향의 원형을 그대로 전해 주는 아름다운 시입니다. 시에 나오는 것처럼 비록 넓은 벌, 옥답은 아닐지라도 얼룩빼기 황소와 동네 어귀를 휘돌아 나가는 실개천이 있는 곳, 그곳이 바로 저와 '촌놈'의 고향입니다.

우리는 아랫면, 윗면 출신으로 지례중학교에 입학하면서 서로를 알게 되었습니다. 그는 지례초등학교 1등 졸업생, 저는 구성초등학교 1등 졸업생으로 만났습니다. 친구와 저는 처음에는 공부 라이벌로서 선의의 경쟁을 펼쳤지만, 차츰 그의 사람됨과 인간적인 매력에 저는 푹 빠져들고 말았습니다.

문재(文才)가 뛰어났던 친구는 백일장에 나가기만 하면 장원이었고, 붓글씨를 잘 써서 학교 교실에 붙이는 교훈과 급훈을 도맡아 쓰곤 하였습니다. 중학생인 친구의 글씨가 선생님들보다 더 나았기 때문입니다. 우리는 중학교 3년 동안 둘도 없는 사이가 되었고 정말 친하게 지냈습니다. 중학교 졸업 후 친구는 서울로 고등학교 유학길에 올랐고 저는 김천에 남게 되었습니다. 우리는 1주일이 멀다 하고 마치 연애편지 주고받듯 편지를 교환하였습니다. 세월이 흘러 제가 뉴욕사무소장으로 있을 때 편지 한 통을 받게 됩니다.

To: Mr. The Chonnom, 30 Linden St. New Hyde Park, NY 11040.

서로를 '촌놈', '더 촌놈'이라 불렀던 죽마고우와 함께한 학창 시절의 한때. 선의의 경쟁을 펼치던 어린시절부터 세월의 무게를 실감하는 오늘까지 변함없는 우정을 지켜오고 있는 50년 지기 지음(知音)이다.

'더욱'의 의미인 '더 촌놈'에서 한 발 나아가 정관사인 'the'를 붙여 확실한 촌놈으로 업그레이드시켜 주겠다는 것이었습니다. 친구 내외가 뉴욕의 저희 가족을 방문하기도 하였고 촌놈 덕에 뉴욕 구경을 다 해본다며 즐거워하던 친구 모습이 생각납니다. 최근 지면 등을 통해 꽤나 유명세를 탄 제 '18년 된 소나타'는 이 촌놈 친구가 선물해 준 차입니다. 당시 큰 목돈을 들여 승용차를 살 엄두를 못 내던 차에 이 친구가 귀국 선물이라는 명분을 달아 사주었던 것입니다. 18년이 흐른 지금, 큰 수리 몇 번 받으면서까지 이

차를 바꾸지 않고 계속 타는 가장 큰 이유는 바로 촌놈과 얽힌 이런 특별한 사연이 있기 때문입니다.

촌놈 친구의 사랑이 가득 담긴 그야말로 애마(愛馬)인 이 차를 우리 집에서는 '벤츠'라 부르고 있습니다. 우리는 까까머리 소년으로 처음 만나 50여 년이라는 세월을 사랑과 존경으로 함께 해왔습니다. 저는 감히 이 친구를 지음(知音)이라고 하겠습니다. 날씬했던 촌놈들은 세월의 무게를 견디지 못하고 적당히 아랫배가 나온 60대 중반의 나이로 접어들었습니다. 그러나 같이 보낸 지난 시간들이 바로 엊그제 일처럼 느껴진다는 사실은 순수함에서 비롯된 우정 때문일 것입니다. 백발이 되어도 서로를 촌놈이라고 부를 수 있는 소년의 순수함, 그것이 바로 우정이 아닌가 합니다. 정지용 님의 시 한수로 나의 지음, 촌놈을 생각해 봅니다.

별 똥

별똥 떨어진 곳
마음에 두었다
다음날 가보려
벼르다 벼르다
이젠 다 자랐소.

2008년 8월 12일

메주와 고춧가루

해마다 봄이면 저는 서울 자하문(紫霞門) 밖 세검정(洗劍亭)이 생각납니다. 길 따라 지천으로 핀 개나리, 철쭉하며 흐드러지게 핀 복사꽃들로 가득 찬 그곳에는 저의 셋째 누님이 살고 계셨습니다.

지난봄 미국 IR(Investor Relations) 출장 길에 저는 워싱턴에 본사를 두고 있는 당행 대주주 EMM 사를 방문하였습니다. 그곳에서 차로 30여 분 거리에 있는 메릴랜드 주의 그림 같은 마을 로크빌에 바로 그 누님이 살고 계십니다. 미국으로 이민 가신 지 어언 35년이나 되었고 이제는 일흔을 훌쩍 넘은 연세이시지만 예전 대학생이던 동생을 맞이하듯 저를 반겨 주셨습니다.

그 누님은 저에게 아주 특별한 분이십니다. 층층시하 맏며느리로서 시집살이하시던 와중에도 가난한 학생이던 제게 늘 맛있는 음식과 용돈을 챙겨 주시던 그런 분이셨습니다. 주말에 친구들과

미국에 계신 셋째 누님과 함께. 40여 년 전 대학생 동생에게 암탉을 잡아주시던 새댁은 일흔의 연세가 되셔서도 변함없이 오랜만에 만난 동생을 위해 밤새 빻은 고춧가루와 정성들여 띄운 메주를 들려 보내고 싶어 하셨다.

같이 세검정에 가면 암탉을 잡아 주시고 제가 좋아하는 고등어자반을 차려 주시곤 했습니다.

지난 봄 로크빌 누님 댁을 방문하였을 때 누님은 마치 40여 년 전 젊은 새댁이 친정 동생 맞을 때와 같은 기분이신 것 같았습니다. 동생을 만날 생각에 며칠 동안 들뜬 마음으로 음식 하나 제대로 준비하지 못했다 하셨지만, 막상 밥상에 올라온 음식들은 지난 60년대 세검정 누님 댁에서 즐겨 먹던 음식들로 가득하였습니다. 상추와 쑥갓은 물론이고 두릅, 참나물, 미나리무침, 가죽튀김, 머위볶음 등 뒤뜰에서 손수 가꾼 야채들이었습니다. 제가 좋아한다고 준비한 고등어자반이 마트에서 사온 유일한 것이었습니다.

저는 매년 각종 야채 씨앗을 누님께 보내 드렸습니다. 뒤뜰에서 야채 키우는 재미에 푹 빠지신 누님은 제게 이런 말을 건네셨습니다. "동생! 미국은 토질이 좋은가 봐요. 고추는 크기가 말 다리만 하고, 들깻잎은 코끼리 귀만 해요." 무, 배추 농사가 너무 잘되어서 매년 교회 사람들에게 나누어 드린다고 합니다. 하룻밤을 누님댁에서 보내고 다음 날 아침 샌프란시스코로 가기 위해 가방을 꾸리고 있던 차였습니다. 누님은 집에서 가꾸고 키운 고추를 밤새 손수 빻아서 만든 고춧가루와 집에서 띄운 메주 두 덩이를 제가 가져가기를 원하셨습니다.

저는 누님의 정성을 거절할 수밖에 없는 두 가지 이유를 들어 누님을 설득하였습니다. 가방 속 공간이 부족하다는 점과 세관을 통관할 때 농산물 반입이 허용되지 않는다는 점을 들어 가져갈 수 없다고 사양하고는, 겨우 누님의 이해를 구하는 데 성공하였습니다.

그러자 이번에는 봉투 하나를 건네주셨습니다. 저는 또다시 두 가지 이유를 들어 가며 사양하였습니다. 은행장 봉급이 많다는 점과 아이들도 다 취직하여 용돈 줄 아이가 없다는 것이었습니다. 그러나 이번에는 누님이 절대 물러서지 않으셨습니다. 하는 수 없이 돈 봉투를 받아 들고서 제가 마련한 봉투에 누님이 주신 것을 합하여 장롱 서랍에 몰래 넣어 놓고는 떠나면서 조카에게 일러두었습니다.

'이런 사실을 금방 어머니께 말씀드리지 말고 1주일쯤 지난 뒤 말씀드리라.'고 말입니다. 아니나 다를까 귀국 후 1주일쯤 지나 이 사실을 전해들은 누님께서는 한국과의 시차도 잊으신 채 펄펄 뛰시며 새벽녘에 전화를 걸어 오셨습니다. 돈은 은행에 잘 보관해 놓을 테니 다음 방문 때 꼭 받아 가라는 다짐이었습니다.

이제 연세가 일흔둘인 누님이시지만 마음만은 그 옛날 세검정 젊은 누님 때 그대로였습니다. 40년 전 대학생 동생에게 닭 한 마리 기꺼이 잡아 주시던 그 고운 젊은 새댁, 그리고 은행장까지 된 동생에게 기어이 용돈 봉투를 쥐어 주시려는 그런 분이 바로 제 누님이십니다.

2006년 6월 7일

월봉 25,000원의
풋내기 행원으로 입행하여

　제가 입행했던 1970년은 대구은행이 설립된 지 3년째 되던 해로서 행 내에 활기가 넘치고 역동하던 시절이었습니다. 수습 기간을 마치고 행원 발령을 받던 날, 사령장에는 '行員(행원): 이화언, 月俸(월봉): 25,000원, 命(명): 중앙지점(지금의 교동시장지점) 근무, 銀行長(은행장): 김준성', 대략 이렇게 적혀 있었습니다. 그 당시 괜찮은 한옥 한 채 값이 100만 원이 조금 넘는 정도였고 국내 굴지의 대기업인 K사의 신입 월급이 18,000원이었으니 대구은행의 월급 25,000원은 꽤 높은 수준이었습니다.

　저는 당시 K사에 다니던 대학 동기와 같이 수창동에서 하숙을 하고 있었습니다. 우리는 월급날마다 서문시장 근처 '태동집'에서 불고기를 먹었는데, 그때마다 계산은 늘 제몫이었습니다. 사령장을 받고 지점에 와서 신고를 하니 담당 차장(안임식 전 동우회 총무)

1970년~1980년대에 대구의 랜드마크 역할을 했던 당시의 남일동 본점 건물 주변의 시가지

께서 업무 분장 명령부에 도장을 찍으라고 하시던 모습이 지금도 기억에 선명합니다. 명령부에는 '대부 업무'라고 적혀 있었습니다. 대부 주임은 고참 행원 몫이라는 것을 잘 알던 터라 도장 찍기를 주저했더니 차장님께서 도와줄 테니 한번 해보라고 하셨습니다. 행원 발령 첫날부터 대부 주임이 되었던 것이지요. 문제는 창구에서 벌어졌습니다. 대출 고객이 이자를 납부하러 창구 앞에만 서면 제 가슴은 쿵쿵 뛰고 얼굴이 벌게지곤 했습니다.

대출 원금이 많아야 10만 원대였기 때문에 이자 계산식은 보통 '375,000(원금)×16.5%(이율)×31(일수)÷365=이자액'이었습니다. 그때는 계산기가 없던 시절이라 주판으로 곱셈은 겨우 할 수 있었지만 365로 나누는 일이 어렵고 큰일이었습니다. 급한 김에 전표 뒤에 산식을 써서 당시 주판 2단인 이규찬 행우께 신세를 지곤 했지만 도움을 받는 것도 하루 이틀이지 계속 부탁하기에는 제 자존심이 용납하지 않았습니다. 365로 나누는 요령을 깨친 후 느리기는 했지만 창구 손님 접대에 큰 불편이 없을 정도가 되었습니다.

그 당시 결산, 가결산을 할 때마다 대출 전 계좌를 대상으로 미지급이자, 미경과이자를 계산해야 했기 때문에 365로 나누는 일은 그야말로 도사가 되었다고 자부할 정도였지요. 어느 날 이규찬 행우에게 365로 나누는 문제를 가지고 시합 요청까지 한 적이 있을 정도였습니다. 결과는 KO패. 그러나 지금에 와서도 저는 365로 나누는 일은 아주 잘한답니다. 컴퓨터 시대인 지금 주판으로 현재 업무를 수행한다고 가정한다면 현재 인원의 100배가 더 있어도 불가능할 것입니다.

월봉 25,000원의 행원으로 입행하여 은행장의 지위에 오른 지금 새삼 주판과 씨름하던 그때 제 모습이 떠오릅니다.

2005년 4월 18일

행원에서 대리까지
한 지점에서 보내다

    제가 첫 발령을 받은 중앙지점은 대구은행 설립 초창기 점포로서 그 성장세가 매우 높고 활기 넘치던 곳이었습니다. 당시 행 내 경쟁 점포였던 남지점(현 반월당지점), 동지점(시청지점으로 흡수)과 함께 총수신고 5억 원 먼저 달성하기 경쟁을 하였고, 한 업체의 창업 자금으로 2,800만 원이라는 당시로서는 엄청난 금액의 대출을 취급하여 떨리는 마음으로 수표를 끊고는 주위에 무용담 삼아 이야기하던 그런 시절이었습니다.

    저 또한 신입행원 티를 벗어 가고 있었고 대부 업무도 점차 익숙해지고 있었습니다. 매일 아침 일찍 출근하여 대출일보를 작성한 후 본점에 보고하였고 일과 시간 중에는 자주 줄자를 가지고 대출 거래처와 함께 담보물 실사를 하였기에 감정서 작성은 주로 밤에 하곤 했습니다. 이처럼 바쁜 일과였지만 지점장님으로부터

이화언 행장이 수습행원으로 입사해 대리까지 보낸 중앙지점의 내부와 중앙지점 행원 시절

인정을 받았고, 특히 본점이나 감독원 검사 때 대부나 당좌 업무에 대해서 만큼은 중앙지점이 지적 건수가 없는 점포로 이름이 났을 때에도 일에 대한 보람을 많이 느꼈습니다.

당시에 기억에 남는 인물이 저와 같이 중앙지점에서 근무했던 이인호 씨(전 신한은행장)입니다. 그는 매사에 적극적이고 맡은 일에는 철두철미한 분이었습니다. 또한 중앙지점 맞은편에 위치한 K은행 대구동지점에는 대학 동기생인 이택천 군이 있었는데 자신은 줄곧 출납만 본다 하여 대부를 맡고 있던 저를 많이 부러워하곤 했습니다. 그런 그는 결국 2년 남짓한 은행 생활을 접고 행정고시에 합격하여 경북지방경찰청장과 대구지방경찰청장까지 지냈습니다.

그때는 은행이 초창기라 한 달이 멀다 하고 신규 점포가 생겼습니다. 저도 한 점포에서 오래 근무하다 보니 다른 부점으로 이동하고 싶다는 생각이 있었습니다. 외환 업무가 막 시작됨에 따라 외환 업무도 해보고 싶었고, 본점 기획 업무도 맡고 싶었고, 서울 근무도 해보고 싶다는 생각이 들곤 했습니다. 그러나 인사이동 때마다 지점장께서 중앙지점의 필수 요원이 이동하면 곤란하다는 뜻을 인사부에 전달하여 행원 시절 내내 중앙지점에만 있어야 했습니다. 그래서 내심 대리 시험에 합격해서 책임자로 승격하면 다른 곳으로 이동되겠지 하고 생각했지만 시험 합격 후에도 지점장님이 인사부에 인사 보류 요청을 하여 대리 생활도 같은 지점에서 지내게 되었습니다.

그러나 수습 행원에서 대리 생활까지 한 점포에서 보내면서 지점 업무는 거의 다 익힐 수 있었습니다. 이때의 경험이 이후 저의 은행 생활에 많은 도움이 되었음은 물론이고 보람도 많았던 시기였습니다.

2005년 6월 7일

박영복 사건과
제1기 신용분석사 과정

　수습행원에서부터 대리가 되기까지 근무했던 중앙지점을 가까스로 탈출하게 된 것은 '금록통상 박영복 사건' 때문이었습니다. 당시에 '박영복 사건'이란 지난 외환위기 때 한보·기아 사태에 버금가는 큰 금융 사고였습니다. 쓸모없는 돌산의 감정가를 부풀려 엄청난 금액을 대출받아 부도를 낸 당시 최대의 금융 사기 사건이었습니다. 특히 시중은행들의 피해가 컸습니다.
　이는 은행들의 전당포식 여신 관행이 빚은 대표적인 사기 사건이었기 때문에 감독 당국에서도 대책 마련에 분주했습니다. 시중은행에는 신용조사부를, 지방은행은 신용조사과를 설치하여 일정 금액 이상의 여신에 대해서는 신용평가에 의한 여신이 정착되도록 유도했습니다. 박영복 사건은 금융기관들의 대출 관행이 담보 위주에서 신용평가에 의한 여신으로 옮겨 가는 데 하나의 큰 계기가 되었습니다. 당행도 신용조사과를 급히 신설하였고 신용조사 과장으로 산업은행에 근무하시던 고(故) 최달곤 씨가 내정되었으며, 대리로는 중앙지점의 지킴이였던 제가 발탁된 것입니다. 저를 신용조사 담당 적임자로 판단한 인사부의 완강한 태도에 지점장님(제맹종 씨)께서도 더 이상 저를 붙들어 놓을 수만은 없었습니다. 행원으로는 권기복 씨(전 경일종금 상무), 이상국 씨(현 세룡창업컨설팅 대표), 강호영 씨(현 경북대 교수) 등으로 초기 진용이 짜였습니다.

이때 금융연수원(현 은행연합회 자리에 위치)에서는 부랴부랴 신용분석사 과정을 급조하였는데, 이는 각행이 조직은 갖추었지만 신용평가를 담당할 교육받은 인력이 없었기 때문입니다. 우리 대구은행에서는 제가 제1기 신용분석사 과정 수강자로 선발되어 3개월 교육 과정을 밟게 되었습니다. 금융연수원은 신용분석사의 위상을 CPA(공인회계사) 수준에 맞춘다며 교과 과정과 교수진 구성에 신경을 많이 썼습니다. 교수진으로 기억에 남는 분들은 박승 씨(전 한국은행 총재), 황창기 씨(전 외환은행장), 송자 씨(전 연세대 총장), 정운찬 씨(전 서울대 총장) 등으로 쟁쟁한 분들이 열강을 하셨습니다.

학사 운용도 엄격해서 매주 시험도 보고 성적이 나쁘면 재시험을 보기도 했습니다. 수강자의 반 정도만 신용분석사로 합격 배출된다는 이야기가 돌아 수강자들에게 스트레스를 가중시키기도 했습니다. 저는 주말에 단 한 번도 대구에 내려오지 못 하고 도서관에서 수험 준비를 했습니다. 경제학이 전공이었던 저에게 경영분석, 회계, 원가분석 등은 너무 생소하고 어려웠습니다. 은행 대표로 뽑혀 서울에 왔다가 신용분석사 자격도 못 따고 내려갈 수 있다는 강박관념에 정말 열심히 공부했던 기억이 납니다.

2005년 8월 31일

셋째 딸 이름 짓기

제1기 신용분석사 과정 이수차 서울에 머물고 있는 동안 저는 주말도 반납한 채 시험 준비를 하다 보니 집에 내려갈 겨를이 없었습니다. 그러던 어느 날 아내로부터 울음 섞인 전화 한 통을 받았습니다. 아내의 전화 내용은 '셋째 딸을 출산한 지 보름이 지났는데도 서울 큰집에서 아이 이름을 지어 보내지 않는다.'는 하소연이었습니다.

첫째 딸, 둘째 딸은 낳자마자 서울에서도 유명한 작명가인 '적선동 김봉수 선생'에게 가서 이름을 지어 보내 주시던 분이 내리 세 번씩이나 딸을 낳으니 화가 나신 것입니다.

저는 아내의 이 전화를 받고 금융연수원 수업이 끝나자마자 서점에 들러 작명법과 옥편 두 권을 샀습니다. 먼저 작명법에 밑줄을 그어 가며 숙독한 뒤 요령에 따라 이름을 짓기 시작했습니다.

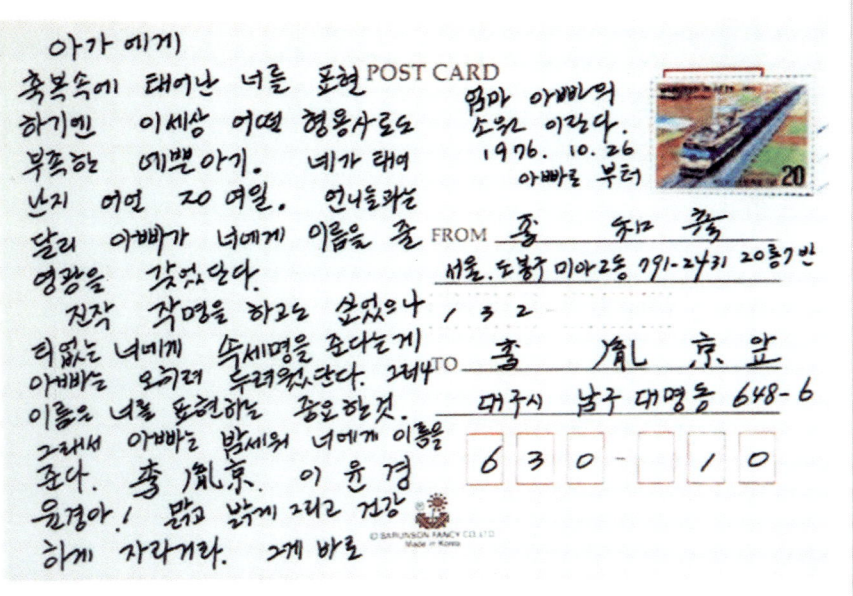

음양·오행·음령(音靈)·사주에 따라 이름을 제대로 지으면 결국 부르기 좋고 듣기 좋은 이름이 된다는 것입니다.

그러나 작명법을 터득해 가며 이름을 짓기란 쉽지도 않고 시간도 많이 걸렸습니다. 초저녁에 시작한 일이 다음 날 아침에야 겨우 끝난 것입니다. 각고 끝에 '胤京(윤경)'이라는 이름을 지은 후 새로 태어난 아이에게 명명(命名) 편지를 썼습니다.

아가에게
축복 속에 태어난 너를 표현하기엔
이 세상 어떤 형용사로도 부족한 예쁜 아기.
네가 태어난 지 어언 20여 일.
언니들과는 달리 아빠가 너에게 이름을 줄 영광을 가졌단다.
진작 작명을 하고도 싶었으나,
티 없는 너에게 속세명을 준다는 게

아빠는 오히려 두려웠단다.
그러나 이름은 너를 표현하는 중요한 것.
그래서 아빠는 밤새워 너에게 이름을 준다.
李胤京, 이윤경.
윤경아! 맑고 밝게 그리고 건강하게 자라라.
그게 바로 엄마 아빠의 소원이란다.

1976.10.26
아빠로부터

그 후 이 이름 편지는 아이가 철이 든 뒤 소중히 보관하다가 시집 갈 때 사진첩에 넣어 갔습니다. 셋째 딸 윤경이는 아빠의 염원이 듬뿍 담긴 이름 때문인지 한 번의 거스름도 없이 정말 밝고 맑고 건강한 삶을 살고 있습니다.

2005년 9월 5일

셋째 딸 윤경이가 낳은 손주의 계성초등학교 입학식에서

신용분석사,
신용리스크의 파수꾼

　1974년도 처음 신용조사 업무를 시작했을 때는 신용조사 교육을 받고 조사기법을 체득한 직원도 없었고, 심지어는 정형화된 양식조차 없었습니다. 그러한 여건 속에서도 최근 3년간의 재무제표를 분석하고 업체를 방문하여 경영자와 면담하고 제조공정을 파악한 뒤 동 업계와 비교해 보면, 조사 대상 업체가 어느 부류에 속하는지, 장래성이 있는 업체인지 아닌지를 대부분 짐작할 수 있었습니다.
　당시 규정에 따라 일정 금액 이상의 여신업체에 대해서는 필히 신용조사서가 첨부되어야 심사 서류가 결재에 회부될 수 있었습니다. 때때로 심사역들로부터 "이 대리, ○○업체 신용조사서 좀 빨리 처리해 주시오."라는 심한 독촉을 받기도 했습니다.
　신용조사서는 보통 먹지 세 장을 넣고 조사서 네 장을 만들어

심사부, 해당 지점, 신용조사과, 보관용으로 나누었습니다. 이렇게 먹지를 넣고 몇 부씩 복사하다 보면 힘을 너무 주어 손가락에 굳은살이 박이곤 했습니다. 그러나 이렇게 애써서 만들어진 신용조사서가 단순 결재 첨부서류 정도로 인식되고 여신 결정에 중요한 역할을 하지 못하는 것을 볼 때는 어깨에 힘이 쭉 빠지기도 했습니다. 신용조사과도 행 내에서는 중요하게 여기지 않는 천덕꾸러기 과(課)였던 것 같습니다. 처음 신용조사과는 업무부(부장 권태학, 제4대 은행장) 소속이었으나 그 후 기획부, 조사부, 관리부, 심사부 등으로 조직개편 때마다 아주 만만한 단골 메뉴가 되어 곁방살이를 하곤 했습니다.

그러던 중 1975년도였던가 임원회의 때 신용조사 업무 현황에 대한 브리핑을 한 적이 있었습니다. 그 당시 김준성 행장님께서 "우리 대구은행에 바로 입행한 직원 중에 이렇게 훌륭한 인재가 있는지 몰랐다."고 하시며 앞으로는 담보보다 신용분석에 기본을 둔 여신 취급이 되어야 하니 사명감을 가지고 근무하라고 치하해주셨을 때는 꽤나 우쭐해지기도 했습니다.

제가 제1기 신용분석사 자격을 따고 그 뒤로 계속 신용분석사가 배출되어 신용조사 업무도 점차 제자리를 찾기 시작했습니다. 모든 것이 그렇듯이 형식만 잘 갖추어지면 내실은 따라오기 마련입니다. 초기에 인정받지 못하고 어설펐던 신용조사 업무도 점차 시간이 지나면서 그 기틀을 다져, 지금은 신용평가에 의한 여신업무가 정착되기에 이르렀고 당행 신용분석사만 300여 명에 달하

대구은행 외환위기 극복의 일등공신은 신용리스크 관리다. 이화언 행장은 1974년 제1기 신용분석사 과정을 이수한 후 대구은행 최초의 신용분석사가 되었다. 신용분석사회 세미나 후

고 있습니다. 이들은 현재 대부분 기업 영업점의 RM(Relationship Manager), SRM(Senior Relationship Manager)으로 배치되어 각자 맡은 여신 업무를 훌륭하게 수행하고 있습니다. 우리 대구은행이 외환위기를 무난히 극복한 것도 이들 신용분석사들이 신용리스크 관리에서 제 역할을 잘 담당했기 때문이라고 생각합니다.

2005년 10월 5일

대구은행을 세우고 키우신
김준성 초대 행장님

우리 대구은행은 그동안 훌륭한 인재를 많이 배출하였습니다. 은행에 근무하는 동안 그야말로 주경야독하시어 학위를 받고 대학교수로 활동하시는 분들이 현재 30여 분에 달하고 있습니다. 경북대학교에는 최용호 박사, 손병해 박사, 강호영 박사, 배병한 박사, 김효신 박사, 계명대학교에는 권상장 박사, 최만기 박사, 전경태 박사, 정건영 박사, 최근에 천안대학으로 옮기신 김찬목 박사 등이 대표적인 분들입니다.

금융계에는 우리 대구은행에 7년간 재임하신 김준성 초대 은행장님, 4대 은행장을 지내시고 대동은행을 설립하신 권태학 행장님, 대구은행 원대동지점장을 지내시고 신한은행장을 거쳐 현재 신한금융지주 회장으로 계시는 라응찬 회장님, 또 저와 중앙지점에서 같이 근무하였고 역시 신한은행장을 역임하신 이인호 사장님 등 수많은 인재들이 타 금융기관의 CEO와 임원으로 활동하셨습니다.

이분들 중에서 특히 김준성 행장님은 은행, 재계, 관계를 넘나들면서 입지전적 발자취를 남기신 분입니다. 김준성 초대 은행장님은 대구은행장을 거쳐 제일은행장, 외환은행장, 산업은행 총재, 한국은행 총재를 거쳐 경제부총리, 초대 전국은행연합회 회장, 삼성그룹 회장, 대우그룹 회장에 이어 현재는 이수그룹의 명예회장으로 계시는 분입니다. 86세의 고령이시지만 지금도 소설 작품 등을 잇달아 발표하는 현역 작가로서 왕성한 활동을 하고 계신 분입니다(김준성 초대 은행장님은 2007년 8월 노환으로 인해 향년 87세를 일기로 별세하셨음).

대구은행의 성장전략과 기업문화를 지역밀착경영과 블루오션 전략에서 찾았던 미래형 CEO 김준성 초대 대구은행장과 함께. 제일은행, 외환은행, 산업은행, 한국은행을 거쳐 경제부총리, 전국은행연합회장, 삼성그룹 회장, 대우그룹 회장, 이수그룹 명예회장을 역임하신 후 2007년 8월 별세하셨다.

김준성 행장님의 경영 비법은 우선 조직의 장단점을 파악하는 데서 시작합니다. 여러 조직을 거치시는 동안 그 조직이 가지고 있는 문제점을 파악하고, 앞으로 나아갈 방향을 제시하는 미래 비전형 CEO이십니다. 이런 경영 마인드를 바탕으로 당신이 몸담은 조직을 언제나 초일류로 바꿔 놓는 탁월한 능력의 소유자이십니다.

초창기 우리 대구은행의 규모는 요즘 마을금고보다 더 작았습니다. 그래서 김준성 행장께서는 우리 대구은행이 오랜 역사와 전통이 있는 시중은행들의 벽을 뚫고 성장하기 위해서는 우리들만의 차별화된 전략(블루오션)과 기업문화를 가꾸어야 한다고 강조하셨습니다. 즉 대구를 돕는 은행이 곧 대구은행이라는 인식을 확

故 김준성 초대 행장 흉상 제막식 후 기념촬영. 좌로부터 이경재 전 중소기업 은행장, 라응찬 신한 금융지주 회장, 홍희흠 6대 행장, 이상경 5대 행장, 권태학 4대 행장, 이화언 행장, 박창호 전 동우회 회장, 강경현 동우회 회장, 김극년 8대 행장, 김만제 전 경제부총리, 앨런 팀블릭(Alan Timblick) 서울 글로벌센터 관장

고히 심으셨습니다. 지역 중소기업들이 상호 연대 보증을 서게 하여 대출을 실행함으로써 기업과 대구은행이 함께 성장하는 지역밀착경영을 실시했습니다. 그리고 도덕적으로 깨끗한 은행이 되고자 특히 윤리경영을 강조하셨습니다.

당시에는 대출 시장이 공급자시장(Seller's Market)이어서 대출 시에 일정한 리베이트를 받는 것이 암암리에 행해지던 시절이었습니다. 이른바 제도적인 비리가 만연하여 조직원 어느 누구도 죄의식을 느끼지 못하던 때였습니다. 그러나 우리 대구은행은 이들과 차별화될 수 있도록 초대 행장께서 늘 강조하시고 깨끗한 은행이라는 새로운 기업문화를 만드는 데 앞장서셨습니다. 이러한 좋은 문화는 지금까지 이어져 오늘의 대구은행을 있게 했다고 저는 생각합니다.

우리에게 이렇게 훌륭한 선배님들이 많이 계셨다는 자부심을 가지고 이분들이 남긴 좋은 기업문화의 초석을 잘 유지 발전시켜 100년 이상 지속되는 세계 초일류 은행이 되도록 우리 모두 다 함께 노력합시다.

2005년 6월 27일

32년 전
울릉도 표류의 추억

　1975년 초겨울 새벽녘, 지평선 너머로 해가 간신히 고개를 치켜들며 떠오르고 있었습니다. 그마저도 짙은 해무(海霧)로 동이 튼다는 정도만 어렴풋이 알려 줄 뿐이었습니다. 시계를 보니 아침 7시가 다 되었습니다. 울릉도에서 출발한 지 꼬박 20여 시간 만에 육지에 다다른 것입니다. 극도의 피로와 한기로 온몸은 물에 젖은 솜처럼 무거웠고, 그동안 아무것도 먹지 못한 탓에 우리는 항구 앞 국밥집에서 찾아온 허기를 달랬습니다.

　시간을 거슬러 1주일 전에 우리는 들뜬 마음으로 울릉도행 배에 몸을 실었습니다. (주)울릉수산이라는 회사의 신용조사차 2박 3일 일정으로 떠난 여행길이었고, 당시로서는 가보기 힘든 동해 바다 외진 섬에 간다는 생각에 내심 마음이 설레었습니다. 청룡호라는 800톤 급 여객선을 타고 정상 항해 시간만 5시간이 넘는 뱃

(주)울릉수산 신용조사차 2박 3일 일정으로 떠난 울릉도 출장길에 이상국 행원(맨 오른쪽)과 함께. 때 아닌 풍랑으로 여행은 일주일간의 표류로 이어졌으나 32년 전 동해안에서의 표류는 잊을 수 없는 추억으로 남아 있다.

길이었지만 단조로운 일상에서 벗어난다는 생각에 힘든 줄도 몰랐습니다. 저와 동행한 이는 신용조사과의 이상국 행원이었습니다. 모든 공식 일정을 무사히 마치고 울릉도를 관광하고 별미인 오징어 회도 맛보았습니다. 초겨울 바닷바람이 매서웠지만 끝없이 펼쳐진 푸른 바다와 해안을 따라 병풍처럼 드리워진 기암괴석이 빚은 절경에 취해 마지막 날 밤은 아쉽게도 금세 저무는 듯했습니다.

다음 날 아침, 간밤 바람이 심상치 않다 싶더니만 심한 풍랑이 몰려와 모든 배가 항구에 묶이고 마는 사태를 맞이하게 되었습니다. 그러고도 지독한 폭풍은 사흘간 더 몰아쳤습니다. 이로써 2박 3일 출장이 1주일 일정의 출장이 되어 버렸습니다. 급기야 여비마저 떨어져 은행원이 손을 벌려야 할지도 모르는 어처구니없는 사태까지 맞게 됩니다. 화불단행(禍不單行)이라는 말이 어찌나 실감이 나던지……. 본점과 연락이 닿아 수협을 통해 가까스로 송금을 받아 현지에서 쓰는 비용을 충당해야 했습니다.

한마디로 처지가 말이 아니었습니다. 해발 고도 0인 섬에서 마주치는 폭풍은 육지에서 겪어 본 어떤 재해와도 다른 위력적인 것이었습니다. 천신만고 끝에 섬에 도착한 지 엿새 만에 출항하게 되었습니다. 드디어 집에 돌아간다는 생각에 높은 파도로 배가 많이 흔들리는 상황에서도 아쉬움에 멀어져 가는 울릉도를 바라보고 있었습니다. 우뚝 솟은 성인봉이 삿갓만 하게 보이는 곳을 배가 지나고 있는데 갑자기 후미 쪽 기관이 굉음을 내더니 멈춰 버리는 것이 아니겠습니까! 아차, 화불단행이라 했지만, 화는 한꺼번에 두 번도 오고 세 번도 오는가 봅니다. 800톤의 여객선은 망망대해에 떠 있는 일엽편주와 같이 요동치는 통에 승선한 모든 이들이 구토를 하는 소리가 계속 들려왔습니다. 기관실 아래 수리공들이 부산스레 움직이는 소리와 선실 안 승객들의 구역질하는 소리는 아비규환을 방불케 하였습니다. 고장 난 배는 하염없이 떠내려가는 듯하더니 급기야 삿갓만 하던 성인봉까지 시야에서 사라져 버렸습니다. 이러다 해류를 따라 북으로 올라가는 것은 아닌지 덜컥 두려운 생각까지 들었습니다. 결국 더 높아지는 파도에 수리를 포기하고 보조 기관을 겨우 작동시켜 20여 시간 만인 다음 날 새벽에 이르러서야 육지에 도착할 수 있었습니다. 이로써 (주)울릉수산 신용조사로 시작되었던 제 여정이 끝이 났습니다.

2008년 7월 23일

다시 가본 울릉도,
그리고 우리 땅 독도

　울릉도 표류 경험을 겪은 지 30여 년 가까이 흐른 지난 2004년 9월, 저는 포항에서 3시간이면 울릉도에 도착하는 2,500톤 급 쾌속선을 타고 사이버독도지점 고객 30여 명과 함께 울릉도와 독도 방문 행사를 가졌습니다.

독도방문단과 함께 선상에서 멀리 보이는
독도를 배경으로 한 기념촬영

30여 년 만에 찾은 울릉도에서 사이버독도지점 고객과 함께 나리분지에 올라가 울릉도 자생종인 섬말나리 복원작업을 벌였다.

독도경비대를 방문하여 위문품을 전달하고 나리분지에 올라가 울릉도 자생종인 '섬말나리' 복원 행사도 가졌습니다. 섬말나리는 울릉도 대기근 때 구근 형태인 뿌리를 섬 주민들이 캐어 먹으며 멸종됐다고 알려져 지난날 우리의 슬픈 과거를 간직하고 있는 고유의 종입니다. 이보다 더 가슴 아픈 사실은 일본인들이 일찌감치 섬말나리를 반출하여 그들의 앞선 육종 기술로 배양하고, 이를 '다케시마나리'라 명명(命名)하여 독도 침탈 야욕에 앞장세워 이용하고 있다는 점입니다. 그래서 우리 대구은행은 영남대학교 김규원 박사와 협력하여 섬말나리 증식 사업에 성공하여 매년 섬말나리 복원 사업을 해왔던 것입니다.

일본의 독도 영유권 주장은 참으로 몰염치하기 그지없는 행위로, 지난 과거에도 지금과 같은 작태를 행한 정치배들로 말미암아 결국 패망의 말로를 걸었던 것을 벌써 잊었나 봅니다. 역사적으로나 지리적으로 우리의 영토임이 명백하고, 그네들도 근세에 와서 막부나 메이지 정부 스스로 조선 땅임을 여러 공문서에서 확인하였음은 명백한 사실입니다. 지난날 조선조 태종 이후 우리가 일부 도서 지역에 '공도(空島) 정책'을 펴왔지만 이는 어디까지나 왜구의 잦은 노략질로부터 백성을 보호하고 왜구의 기생(寄生) 근거지를 원천적으로 없애려는 목적으로 내린 정치적 조치이지, 우리의 영토를 포기한 행위가 아님은 삼척동자도 아는 사실입니다. 그네들이 신주단지처럼 받들며 주장하고 있는 1905년 시마네 현 편입 주장도 러일전쟁 수행을 위한 전략적 조치의 일환으로서 전쟁 중에 급히 추진되었다는 사실이 널리 알려져 있습니다. 이를 추진함에 있어 일본 내부에서조차 독립국인 대한제국 고유 영토에 대한 침략으로 비춰져 주변 경쟁 열강들에게 책잡힐까 하는 우려로 반대가 있었다고 합니다. 그들의 영유권 주장이 궤변임은 역사적 사실들이 입증해 주고 있습니다.

이번 사태를 계기로 우리가 독도에 대해 얼마나 관심을 가지고 있는지 한번 짚고 넘어가겠습니다. 일본에는 그네들이 불과 100여 년 전까지 존재도 몰랐던 이웃 나라 섬인 다케시마사랑 모임 회원수가 자그마치 200만 명 이상 되는 반면, 우리나라의 독도사랑 모임 회원 수는 이의 10분의 1에도 못 미치는 20만 명 이하라고 합니다. 우리는 늘 한순간 달아올랐다가 금세 잊어버리고는 마냥 독도는 우리 땅이라고 외칩니다. 듣자하니 변변한 영문 소개 사이트조차 없다고 합니다.

세계를 향한 홍보는 두말할 필요 없이 꼭 이뤄져야 할 사안이니 정부를 위시하여 온 국민의 관심이 필요하다고 하겠습니다. 그나마 다행인 것은 경상북도 울릉군 관할인 우리 독도가 지역민들의 관심을 받고 있다는 점입니다. 그리고 그 관심의 한가운데 대구은행이 있다는 사실입니다.

지난 2001년부터 대구은행은 국내 은행 중 유일무이하게 독도지점을 개설하여 사이버 점포 형태로 운영하고 있습니다. 고객 수만 23만 명으로 독도사랑 회원 수의 두 배가 넘는 가입자를 확보하고 있습니다. 독도 자료실을 따로 마련하여 역사와 자연 및 영유권과 관련된 내용을 자세히 소개하여 고객들의 독도사랑에 일조하고 있기도 합니다. 그리고 독도 후원 사업 내역도 소상하게 소개하고 있어 그동안 대구은행이 앞장서 왔던 독도사랑 실천을 보여 드리고 있습니다.

현재까지 10억여 원이 넘는 돈을 독도 지키기 사업에 출연해 왔으며 앞으로도 계속 실천해 나갈 것입니다. 아울러 반복되는 일본의 침탈 야욕에 맞서 23만 명의 대구은행 사이버독도지점 고객들과 힘을 합쳐 독도사랑을 말이 아닌 행동으로 실천해 나가야 할 것입니다.

한층 더 치밀해지는 일본의 독도 침탈 도발로 인해 많은 분들이 짜증스러웠을 줄로 압니다. 하지만 마냥 당연지사 우리 땅으로만 생각할 것이 아니라 우리도 조직적인 관심과 대응으로 독도를 지켜 나가야 할 것입니다. 32년 전 가보았던 그곳 울릉도와 2004년 다시 찾은 울릉도, 그리고 우리 땅 독도가 새삼 생각나 기억 저편에 남아 있던 얘기를 해보았습니다.

2008년 7월 28일

꿈의 해외연수

대구은행에는 1970년대 중반부터 해외연수 파견 영어평가 시험을 치러왔습니다. 그러나 당시 '해외연수 지침'에는 영어 시험에 합격해도 '국제 업무 종사자'에 한해서 해외연수를 갈 수 있게 되어 있었습니다. 그래서 첫 해는 이 조항 때문에 숫제 응시조차 하지 않았다가 그다음 해에야 저도 시험에 응시해 보았습니다. 오기가 나기도 했지만 해외연수에 관계없이 스스로 제 실력을 테스트해 보기 위해서였습니다.

시험은 회화와 필기로 나눠 치러졌는데 경북대학교 부광식 박사(현 일본 우츠노미야교와 대학교 석좌 교수)가 필기 시험을, 계명대학교 김수근 박사가 회화 시험을 출제하였습니다. 저는 이 시험에서 40여 명 중 1등을 하였지만 해외연수 지침에 의거, 연수를 가지 못할 입장이었습니다. 처음부터 해외연수를 가지 못한다는 사실을 알고 응시했지만, 그래도 마음 한 편이 허전한 것은 사실이었습니다. 당시는 비행기 타고 외국에 한번 나가는 것이 '큰 소원'일 때였습니다.

며칠 뒤 대명동에 같이 살던 최호영 감사님께서 임원회의 중에 있었던 저에 대한 이야기를 해주셨습니다. 내용은 "신용조사과 이 대리는 영어시험 결과는 1등이지만 해외연수파견 지침에 따라 국제 업무 종사자가 아니기 때문에 해외연수를 갈 수가 없어 의기소침해 있을 것입니다."라고 한 임원이 행장님께 보고를 드렸더니, 남옥현 행장님(제2대 은행장)께서 "어려울 게 뭐가 있느냐. 신용조사과 이 대리를 내일 당장 국제부로 발령 내면 되지 않느냐?"고 하셨답니다. 그래서 저는 4년여의 신용조사과 업무를 마감하고 그다음 날 국제부 대리로 발령을 받았습니다. 그 당시 국제부장으로는 이태세 이사(상무로 퇴임), 금창대 차장(전 한국리스 임원), 노영

1979년 9월 영국 연수 시절 런던 북부에 있던 하숙집 가족들과 함께. 당시 영국은 외환위기와 강성 노조 문제로 어려움을 겪을 때였지만 전통 사회에 가까웠던 한국의 현실을 감안할 때 선진 영국의 문화에 적지 않은 문화적 충격을 받았다.

선 차장(퇴직), 그리고 저와 같은 직급의 김철 대리(M.H.T.C.로 옮겨 뉴욕 근무)가 같이 근무를 했습니다. 제가 맡은 업무가 코레스 쪽이라 저의 연수 은행 교섭도 제가 직접 맡아 하였습니다.

그때 제 생각에는 앞으로 미국은 갈 기회가 있을 것 같았기에 영국으로 방향을 정하고 교섭을 시작했습니다. 마침 영국계 4대 은행 중 하나인 바클레이스은행이 3개월 과정의 좋은 연수 프로그램을 운영하고 있었습니다. 저의 카운터파트는 '미즈 탄'으로 중국계 여자였습니다. 그녀와 몇 번의 서신 교환으로 저의 연수 은행과 일정이 일사천리로 결정되었습니다.

드디어 1979년 9월 대망의 영국 연수 길에 올랐습니다. 그해 영국은 철의 여인 마거릿 대처 여사가 노동당으로부터 막 정권을 이양받아 강력한 노조와 힘겨운 싸움을 하고 있을 때였습니다. 마침 영국에 있던 친구에게 부탁하여 런던 북부 골더스그린 근처에 하숙집을 구했습니다. 지하철역이 가깝고 영국인 집이라 그쪽 문화나 언어 습득에 도움이 될 것 같았기 때문입니다.

처음 가본 런던은 저에게 충격 그 자체였습니다. 처음 타보는 지하철도 그랬고 하숙집 아줌마가 시장 볼 때 가지고 다니던 신용카드도 신기하기 짝이 없었습니다. 당시 영국도 외환위기 상황이었고 더구나 강성 노조 문제로 어려움을 겪을 때였지만 전통 사회에 가까웠던 우리나라와는 비교할 수조차 없는 선진 국가로 제 눈에 비쳐졌습니다.

2005년 12월 7일

철저한 전통 숭상의 나라 영국

'시티(City)'는 대 런던(The Great London) 속의 자치 시로서 구시가이며 금융가입니다. 이곳에는 별도의 시장이 선출되며 시장은 길드(상인조합)의 업종별 대표 중에서 매년 선출되는데 명예직입니다.

저는 신구 시장 교체식인 '로드 메이어스 쇼(Lord Mayor's Show)'를 구경하는 행운을 누렸습니다. 이날은 대영박물관 깊이 소장되어 있던 황금 마차를 꺼내 울긋불긋한 복상의 신임 시장이 타고 여덟 마리의 백마에게 끌게 합니다. 앞뒤로 기사들의 호위가 요란했습니다.

그들은 맨션하우스(시장의 관저)를 지나 올드 베일리(Old Bailey), 즉 런던법원으로 가는 길이었습니다. 뒤로는 각종 장비를 동원한 시티의 육해공군과 각 상인조합들의 특색 있는 대열이 뒤따릅니다.

육해공군 퍼레이드라고 하지만 전차 한 대 없는, 초라하기보다는 코믹한 행렬입니다. 그래서 이름조차 로드 메이어스 쇼라 했는지 모릅니다. 저는 시티 제도의 운영과 행사 속에서 예부터 내려오는 전통을 오늘날에도 숭상하고 있는 영국인의 철저한 보수주의의 단면을 엿볼 수 있었습니다.

　연수 중에 로이드 보험 시장에 견학을 갔습니다. 보험 시장 브로커의 옷이 붉은 연미복의 '웨이터' 복장이라는 것이 인상적이었습니다. 안내자의 이야기에 따르면 그 옛날 무역선이 출항할 때는 돈 많은 사람이 화물이나 배에 보증을 섰는데, 이것이 해상 보험의 효시라고 합니다. 그러한 행위는 주로 술집에서 이루어졌으며 브로커 역은 술집 '뽀이'가 담당했기 때문에 지금도 복장은 옛날 웨이터 복장 그대로라고 했습니다. 보험의 본고장 영국은 아직도 보험의 종주국입니다. 그 옛날을 회상하듯 몇 백 년이 지난 지금도 구각(舊殼)에서 벗어나지 못하고 있는 것 같은 인상을 주었습니다. 이러한 전통 고수는 영란은행(Bank of England)의 수위 복장에서도 찾아볼 수 있었습니다. 1694년 영란은행이 생긴 이후 지금까지 복장이 한 번도 바뀌지 않았다는 것입니다. 영란은행의 출입문은 도어(door)가 아닌 게이트(gate)라 부릅니다. 여기에 대한 안내자의 해석은 예부터 그렇게 불러 왔기 때문이라고 합니다. 굳이 거창하게 의회 민주주의의 역사와 전통을 들출 필요가 없습니다. 하찮은 복장 하나에도, 문 이름에도 역사와 전통이 잘 보존되어 있는 것입니다.

영국인들의 유별난 보존벽은 대영박물관, 영란은행, 그리고 작은 선술집과 머물고 있던 하숙집에서까지 확인할 수 있었다. 역사와 문화를 소중히 여기고 철저하게 전통을 숭상하는 영국인들이 자랑하는 윈저 성 앞에서

A. C. 자동차 회사에도 견학을 갔습니다. 1910년대에 설립된 회사이니 가히 자동차의 역사와 맞먹는 전통 있는 회사입니다. 물론 가기 전에는 기대가 대단했었습니다. 그러나 현장에 도착하여 공장을 둘러보고 실망 또한 컸습니다. 100퍼센트 주문 생산 체제로서 1주일에 한 대 정도의 자동차가 생산되며, 대부분의 공정이 수공으로 이루어지고 있었기 때문입니다. 전 생산 라인이 자동화되고 1분에 한 대씩 차가 튀어나온다는 세상에 이런 구식 자동차 공장을 구경할 줄이야. 아마 영국인들의 보수 기질이 아니었다면 흥하든 망하든 간에 이런 공장은 벌써 폐기되고 최신 설비로 바뀌었을 것이 틀림없습니다.

영국인의 보존벽은 유별나다고 생각됩니다. 내가 있던 하숙집의 가구들은 모두가 골동품이었습니다. 아이들의 증조부 때부터 내려오는 옷장, 식탁, 책상들이라니 50~60년은 족히 되었을 텐데 지금도 그대로 사용하고 있었습니다. 유행 따라 재력 따라 새것을 들여 놓아야 직성이 풀리는 우리의 풍조와 자꾸 비교가 되곤 했습니다. 이들은 역사를 무척이나 소중히 간직합니다. 런던 시내에는 술이나 간단한 음식을 먹을 수 있는 '퍼브'가 수없이 많습니다. 소시민들이 퇴근길에 여기 들러 부담 없이 대화를 즐기면서 스트레스를 해소합니다. 제가 들렀던 퍼브에서도 그들의 역사와 기념물이 잘도 보존되어 있는 것을 볼 수 있었습니다. 즉 '이 퍼브는 몇 년도에 누구에 의해 설립되었고 위대한 시인 누가 자주 들렀고…….' 하는 내력 설명이 역대 퍼브 주인의 초상화들과 함께 걸려 있었습니다. 하찮은 선술집이 이 정도이니 그들의 박물관에 있는 소장품은 짐작하고도 남습니다.

대영박물관은 그 소장품의 질이나 양에서 세계 제일입니다. 시대별, 지역별, 품목별로 분류되어 있는 소장품을 제대로 답사하려면 열흘은 잡아야 한다니 그 규모를 짐작할 만합니다. 고려자기에서부터 이집트의 미라, 그리스의 신전까지 수집되어 있는 것들이 방대합니다. 같이 구경을 간 유고의 여행원이 "이 사람들 시체까지 훔쳐 왔네.", "신전을 몽땅 훔쳐다 세웠군." 하면서 계속 빈정거리는 투로 조잘댔습니다. 그러나 다시 한 번 생각하지 않을 수 없습니다. 영국인들의 보존벽이 아니었으면 신전의 기둥이 지금쯤 어느 곳의 축대 쌓는 데 동원되었을지를…….

2005년 12월 21일

보수성과 합리성의 조화

　천 년의 도시 역사를 갖고 있는 시티는 자연 발생된 도시답게 길이 소로(小路)와 미로(迷路)로 뒤얽혀 있습니다. 그래서 저 같은 외국인들은 길을 찾는 데 꽤나 골탕을 먹습니다. 시티의 어떤 지점(支店)에서 처음 연수가 시작되는 날은 으레 예정 시간보다 30~40분 앞당겨 출근하여 느긋한 마음으로 미로를 헤매곤 했습니다. 이럴 때 나를 친절히 안내해 주는 이들은 둔탁한 복장의 키 큰 런던 순경들이었습니다.

　권총은 물론 곤봉조차 차지 않고 뒷짐을 진 채 어슬렁어슬렁 만보(漫步)하는 이 순경들은 꼭 저 같은 사람들을 안내하기 위해 있는 것이지, 치안을 담당하는 사람들이라고는 생각되지 않았습니다. 나중에 들은 이야기이지만 런던 경찰학교에서 제일 먼저 가르치는 것이 천천히 걷는 연습이라고 합니다. 경찰이 빨리 걸으면

도로와 교통체계도 법보다는 철저하게 인간중심적으로 만들어진 영국은 보수성과 합리성이 조화를 이룬 나라다. 타워브리지를 배경으로 연수생들과 함께

민중이 불안해하고, 경찰이 곤봉을 차면 불량배는 권총을 잡는다는 것입니다. 참 묘한 논리입니다. 연방 "써, 써(sir, sir)." 하면서 친절하게 안내해 주던 미남형 순경의 모습이 지금도 뇌리에 선합니다.

시티는 길도 복잡할 뿐만 아니라 교통 방식도 생소했습니다. 차량이 좌측 주행이어서 교차로를 건널 때 한국에서 길들여졌던 대로 왼편을 먼저 보고 건너면 사고를 당하기 십상이었습니다. 습관이란 묘한 것이어서 좀처럼 고쳐지지 않았습니다. 다행히 교통사고는 당하지 않았지만 이 방식이 나를 더욱 촌닭처럼 보이게 만들었습니다.

런던에 도착한 후 며칠 동안 나에게는 또 하나의 의문이 생겼습니다. 분명히 신호기에는 빨간 불이 들어와 있는데 준법정신이 철저하다는 런던 사람들이 길을 건너는 게 아닙니까? 물론 차량 통행을 방해하지는 않았지만 신호에 맞춰 길 건너기에 익숙해진 저로서는 이상한 일이 아닐 수 없었습니다. 처음 한동안은 나 홀로 파란 불이 들어올 때까지 묵묵히 기다렸습니다. 어쩌다 급해서 군중 틈에 끼여 신호를 무시하고 길을 건널라치면 문득 죄책감이 들곤 했습니다. 이 의문은 그 뒤 런던에 사는 친구를 만나 준법정신이 희박한 런던 사람에 대한 성토를 신나게 한 뒤에야 풀렸습니다.

이 문제에 대해서 몇 년 전에 격렬한 찬반 토론이 있었다고 합니다 공청회를 열고 지상(紙上) 토론회를 연재하는 등등으로 얻은 결론은 비록 빨간 신호라 해도 차량 진행에 방해를 주지 않는다면 자신이 책임을 진다는 것을 전제로 길을 건널 수 있다는 것이었습니다. 바쁜 시간에 충분히 건널 수 있는데도 신호 때문에 기다려야 한다면 얼마나 비합리적이고 시간 낭비인가? 이 제도를 시행한 후 건널목에서의 사고가 오히려 줄었다니 묘한 일입니다. 여기서 영국인들의 보수적 기질과 합리적 사고방식의 훌륭한 조화를 발견하게 됩니다.

인간은 이성적 동물이어서 각자의 운명을 스스로 결정할 능력이 있습니다. 최근 스위스에서 승용차 내에서의 안전벨트 착용 문제로 국민 투표를 실시하는 것을 지면을 통해 보았습니다. 장거리 여행을 할 때는 몰라도 잠깐씩 탈 때마다 벨트를 매야 하는 것은 귀찮은 일입니다. 결과는 착용 반대였던 것으로 기억됩니다. 안전벨트의 착용 여부가 타인의 자유나 권리에 전혀 충돌되지 않으므로 법으로 규제해서는 안 된다는 뜻이었습니다.

이는 계몽이면 몰라도 개인의 안전을 빙자하여 법으로 개인의 자유를 속박해서는 안 된다는 자유주의 사고요, 인간 존중 사상인 것입니다.

2006년 6월 28일

세계 금융시장, 변화의 중심 뉴욕

영국 연수를 마치고 뉴욕 케네디 국제공항에 도착한 것은 1979년 12월 1일 저녁이었습니다. 뉴욕은 영국과는 또 다른 분위기를 가진 멋진 도시였습니다. 시내 곳곳이 크리스마스 분위기에 들떠 있었고, 처음 보는 마천루들과 다양한 인종의 시민들이 연출하는 거리 풍경이야말로 정말 세계 제일의 도시인 뉴욕의 명성을 실감케 했습니다. 불과 한 달여 전인 10월 25일 개소한 당행 뉴욕사무소의 전병학 대리가 마중을 나와 주었습니다. 오랜만에 우리 직원을 만나 어찌나 반가웠던지 맨해튼 인근에 위치한 플러싱 하숙집에 여장을 풀자마자 시간 가는 줄도 모르고 그동안의 회포를 풀었습니다.

사실 여기까지 온 데는 남다른 사연이 있었습니다. 당행과 코레스 관계를 맺고 있던 바클레이스은행은 미래의 발전적인 관계를

1 세계의 자본과 고급 인력이 몰려드는 뉴욕에서 연수 시절 머물던 하숙집 **2** 뉴욕의 상징 '자유의 여신상'을 배경으로

위해 해당 업무 관계자들을 위한 연수 프로그램을 운영하고 있었는데, 그 프로그램의 일환이 영국에서의 연수였습니다. 그러나 의욕과 일 욕심이 넘쳐났던 저는 모처럼 얻은 좋은 기회를 최대한 살리고자 당시 코레스 담당자였던 바클레이스은행의 미즈 탄에게 서신을 보내 뉴욕 연수 스케줄을 마련해 줄 수 있는지 물어보았습니다.

사실 당시만 해도 국제금융시장의 1번지는 영국 런던이었지만, 세계의 자본과 고급 인력은 뉴욕으로 몰려들고 있던 때였습니다.

급변하는 당시 금융환경에 최대한 노출되는 경험을 하고 싶었던 저로서는 뉴욕행에 욕심이 나지 않을 수 없었습니다. 굳이 연수가 아니라도 좋았습니다. 단지 그곳의 공기와 분위기를 느끼고 오는 것만으로도 큰 경험이 될 듯했습니다. 이러한 나의 염원이 통했던지 바클레이스 인터내셔널, 뉴욕지점에서의 연수 기회가 허락되었고, 저는 우리 은행 역사상 처음으로 런던과 뉴욕을 오가며 연수를 받은 최초의 연수생이 되었습니다.

바클레이스 뉴욕지점은 국제금융업무 외에 여신업무도 함께 취급하고 있었는데, 당시 저는 RM이었던 레이널드 씨와 일과를 같이하며 거래 업체 관리 전반에 관한 OJT(On-the-Job Training: 직장내 훈련)를 받았습니다. 당시 우리의 여신업무 방식은 담보 위주의 대출로서 상당히 후진적인 수준에 머물러 있었습니다. 거래처와의 유착을 우려해 창구를 넘어서는 어떠한 접촉도 불허하였고, 심지어는 고객의 회사를 방문하는 일조차 금기시하던 시절이었습니다.

그러나 바클레이스은행 RM의 일과는 직무에 걸맞게 관계 관리(Relationship Management)를 일상 업무에서 실천하고 있었습니다. 거래처별로 체계화된 정보 파일이 관리되고 있었고 담당자가 바뀌더라도 아무런 어려움 없이 거래 관계가 지속될 수 있도록 축적된 정보를 바이블처럼 관리하고 있었습니다. 언제, 어디서, 누구와 어떻게 만나 무슨 이야기를 하였으며 심지어 식사는 무엇을 하였고, 어떠한 선물을 주고받았는지조차 소상히 기록하여 남겨 놓는 모습은 제게는 상당히 충격으로 다가왔습니다.

당시 우리의 업무 관행과 비교해 보면 이들이 기록하고 축적하는 정보의 양과 그 범위는 하늘과 땅 차이만큼이나 컸습니다. 아무리 사소하다고 생각하는 것조차 기록하는 그들의 관행이야말로 훗날 정보화의 힘이 가져다 줄 그들만의 힘의 원천이라 여겨졌습니다. 때마침 크리스마스 시즌이었던 터라 거래처와 자그마한 선물을 주고받았고, RM들이 받은 선물은 사무실 입구의 크리스마스 트리 아래 둥지에 겹겹이 쌓아 두고는 성탄 전야 파티 때 온 직원들이 나눠 가지던 모습도 기억에 생생합니다.

2007년 2월 21일

글로벌 네트워크 구축에 전념한
외환업무과장 시절

뉴욕과 런던 연수를 마치고 1980년 1월에 국제부 외환업무과장으로 복귀하였습니다. 당행이 1971년에 외환 업무를 개시한 이래로 근 10년이란 세월이 흘러 외환 업무 취급 규모도 확대되었고 지역 기업들의 대외 거래도 활발해졌습니다. 이를 뒷받침하기 위해 1979년 10월 23일 뉴욕사무소를 개설하였기 때문에, 국제부는 그 어느 때보다 활기에 차있었고 새로운 업무를 개척한다는 자부심을 가지고 일했던 기억이 납니다.

아침 일찍 나와 '단기금융상품(Money Market Instruments)'이라는 뉴욕 금융시장 해설 교재를 가지고 서로 돌아가며 발표를 하곤 하였습니다. 그 당시 금창대 차장(한국개발리스 감사로 퇴직), 노영선 차장(국제부장 역임), 김철 과장(미국 M.H.T.C.로 전직, M.H.T.C.는 이후 체이스맨해튼은행에 합병)과 제가 연구 동아리의 고정 멤버였습

정달용 행장님을 모시며 의전 중심의 비서실을 업무 중심의 비서실로 바꾸는 데 기여했던 비서실장 시절. 1981년 당시 현대건설 사장으로 계시던 이명박 대통령과 함께

니다.

제가 주로 한 일은 해외 코레스 망의 확충과 크레디트라인 확대를 위해 해외 환거래 은행과 교섭하는 일이었습니다. 1979년도 2차 석유파동의 여파로 국제 유동성 확보가 쉽지만은 않았습니다. 크레디트라인은 주로 당좌차월, Refinance(재융자, 수입업자에게 외화를 융자해주는 수입 유전스의 한 방식), Confirmation(신용장의 확인), Acceptance(어음인수) 등에 이용되었기 때문에 충분한 한도를 확보하기 위해서 해외 환거래 은행과의 지속적인 관계 유지가

절대적이었습니다. 당시 전 세계 500여 곳의 은행과 환거래 계약을 체결하고 17개 은행과 예치환거래 계약을 맺음으로써 범세계적인 코레스 망을 구축하였다고 하겠습니다.

국제부 외환업무과장으로 2년 정도 근무하는 동안, 저는 날로 비중이 커지고 있는 외환 업무의 발전에 기여하고 글로벌 네트워크를 구축한다는 사명감에 나름대로 최선을 다했습니다. 이렇게 긍지를 가지고 보람 있게 일하던 중, 1982년 1월 인사이동에서 비서실장으로 발령받았습니다. 나이로 보나 급수(당시 3급)로 보나 당시로서는 파격적인 인사였습니다. 당시 행 내 규정상 본부 부서장은 2급 이상이어야 했기 때문에 사령장에는 '비서실장 서리'로 적혀 발령받았습니다.

행장님(제3대 정달용 은행장)을 바로 옆에서 모신다고 생각하니 한편으로는 영광스러웠지만 또 한편으로는 제대로 보필할 수 있을까 걱정이 앞섰습니다. 다행히도 전임 비서실장이셨던 이종소 실장(상무이사로 퇴직)께서 친절히 비서실장 오리엔테이션을 잘해 주셨기 때문에 다소 안심이 되었던 기억이 납니다.

2008년 2월 13일

의전 중심에서
업무 중심의 비서실로

비서실 근무는 저에게 많은 것을 경험할 수 있는 기회였습니다. 늘 멀리서만 뵙던 정달용 행장님과 권태학 전무님(제4대 은행장) 그리고 박재양 감사님(박명흠 홍보부장 선친)을 같은 층에서 매일 모시는 것은 영광스럽기도 했지만 또 한편으로는 여간 신경 쓰이는 일이 아니었습니다.

그때 비서실에는 박대환 대리(현 태창철강 사장)와 남자 행원 두 명(마정렬, 박덕상 현 부행장) 그리고 행장실 박혜숙 씨를 비롯한 여비서들이 같이 근무하고 있었습니다. 단출한 인원 구성이었지만 모두들 자부심을 가지고 '일사분란'하게 윗분들을 모셨습니다.

저는 비서실 업무 체제를 의전 중심에서 업무 중심으로 전환시키려고 꾸준히 노력했습니다. 매일 아침 비서실장인 제가 봉덕동 정 행장님 댁에 가서 행장님을 모시고 출근하였습니다. 출근 전,

비서실장 시절. 비서실 직원
들과 함께 한 산행에서

10~20분간 행장님 댁 사랑방은 저의 브리핑 장소였습니다. 행장님께서는 정장을 하시고 사랑방 의자에 앉으셔서 당일의 행장님 일정, 은행의 중요한 일들, 국내외 뉴스를 보고받으신 후에 출근 길에 오르셨습니다.

제가 비서실에 근무했던 1982년을 전후한 3년간은 은행 역사상 경영이 아주 어려웠던 시련기였습니다. 당시 국내외 경제 상황과 당행의 경영 상황을 간추려 보는 일도 의미가 있을 것 같습니다. 1979년 '제2차 석유파동' 이후 지역 경제는 큰 불황을 맞았습니다. 1980년 초 정부는 금리를 대폭 인상하여 1년 정기예금 금리가 25퍼센트, 일반대출 금리가 25퍼센트에 달하였습니다. 그

후 2년간에 걸쳐 여덟 차례 금리 인하가 단행되면서 대출 금리는 매달 어음 개서일에 인하된 금리가 적용된 반면, 예금 금리는 만기일까지 적용되어 역금리로 은행 수지는 최악의 상황에 다다랐습니다.

1981년 당기순이익은 29억 원으로, 영업수익이 아닌 구 소방서 부지(국제 영업부 자리) 매각에 따른 영업외수익 28억 6,000만 원이 대부분이었습니다. 1982년 상황은 그 전해보다 더 나빴습니다. 당기순이익은 겨우 5억 6,000만 원을 기록하였지만, 액면가의 3퍼센트에 해당하는 6억 원을 배당하여 배당 성향이 무려 107퍼센트에 달하기도 했습니다.

1983년은 그야말로 당행 역사상 최악의 해였습니다. 당기순이익 3억 1,000만 원에 1퍼센트의 배당을 실시했습니다. 그것도 영업이익이 6억 2,000만 원 마이너스 상태에서, 본점 부지 일부 매각 대금 8억 8,000만 원(본점 부지 5516평 가운데 1700여 평을 한국토지공사에 매각)과 안국동에 있던 서울 합숙소 매각에 따른 영업외수익으로 충당한 것이었습니다.

그리고 엎친 데 덮친 격으로 시중에는 신축 중인 본점 매각설과 대구은행 부도설이 나돌아 은행 공신력이 크게 떨어지기도 했습니다. 1980년 6월에 기공한 본점 건물이 1982년 4월에 골조 공사를 겨우 마친 뒤 공사가 중단되어 본점 매각설이 떠돈 것입니다. 또한 당시 은행들은 만성적인 자금 부족으로 인하여 한국은행 차입으로 교환결제를 메우곤 했는데, 1983년 2월 말일 교환을 제

때 막지 못해 대구은행 부도설이 지역사회에 퍼지게 된 이유가 되었습니다.

은행이 이렇게 어렵게 된 원인은 석유파동 이후 불경기로 지역 업체들이 큰 어려움을 겪었고, 지역 대형 건설업체인 '광명'이 800억 원이라는 엄청난 부채를 안고 부도를 낸 데 원인이 있었습니다. 또한 상업은행의 상품별 금리까지 결정하는 관치금융과 1970년대 통화증발에 따른 인플레를 수습하려는 정부의 금융 긴축정책이 한몫을 했다고 하겠습니다. 이런 상황에서 개별 은행들의 경영 효율화 정책에는 한계가 많았습니다.

그러나 이 기간 동안 당행은 인력 감축, 본부 기구 축소 등 감량경영을 실시하고 경비 절약을 통한 경영 합리화를 추구하는 등 대대적인 경영 쇄신을 강구하였습니다. 이런 중에도 정 행장님은 각 점포를 순방하시면서 영업점들을 격려하고 경비 절감에 솔선하셨습니다. 행장님은 서울 출장 때마다, 숙소는 꼭 2급 호텔을 이용하셨고 재임 중 해외출장 한 번 안 가실 만큼 그 당시 상황은 어려웠습니다.

은행이 이렇게 어려울 때 비서실장으로 발령받았기 때문에 신경 써야 할 부분이 참 많았습니다. 그래서 제 나름대로 비서실 근무 원칙을 세우기도 했습니다.

첫째, 윗분들이 은행 경영을 하는 데 조금도 불편하시지 않도록 우리의 지식, 지혜, 노력, 시간 모두를 적극 바치자.

둘째, 윗분들이 전면에 잘 보이도록 모시고 비서가 절대 외부

사람들의 눈에 띄지 않도록 하자(윗분과 의사소통에 비서가 걸림돌이 되면 안 된다).

셋째, 외부에는 늘 겸손, 친절하고 내부적으로는 한가족 분위기로 화합하자.

넷째, 비서의 '비(秘)' 자는 입을 무겁게 가지라는 뜻이다.

우리 비서실 직원끼리는 자주 회식도 하고 산행도 하는 등 밝은 분위기를 만드는 데 최선을 다했습니다. 그동안 지점 업무와 본점 일부 업무에만 한정되었던 저의 시각이 비서실 근무를 통해 은행 경영 전체를 조감해 볼 수 있도록 시야가 넓어지는 것 같았습니다. 은행에서 한 자리뿐인 비서실장 근무가 후일 제가 경영자로 성장하는 데 큰 도움이 되지 않았나 생각해 봅니다.

2008년 5월 14일

국립도서관과 서울지점

　비서실 근무를 마친 1983년 초, 저는 서울지점 차장으로 발령받았습니다. 정달용 행장님께서는 내심 지점장으로 보내고 싶어 하셨지만 저는 대구의 점포장보다는 서울 근무를 원하였습니다. 비서실장으로 있다 왜 일선 점포의 차장으로 가는지 이해할 수 없다는 식의 인식이 당시에는 없지 않았고 정행장님 또한 못내 성에 차지 않으신 듯했지만, 최대 영업권인 서울에서의 근무는 직위를 떠나 은행원으로서 꼭 거치고 싶은 욕심나는 자리였습니다.

　또한 서울은 학창 시절을 보낸 곳이라 익숙하였고 무엇보다 대학 친구들이 종합상사 등 주요 기업의 책임자로 근무하고 있어서 인적 네트워크를 최대한 활용할 수 있는 곳이라 여겼기 때문입니다.

　서울지점은 제가 부임하기 10년 전인 1972년 8월에 당행 열아홉 번째 지점으로 개점하였습니다. 당행은 서울 지역 진출로 환기능이 크게 강화되었고 중앙의 자금을 적극적으로 흡수하여 지역 개발은 물론 행세 신장에 큰 계기가 되기도 하였습니다.

초기 서울지점은 중구 을지로 1가 대로변에 있는 안국화재 본사(현 삼성화재)와 범양 빌딩(현 하나은행) 사이 건물 1층에 세를 얻어 영업을 시작하였습니다.

서울 근무 직원들을 위해 마련된 합숙소는(훗날 경영 악화로 매각) 안국동 네거리 지하철역 옆에 있었고, 업무차 상경한 대구 직원들은 주로 무교동 뒷골목의 '태성여관'에 묵곤 하였습니다. 1980년대 초 상황을 지금 돌이켜 보니 새삼 격세지감이 느껴집니다.

서울이라는 곳과 제가 처음 인연을 맺은 것은 1962년 여름이었습니다. 출가한 누님이 세검정에 계셨기에 용기를 내어 생애 첫 서울 여행을 하였던 것입니다. 김천역에서 10시간 소요되는 완행열차를 타고 도착한 서울은 시골에서 자란 저에게 강렬한 인상을 심어 주기에 충분하였고, 그것이 훗날 다시 돌아오게 된 계기가 되지 않았었나 생각합니다.

도스토예프스키를 동경했던 시골 학생으로서 서울에 있는 국립도서관은 꼭 한번 가보고 싶었던 곳이었습니다. 당시 국립도서관은 공교롭게도 현재 서울 영업부 바로 맞은편에 위치한 롯데백화점 자리에 있었습니다. 서울에 잠시 머무는 동안 마포 종점행 버스를 타고 세검정에서 자하문 고개를 넘어 매일 국립도서관으로 책을 읽으러 다녔습니다.

지금 여러분이 들으면 실소를 금치 못할 일도 국립도서관에서 있었습니다. 수세식 화장실을 처음 이용해 본 제게는 앞에 있는 레버를 누르면 물이 콸콸 쏟아져 나오는 것이 신기하다 못해 두렵기까지 했습니다. 충분한 시간이 지났는데도 계속 쏟아져 나오는 물줄기에 놀란 저는 한 번 더 레버를 누르면 그치는 것으로 착각하고 또 한 번 레버를 눌렀습니다. 제 예상과는 달리 물은 폭포수처럼 계속 쏟아져 나왔고 저는 그만 당황하여 얼굴을 시뻘겋게 붉히며 화장실을 뛰쳐나온 기억이 있습니다. 1970년대 런던으로 연수를 떠나 움직이는 계단이라고 신기해하며 에스컬레이터 사진을 찍어 온 일은 이에 비하면 시쳇말로 양반이라 하겠습니다.

까까머리 검은 교복 차림으로 소공동 국립도서관에서 문학 책을 골라 읽던 시골 소년이, 말쑥한 양복 차림의 은행원이 되어 다시 20년 전 그곳에서 일하게 될 줄은 아마도 몰랐을 것입니다. 제가 서울지점에 부임할 당시 점포는 소공동의 현 삼구빌딩으로 확장 이전한 후였습니다. 당시 삼구빌딩 최상층에는 '포시즌스'라는 유명한 양식당이 있었고 아래층에는 지금도 영업 중인 중국 식당 '야래향'이 있었습니다. 1980년대 초반 만해도 지금처럼 호텔의 고급 식당이 없었던 때라, 포시즌스와 야래향은 정, 관계 및 재계 고위 인사들이 즐겨 찾던 유명한 식당이었습니다.

서울지점은 사실 그 당시 금융과 상업의 중심지인 더없이 목 좋은 시내 중심가에 자리 잡은 셈이었습니다. 1983년 제가 부임했을 때의 지점 수신고는 505억 원으로 은행 전체 4,040억 원의 10퍼센트가 넘었고, 특히 이익 부문의 서울 의존도는 대단해서

1983년도 은행 전체 이익이 3억 1,200만 원에 불과했을 때 서울지점의 당기순이익은 29억 7,600만 원에 이르렀습니다.

서울지점의 비중이 이처럼 커지자 은행에서는 직제 규정을 고쳐 서울지점에만 부지점장 제도를 신설하였고, 제가 은행 내에 유일한 초대 서울지점 부지점장이 되었습니다. 서울지점에 근무하면서 저는 세 분의 지점장을 모셨습니다. 제가 처음 부임했을 때는 한주섭 지점장이었는데 얼마 되지 않아 본점 부장으로 이동하셨고, 이어서 서덕규 지점장(제7대 은행장)과 김극년 지점장(제8대 은행장)이 서울지점장으로 부임해 오셨습니다. 결과적으로 당시 서울지점장이셨던 두 분과 부지점장이었던 제가 당행 7, 8, 9대 은행장으로 연달아 근무한 인연을 가지게 되었습니다.

중앙지점 근무를 마지막으로 저는 줄곧 본점 업무만 봐왔었습니다. 신용조사 업무를 거쳐 국제부에서 비서실까지 일하면서 최일선의 은행 업무와는 한동안 멀어져 있었습니다. 서울지점에 부임하여 다시금 영업 현장에서 직원들과 함께 뛰고 일하는 가운데 '올라운드 플레이어'로서 부족한 점을 채울 수 있었다고 생각합니다. 그동안 무뎌졌던 일선 업무 감각이 금융 1번지인 서울에서의 근무로 다시금 벼려졌고 경제계에 많은 인적 네트워크를 구축하여 향후 저의 은행 생활에 큰 보탬이 되었습니다. 지금도 당시 대구의 점포장직을 마다하고 서울 근무를 지원한 일은 아주 현명한 선택이었다고 생각합니다.

2008년 7월 2일

팔도회,
그리고 ㈜대구창업투자

　제가 서울분실로 발령받은 해는 1986년 1월이었습니다. 그때 서울에는 10개 지방은행이 모두 진출해 있었고 지방에 있는 본점을 대신하여 관련 기관과 협조할 수 있는 조직인 '서울분실'을 각 은행마다 두고 있었습니다.

　지금은 이름도 없어진 경기, 강원, 충청, 충북은행도 서울 영업을 활발히 하던 시절이었고 각 행 분실장들은 정보 교환 등을 목적으로 주 1회 정기 모임을 가질 정도로 협조 체제가 잘 구축되어 있었습니다.

　당시 지방은행들의 최대 관심사는 서울에 제2지점을 개설하는 것이었습니다. 금융감독 당국에서는 지방은행의 설립 취지에 어긋난다며 서울에 1개 점포만을 허가해 주었고, 10여 년이 넘도록 추가 점포를 허용해 주지 않던 상황이었기에 우리 분실장들은 제

1 1987년 8월에 설립된 (주)대구창업투자 창립 총회
2 지방은행 서울분실장 모임인 팔도회 회원
3 1987년 7월 서울 지역의 두 번째 점포인 여의도지점 개점식

2점포 허가를 공동 목표로 두고 한국은행과 재무부에 막후 활동을 열심히 펼쳤습니다.

그 당시 재무부 은행과장으로 훗날 제가 은행장이 되어 다시 인연을 맺게 된 윤증현 씨(전 금융감독원장, 현 기획재정부 장관)가 재직하고 계셨습니다. 그는 지방은행에 대한 이해가 매우 깊었으며 우리의 노력이 결실을 맺기까지 많은 도움을 주었습니다. 그 노력이 헛되지 않아 마침내 지방은행의 서울 복수 점포 개설이 허용되었고 당행도 1987년 7월, 여의도에 제2지점을 개설할 수 있게 되었습니다. 공동 목표를 이룬 후 각 행 분실장들은 우정을 계속 유지하기 위하여 저의 제안으로 '팔도회(八道會)'라는 모임을 만들었고, 20여 년이 지난 지금까지도 정기적으로 모임을 가지고 있습니다. 지난해 겨울에도 회원들이 우리 대구은행을 방문하여 새로 단장한 본점 시설을 돌아보는 등 감회 깊은 회동을 한 바 있습니다.

분실장으로 근무한 지 1년쯤 지난 뒤, 정부 부처에 근무하던 지인으로부터 벤처캐피탈의 설립을 허용한다는 이야기를 듣게 됩니다. 경기가 좋아짐에 따라 벤처기업들이 많이 생겨나는데, 기존 제도권 금융기관의 한계성과 에인절 제도*의 미비로 벤처캐피탈을 만들어서 이들의 창업을 지원한다는 것입니다. 타당성을 검토해 본 결과, 앞으로 우리나라 경제 발전 방향이나 자본시장 추이로 미루어 우리 같은 지방은행에 꼭 필요한 회사라는 판단이 들었습니다. 본점에 전후 상황을 보고하자 권태학 행장님께서도 벤처캐피탈 설립에 적극 찬동하시어 당시 상공자원부와 몇 개월간에 걸친 협의 끝에 1987년 8월 (주)대구창업투자(후일 (주)인사이트벤처로 개명)를 설립하였습니다.

> 에인절(angel) 제도
> 기술과 아이디어는 있지만 자본이 부족한 벤처기업 창업가에게 지분 투자 형태의 자금을 지원하는 제도

지방은행으로서는 유일하게 창업투자회사를 설립하였고 1999년 코스닥 시장에 등록하는 등 성공적인 자회사로 운영되었습니다. 그러나 벤처캐피탈이 은행과 성격상 맞지 않는다는 이유로 2002년 6월, 아쉽게도 대성그룹에 매각되었습니다. 매각 대금 165억 원에 장부가를 뺀 처분 이익은 53억 원이었습니다. 대성그룹은 이 회사를 인수한 후 상호를 (주)바이넥스트로 바꾸고 지금

도 아주 활발하게 영업을 하고 있습니다.

서울 제2지점과 대구창업투자 설립을 위한 노력이 결실을 이룬데 대해서는 지금도 큰 보람을 느끼고 있습니다. 그때 함께 근무하며 고생한 직원들로 최박광 대리, 정길일 대리, 김병태 계장(현 부행장) 등이 있었으며 이들의 패기 넘치던 모습이 지금도 눈에 선할 정도로 모두 열정적이었습니다.

서울분실이라는 조직은 지방은행에서만 찾아볼 수 있는 특수한 조직입니다. 서울 비서실 기능을 수행함과 동시에 유관 기관과의 통로 역할을 하는 업무를 담당하고 있으며, 홍보 및 대 언론 접촉 업무까지 겸하고 있습니다. 개인적으로는 재무부, 한국은행, 은행감독원에서부터 동업계 금융기관 인사들까지 폭넓게 교류하게 되면서 인적 네트워크를 강화하는 기회를 마련해 주기도 하였습니다. 1988년 2월까지 서울분실에 몸담았던 시간들은 저의 은행 생활의 자양분이 되어 오늘에 이르게 되었던 것 같습니다.

2008년 7월 9일

서울생활에서 얻은 것들

　서울에서 근무했던 5년간은 개인적으로 문화적인 안목을 크게 넓힌 시기였습니다. 1980년대 중반 우리 사회는 유례없는 호황을 누리던 때로 연간 경제성장률이 10퍼센트를 웃돌던 고도 성장기였습니다. 즉, 플라자 합의로 일본 엔화가 달러당 250엔에서 130엔까지 절상되어 우리의 수출 경쟁력이 높아졌고, 유가도 20달러 아래로 떨어져 저유가 시대가 왔으며, 국제적인 저금리 시대로 외채 비중이 컸던 우리에게는 아주 유리한 이른바 '3저 호황의 시대'였습니다. 이러한 경제적인 여유로 말미암아 문화, 예술에 대한 관심이 크게 높아졌고, 88올림픽을 앞두고 전통 문화에 대한 사회적 관심도 그 어느 때보다 고조된 시기였습니다.

　저는 학창 시절부터 유달리 역사 과목에 관심이 많았고 문화, 예술 분야를 늘 동경해 왔습니다. 근대 학문의 근간이 되는 서양

고전들에 대한 자유로운 접근이야말로 인적 네트워크 형성과 함께 대학 생활의 최대 장점으로 스스로 꼽을 정도였습니다. 옛 기억을 더듬어 보자면 40여 년 전 대학시절에는 학업 못지않게 문화생활에 대한 갈망이 강하였고 서울이라는 곳은 그러한 욕구를 어설프게나마 늘 충족시켜 주었습니다. 제게는 일찍 돌아가신 부모님을 대신한 당산목 같은 큰형님 내외분이 계십니다. 대학시절 삼청동 형댁에서 주로 학교를 다녔는데 우리집 맏며느리로 시집오신 큰형수님께서는 농림부 공무원이신 형님의 박봉으로 다섯 조카와 시동생들의 뒷바라지에 고생이 많으셨습니다. 지금도 그 고마움을 갚을 길이 없습니다.

당시 저는 과외 아르바이트로 용돈을 벌기도 했었는데, 일곱 명의 학생을 상대로 한 사람당 700원의 교습료를 받았습니다. 고려대 앞 제기동 1인 하숙비가 1,200원 정도였으니, 4,900원의 과외 수입은 지금으로 치면 200만 원 정도로 꽤나 짭짤한 편이었습니다. 1년에 100여 편이 넘는 영화를 보던 저로서는 개봉관 입장은 꿈도 못 꾸고 주로 2본 동시상영 극장을 찾아다녔습니다. 기억에 남는 극장은 지금 유네스코 맞은편에 있는 명동극장이나 시네마코리아 같은 극장입니다. 제임스 딘 주연의 「에덴의 동쪽」이나 로버트 테일러의 「애수」는 몇 번이고 다시 봐도 질리지 않는 명작으로 기억에 남아 있습니다. 당시에 봤던 영화들의 제목, 내용, 감상평을 노트에 매번 기록하곤 하였으니 꽤나 열성적인 영화 팬이었던 셈입니다.

서울분실장으로 있던 당시에도 직원들과 회식을 겸하여 영화 관람을 다녔었고 주말이면 인사동이나 호암갤러리 등을 수시로 찾아다니며 예술적 안목을 넓히곤 했습니다. 그때 모아 둔 카탈로그는 지금도 서가 한 칸을 가득 메울 정도입니다.

성북동의 간송미술관이나 국립현대미술관은 필수 관람 코스였고 각종 전시회도 부지런히 다녔습니다. 기억에 남는 전시로는 호암갤러리가 마련한 '한국화 100년 전'과 '한국 서양화 70년 전'이 있습니다. 이때 접했던 이중섭, 박수근, 이상범, 김기창 등의 작가와 생애 그리고 작품들은 저로 하여금 우리 화가들에게 더 깊은 관심을 불러일으키게 하는 계기가 되었습니다. 최근에 제가 지역 작가들에게 관심을 가지고 작품 수집과 전시에 나선 이유가 바로 여기에 있다고 하겠습니다.

그림과 함께 당시 전통 문화 보존에 대한 뜨거운 사회적 관심으로 우리 도자기에 대한 제 개인적인 열의도 대단했습니다. 현대 작가 도예전은 빠짐없이 다녔습니다. 주말이면 옛날 관요(官窯)가 밀집되어 있던 경기도 이천과 광주 일대 가마들을 초등학생인 아들을 데리고 자주 방문하곤 했습니다.

광주요의 지순택 선생과 도원요의 박부원 선생 같은 분들을 자주 만나 우리 전통 도자기의 재현과 이들이 주는 아름다움에 대하여 많은 이야기를 나누었습니다. 특히 분청사기의 자유분방하고 소탈한 맛에 푹 빠지기도 했습니다. 고려청자의 그 귀족적 화려함이나 조선백자의 고고한 우아함과는 또 다른 분청사기의 질박한 아름다움은 우리의 서민적인 생활 감정이나 감각과 잘 어울리는 우리 도자기라는 생각을 하게 되었습니다.

 제가 분실에 있던 기간은 우리 사회가 먹고 사는 문제에서 점차 벗어나고, 소수만이 누리던 문화, 예술 분야에서 다양성과 대중성이 태동하던 시기였습니다. 이때 가진 열정이 학창 시절 영화관을 전전하면서 채워 왔던 문화적 토양 위에 뿌리내리면서 적어도 부끄럽지 않을 정도의 소양을 채운 것이 아닌가 합니다.

 기업의 문화 후원, 즉 메세나(Mecenat) 사업은 사회봉사와 함께 자본주의 사회에서 기업이 할 수 있는 최고의 사회환원이라고 생각합니다. 우리 대구은행 또한 100년 은행을 꿈꾸는 대표 지방은행으로서 향후에도 이 분야에 지속적인 관심을 가져야 한다는 생각입니다.

2008년 7월 16일

글로벌 마인드와 꿈을 키운 뉴욕사무소장 시절

서울분실 근무를 마치고 1988년 1월 뉴욕사무소장으로 발령받았습니다. 초대 서덕규 소장(제7대 은행장) 이후, 이배현 소장과 임상녕 소장 다음으로 임명된 것입니다. 뉴욕사무소가 외환위기로 철수하게 된 1998년까지 제 후임으로는 황경호, 김재성, 최태준 소장이 뉴욕사무소에 근무하게 됩니다. 지방은행으로서 금융 중심지인 뉴욕에 사무소가 진출했다는 사실만으로도 그 당시 큰 자랑이었습니다.

저는 뉴욕사무소를 당행 위상 제고의 수단으로 최대한 활용한다는 목표로 코레스 은행들과 유대 강화를 위해 노력하였습니다. 그리고 뉴욕 금융시장 동향을 파악하여 텔렉스로 본점에 보고하는 데 신경을 많이 썼습니다. 또 미국과 관계가 있는 당행 거래처들의 문제 해결이나 편의 제공에 최선을 다했습니다.

뉴욕사무소장 시절 자메이카 출신의 미즈 로레인(Ms. Lorraine) 비서와 함께. 이 시절 이화언 행장은 뉴욕 금융시장 동향을 본점에 보고하는 한편, 코레스 은행들과 유대 강화를 위해 노력하며 당행 위상 제고에 힘썼다.

    사무소에 근무하면서 제가 할 수 있는 일 중 하나가 경비를 최소화하는 것이었습니다. 따라서 사무실, 사택, 차량 및 현지 직원의 인건비까지 최소화하려고 노력하였습니다. 사무실 주소는 29W 30TH St, New York, N.Y 10001이었으며, 제일은행 뉴욕 현지법인 건물의 10층에 월 1,604달러로 임차하고 있었습니다. 34평 정도의 임차료로는 맨해튼에서 가장 싼 편에 속했습니다.

    롱아일랜드에 있는 사택 주소는 30 Linden St, New Hyde Park, N.Y 11040이었고 월 1,500달러를 지불하고 있었습니다.

인건비를 포함한 사무소 총경비가 20만 달러 이내가 되도록 노력하였으며, 당시 환율이 달러당 700원 정도였으니 연 1억 5,000만 원 이내에서 유지한 셈입니다. 승용차도 올즈모빌 델타 88을 전임자에게 물려받아 6년간 약 20만 킬로미터나 타고 다녔고, 현지 직원으로는 자메이카 출신의 미즈 로레인이 비서로서 월 800달러의 급여로도 만족하며 열심히 일해 준 기억이 납니다.

저는 뉴욕사무소를 우리 직원들의 연수 거점으로 활용키로 하고 본점으로부터 6개월 연수생을 위탁받아, 오전에는 뉴욕 시내 어학원에 등록하여 현지 영어를 익히도록 하고 오후에는 미국 은행연합회에서 필요 과목을 학점제로 수강토록 하였습니다. 종래의 코레스 은행을 통한 위탁 교육 방식보다 교육 효과가 훨씬 좋다고 판단했기 때문입니다.

제가 뉴욕에 있는 동안 권태학 4대 행장님, 이상경 5대 행장님, 강경헌 전무님, 본부 부서장과 많은 연수생들이 다녀갔습니다. 저는 이분들이 뉴욕을 조금이라도 더 이해하실 수 있도록 뉴욕 금융가로 안내를 한다든지, 롱아일랜드에 있는 사택으로 초청하여 미국 분위기를 접하실 수 있도록 노력하였습니다.

그 당시 부산은행과 경남은행도 뉴욕에 사무소가 설치되어 있었고, 마침 팔도회 멤버인 부산의 신병근 소장, 경남의 장승우 소장이 같이 근무하고 있었기 때문에 서로 의지가 되고 도움이 되었습니다. 뉴욕에는 16개 국내 은행들이 진출해 있었고 뉴욕 재무관을 중심으로 정기적인 모임을 가졌습니다. 지금도 그때 같이 근무했던 16개 국내 은행 지점장, 소장들이 '파크 애버뉴 클럽'이라는 이름으로 모임을 계속해 오고 있으며, 현재는 제가 회장을 맡고 있습니다. 뉴욕에 처음 부임했을 때 재무관은 현 국가경쟁력강화위원회 위원장으로 계시는 강만수 씨였고, 이용근 씨(전 금융감독원장)와 윤진식 씨(현 대통령비서실 경제수석비서관)가 뒤를 이어 재무관으로 저와 같이 근무하신 분들입니다.

3년여의 미국 생활은 저와 우리 가족에게도 큰 전환점이 되었습니다. 서양이 수백 년에 걸쳐 만들어 낸 자본주의 역사와 전통을 압축, 성장시켜 최단 기간 내에 세계 최강국이 된 미국과 그들의 금융 시스템을 직간접적으로 경험해 본 것은 은행원인 저에게 크나큰 행운이 아닐 수 없었습니다. 그리고 어쩌면 가장 소중했을 3년여의 기간 동안 우리 아이들이 미국에서 지내게 됨으로써 글로벌 시대에 소통할 수 있는 능력을 갖게 해준 점도 부모로서 감사하게 생각합니다.

외환위기로 뉴욕, 동경, 홍콩 사무소를 전부 폐쇄한 뒤로 10여 년이 흐른 지금, 새로이 상하이사무소를 개소하게 되어 뉴욕사무소장을 지낸 저로서는 그 의미가 더욱 특별합니다. 또한 88서울올림픽을 뉴욕에서 보게 된 지 20년이 지나 중국 베이징에서 올림픽이 개최된 것도 역사적인 필연이라 하겠습니다. 우리 대구은행도 10년, 20년 후 세계로 뻗어가는 글로벌 은행으로서의 꿈이 이루어지기를 기대해 봅니다.

2008년 8월 27일

나의 금연기

저도 과거에는 담배를 많이 피웠습니다. 대학시절부터 뉴욕사무소 근무 때까지 매일 평균 한 갑 이상을 피웠으니 25년간 담배를 피운 셈입니다. 1988년 1월 뉴욕사무소로 발령을 받고 내심 좋아한 것 중 하나가 미국에 가면 양담배를 실컷 피울 수 있다는 사실이었습니다. 그 당시만 해도 국내에서 양담배를 피우다 단속반에 걸리면 벌금을 크게 물었습니다.

또 뉴욕 근무의 장점 중 하나는 토, 일요일을 쉬는 주 5일 근무제라는 것이었습니다. 아침에 텔레비전을 켜면 NBC Today의 유명 아나운서가 TGIF(Thank God It's Friday.)라고 하면서 방송을 시작했습니다. 요즘 우리나라도 주 5일제가 정착이 되어 갑니다만 그 시절 미국에서 맞는 금요일은 저에게도 1주일 중 가장 기대에 찬 하루였습니다. 금요일 오후에는 퀸즈(Queens) 플러싱(Flushing)에 있는 코리언 마켓에 가서 쌀이며 김치 등 식료품을 사 오는 것이 주요 일과였습니다. 차 뒤 트렁크에 1주일 먹을 식품을 가득 싣고 한 손은 핸들을 잡고 다른 한 손은 미제 담배를 피우면서 고속도로를 달리는 맛은 그저 그만이었습니다.

그때 앞좌석에 타고 있던 퍼블릭 스쿨에 다니던 고1 큰딸이 말을 걸어 왔습니다. "아빠! 저희 반 친구들 70퍼센트가 담배를 피워요. 담배 연기에 질식할 것 같아요. 교장 선생님이 내달부터 교내에 재떨이를 없애기로 하셨대요. 아빠도 이제 담배 좀 끊으세요." 저는 내심 깜짝 놀랐습니다. 미국 아이들이 담배를 많이 피운

무슨 일을 하건 손에서 담배를 놓지 않을 만큼 애연가였던 이화언 행장은 미국 고등학생들의 흡연 현실을 개탄하는 딸아이에게 모범이 되겠다는 생각으로 담배를 끊었고, 18년 후 대구은행에서 금연 캠페인을 실시하게 된다.

다는 이야기는 그전부터 들어 왔지만 내 어린 딸아이의 친구 70퍼센트가 담배를 피우고 있다니! 담배는 일종의 마약이 아닌가?

미국 와서 자칫 아이들을 버릴 수도 있겠다는 생각이 언뜻 들었습니다. 우선 나부터 담배를 끊고 아이들에게 모범을 보여야겠다고 생각했습니다. 저는 힘없이 딸아이에게 대답했습니다. "담배 끊는 게 그렇게 쉬운 일이 아니란다. 그렇지만 앞으로 아빠도 담배를 끊도록 노력해 볼게." 그 후로 저는 담배를 한 개비도 피우지 않았습니다. 딸아이도 저도 그때 그 대화 이후로 제가 담배를 끊었다는 사실을 서로 확인하려고 하지 않았습니다.

담배를 끊은 지 어언 18년이 지난 올해 초 저는 우리 대구은행에서 금연 캠페인을 실시키로 했습니다. 우리 직원들이 건강해야 가족, 은행, 사회에 기여할 수 있다는 기본 인식에서 출발했습니다. 각종 암 발병률이 직접 흡연자는 비흡연자의 열다섯 배, 심지어 간접 흡연자까지도 비흡연자의 세 배나 된다니 흡연은 한마디로 끔찍한 습관입니다.

캠페인 당시 파악된 바로는 우리 직원 800여 명이 담배를 피우고 있고 캠페인 기간 동안 금연 목표 인원은 500명입니다. 한국금연교육원 금동우 원장의 강좌를 시작으로 금연 서약서를 받고 금연 펀드를 운용하기로 했습니다. 금연 신청자가 5만 원을 내고 은행이 10만 원을 보조하여 1인당 15만 원으로 금연 펀드를 설정합니다. 100일 후 금연에 성공하면 본인이 포상금으로 15만 원을 가져가고 실패하면 그 배에 해당하는 30만 원을 불우이웃 돕기 성금으로 기부토록 했습니다.

500명에게 10만 원씩이면 5,000만 원의 은행 경비가 지출됩니다만 500명 중 단 한 명이라도 나쁜 질병에서 구할 수 있다면 5,000만 원, 아니 5억 원이라도 아깝지 않다는 생각이 들었습니다.

애연 직원 여러분! 금연 캠페인에 모두 동참하시어 우리 모두 자신의 건강을 지키고 건강한 은행을 만드는 데 앞장서 주시기 바랍니다.

2006년 1월 11일

파랑새 문고와 한솥밥 먹기

누구에게나 첫 발령지에 대한 추억은 아주 특별하여 오랫동안 기억에 남는 법입니다. 저도 행원 시절 첫 점포인 중앙지점이 그랬고, 첫 점포장으로 나가게 된 역삼동지점(역삼역지점과 합병)에 대한 애정은 그야말로 각별하다 하겠습니다. 뉴욕사무소 임기를 마친 후 본점 국제부장을 거쳐 역삼동지점장으로 발령받은 때는 1993년 초였습니다. 누구나 첫 점포장을 맡으면 큰 비전과 포부를 가지고 의욕적으로 점포 경영을 하게 됩니다. 지점장은 본부 부서장과는 달리 경영자의 입장에 서게 되는 자리입니다. 서울 강남 한복판의 가장 치열한 영업 환경에 첫 점포장으로 부임한 저로서는 여러 고민을 하지 않을 수 없었습니다. 보란 듯이 실적을 올리고픈 욕심도 있었고 신설 점포인 역삼동지점을 서울 지역 최고의 점포로 만들겠다는 강한 욕구도 있었습니다.

지점장으로서의 첫 발령지인 역삼동지점에 은행 최초로 지점 문고인 '파랑새 문고'를 개설했다. 직원들뿐만 아니라 고객들에게도 대단한 호응을 얻었다.

당시 제가 택한 방법은 지금 생각해 보면 은행장으로서의 은행 경영 방식과 별반 다르지 않다고 생각합니다. 저는 직원중시경영을 최우선 순위에 두고 그다음 고객만족경영에 최선을 다하였습니다. 은행업에서 인적 자원이 최고의 자산이라는 평소 소신에 따라 첫 점포에서도 직원들의 화합과 복지에 중점을 두고 신바람 나는 일터 만들기에 주력했습니다. 또한 독서를 통해 직원들이 자기계발을 할 수 있는 분위기를 조성하였습니다.

당시 은행 최초로 지점 문고인 '파랑새 문고'를 개설하게 된 것도 이런 맥락에서였으며, 파랑새 문고는 직원들뿐만 아니라 고객들에게도 대단한 호응을 받았습니다. 특히 회사 경리 직원들은 파랑새 문고가 계기가 되어 역삼동으로 거래를 몰아주기도 하였고 입소문을 타고 신규 고객이 증가하기도 하였습니다. 당시 직원들과 뜻있는 고객들이 도서를 기증하여 주었고, 매달 20~30권의 신간을 구입하여 질적으로도 우수한 문고를 만들어 나갔습니다. 저는 강남역 지하 서점에 들러 문고용 신간 서적을 매달 직접 골랐습니다. 직원들과 고객들이 파랑새 문고를 적극적으로 활용해 주어서 큰 보람을 느꼈습니다.

파랑새 문고와 함께 역삼동의 자랑거리로 '한솥밥 먹기'가 있었습니다. 당시 점포 주변에 마땅한 식당이 없고 값이 비싸 많은 직원들이 도시락을 싸 왔는데, 복잡한 지하철이나 버스를 이용할 때 문제가 있었고 어떤 직원은 종종 지하철 선반에 도시락을 두고 내리는 일도 있었습니다. 점포가 좁아 식당을 차릴 형편은 못 되었지만 2층 구석에 대여섯 명이 둘러앉을 탁자를 놓을 공간 정도는 있었습니다. 제가 집에서 쓰던 전기밥솥을 가져오고 식기와 수저를 사서 간이식당을 마련하였습니다. 최상의 이천 쌀로 밥을 짓고 반찬은 두 명씩 당번을 정하여 집에서 준비해 왔습니다. 당시 역삼동지점 직원 수가 스무 명 남짓했으므로 반찬 차례가 열흘에 한 번 꼴로 돌아왔는데, 모두들 너무 정성스레 준비를 해서 매끼마다 성찬이었고 꿀맛 같은 점심 식사를 직원 모두가 기다렸습니다.

한솥밥 먹기로 직원들은 시간도 절약하고 용돈도 아끼고 건강도 챙기는 것은 물론, 한솥밥에 정이 난다고 전 직원들이 한 형제처럼 화합하는 계기가 되었습니다. 한솥밥을 먹은 이후로 우리 지점의 돈독함은 행 내 최고였고 이런 화합에 기반을 두어 서울 지역에서는 드물게 'CS(고객만족) 최우수상'을 받기도 했습니다.

또 하나, 고객밀착경영의 일환으로 주변 상가에 '동전과 소액권 교환해 주기'를 실시했습니다. 반경 300미터 내에 내로라하는 금융기관이 밀집해 있는데, 전국적 네트워크가 취약한 지방은행으로서 매일 아침 동전과 소액권을 교환해 주는 서비스는 지점 주변 상가를 단골 고객으로 만드는 큰 효과가 있었습니다.

한솥밥 먹기가 역삼동지점 직원들을 하나로 만드는 데 큰 역할을 했다면 파랑새 문고와 소액권 교환은 고객들을 한 식구로 만드는 데 큰 역할을 했다고 하겠습니다. 역삼동에서의 처녀비행을 성공적으로 마치고 저는 1995년 서울지점장으로 발령받게 됩니다. 역삼동에서 얻은 자신감을 바탕으로 저는 서울지점을 행 내 최고의 프라핏 센터(profit center)로 도약시키기 위해 열정을 가지고 일할 수 있었습니다.

2008년 9월 3일

구원투수로 14년 만에
대구 귀환

역삼동지점장을 거쳐 서울지점장으로 발령받은 때는 1995년 7월이었습니다. 당행의 전략 점포이자 비중이 컸던 서울지점장으로 발령을 받게 되어 큰 영광이었지만 한편으로는 무거운 책임감도 느끼지 않을 수 없었습니다. 서울지점은 개점한지 20여 년이 지나 나름대로 안정적인 영업을 하고 있었습니다만 저는 영업력 확충과 건전성 관리를 점포 경영의 기본 방향으로 정하였습니다.

저는 지방은행 점포가 넘어야 할 네트워크 열세를 극복하고 서울지점을 한 단계 더 업그레이드시킬 방법을 외환 업무 확충에 두기로 하고 나름대로 전략을 세워 실행해 나갔습니다. 그 당시 '세계를 향한 창(窓)' 역할을 하며 사세가 대단했던 국내 1, 2, 3위의 종합상사와 모두 신규 거래를 트며 각각 1억 달러씩 총 3억 달러의 수출 업무를 유치하는 등 외환 업무 신장에 총력을 기울였습니다. 삼성물산과 대우에 대학 동기가 부사장으로 근무하고 있었고, 현대종합상사 재무담당 전무로 후배가 근무하고 있었기에 거래 유치가 순조로웠습니다. 외환에 특화한 영업 전략이 주효하여 1996년 서울지점의 수출 업무 취급 실적이 당행 전체 실적 17억 6천만 달러의 약 70퍼센트에 해당하는 11억 8천만 달러를 기록하였습니다. 당기순이익은 46억 원에 이르는 등 각종 영업 지표도 고르게 성장하였습니다.

그러나 이미 그 당시 우리 경제는 외화 차입에 의한 고도성장 과정에서 개별 기업을 비롯하여 경제 각 부문에서 구조적인 문제점들이 발생하고 있었던 시기였기 때문에 부채 비율이 높은 한계 기업들에 대한 거래는 철저한 리스크관리를 통해 비켜갔습니다.

IMF 위기 때 금모으기 운동에 동참하고 있는 대구은행 임직원들

한보, 기아차와 같은 업체에서 회사채 중심의 지급보증 요청이 많이 있었지만, 서울지점 나름대로의 거래 원칙과 기준에 의거하여 부실 여신 예방에 철저히 대비하였습니다. 또한 당시 서울 지역에는 지방은행 간 점포 신설 경쟁으로 당행도 점포가 10개에 달했으며, 신설 점포로서 당기 실적 증대에 급급하고 리스크관리를 제대로 하지 못하여 환란의 고비를 넘기지 못하고 폐쇄된 아픈 기억이 있습니다. 그러나 서울지점만은 1998년 IMF 위기를 겪으면서도 큰 부실 없이 위기를 비켜간 것은 그나마 다행으로 생각합니다.

외환 부문을 비롯한 전반적인 실적 향상으로 서울지점에서의 일상도 익숙해지고 일하는 보람도 느끼던 1997년 초 어느 날, 서울을 방문하신 서덕규 행장님께서 저를 불러 본점 융자부장을 좀 맡아줘야겠다고 말씀하셨습니다. 그때는 1월에 이미 한보가 최종 부도를 내고 몇몇 대기업들이 위험하다는 소식에 전 금융기관이 뒤숭숭한 시기였습니다.

어려운 시기에 융자부장을 맡는다는 것이 큰 부담이 되기도 했지만, 한편으로는 '신용분석사 1호'인 제가 서울지점 관리를 잘한 데 대한 인정을 받는 것 같아 구원투수로서의 역할에 최선을 다하기로 다짐하면서 오랜 객지 생활을 마감하였습니다. 1983년 초 비서실장을 끝으로 서울 근무를 한 이래 잠시 국제부장 근무 시절을 제외하고는 뉴욕 근무에 이르기까지 14년 만의 대구 귀환이었습니다.

2008월 9월 24일

아주 특별한 휴가

　처음 은행장으로 취임하고 저는 정말 바쁜 일정을 보냈습니다. 집에서 가족들과 저녁 한번 같이 먹지 못했고 주말에 한 번도 사적인 일로 보낸 적이 없었습니다. 그러던 중 월요일부터 이틀간의 휴가를 얻지 않으면 안 되는 일이 생겼습니다. 저는 휴가 동안 집에서 밀린 독서도 하고 손자 녀석 재롱도 보면서 즐겁게 보냈습니다. 그런데 그 이틀간이 어찌나 덥던지요. 전기세 무서워하는 아내 덕에 지난해에 처음 들여 놓고 제대로 써보지도 못한 에어컨을 보자 괜한 심술이 돋지 뭡니까? 그래서 집사람에게 대구은행 행장이 이렇게 땀을 줄줄 흘리면서 황금 같은 휴가를 보내면 되겠느냐고 하자 웃으면서 틀어 주더군요. 하지만 또 한편으로 생각해 보면 지나친 냉방은 몸에도 안 좋거니와 늘 은행에서 필요 이상의 찬 공기를 접하는 나를 위한 집사람의 앞서가는 배려일 수도 있다

싶었습니다. 소크라테스는 자신의 유명한 악처 크산티페를 두고 인내심을 길러 주는 최고의 스승으로 여겼다고 하지만 제 아내는 크산티페도 놀부 마누라도 아닌, 그저 가족 먼저 챙기는 알뜰한 당신일 뿐일진대 그 넓은 마음을 제가 미처 헤아리지 못했나 봅니다. 그러니 여러분들도 집에서 에어컨을 틀어 주지 않는다 해서 행여 몽니 부리는 일이 없기를 바랍니다. 이때의 휴가는 제게 조금은 특별한 휴가였습니다. 대구은행과 함께해 온 지난 세월 동안 저는 너무나 많은 것을 얻어 왔습니다. 수습행원으로 입행하여 집사람도 만나게 되었고 가족도 얻고 집도 사고 은행장 자리에까지 올랐으니 모든 것을 다 얻었다고 말해도 과하지 않을 것입니다. 우리 은행은 그만큼 저에게 고마운 곳이고 소중한 곳입니다.

그러나 그 세월 동안 단 하나 잃은 것이 있다면 제 머리카락일 것입니다. 서른 중반을 넘기고부터 넓어지기 시작한 이마가 그 속을 훤히 드러내고 말았습니다. 세월이 내게 준 지혜에 대한 대가려니 하고 생각해 왔습니다만 흐르는 세월 속에 머리만 빠졌구나 생각하니 조금 서글픈 것 또한 사실이었습니다. 그러던 차에 마침 경북대학교 이상훈 병원장님으로부터 모발 이식 수술 권유를 받고 과감히 문명의 혜택을 누려 보기로 작정하였습니다.

모발 이식 분야의 세계적 권위자이신 김정철 박사께서 2,000여 가닥의 뒷머리카락을 앞으로 심어 옮기는 수술을 4시간에 걸쳐 직접 집도해 주셨습니다. 이식 모발은 보름이 지나면 다 빠졌다가 대략 4개월 후부터 한 달에 1센티미터씩 새 머리카락이 자라난다고 합니다. 직원들과 봄 산행을 할 때 즈음이면 "이것 참! 행장이 머리가 벗겨져서……." 하며 모자를 벗는 일은 없을 것 같았습니다.

발로 뛰는 CEO 마케팅이 절실한 이때 대구은행의 얼굴인 제가 지금보다 조금이라도 더 젊고 건강하게 보일 수 있다면 그 무엇도 마다할 이유가 없다고 생각하게 되었습니다. 그전에 국내 최대 인터넷 매체인 「오마이뉴스」에서 클로즈업 사진을 다섯 컷이나 실으며 저와의 인터뷰를 매우 비중 있게 보도한 적이 있었습니다. 그 기사를 본 모 신문사의 기자가 제게 전화를 걸어 와 자신은 두 번 놀랐다고 하는 것입니다. 하나는 최대 인터넷 신문사인 「오마이뉴스」에서 저를 풀 섹션으로 다뤘다는 점이고, 또 하나는 제 머리가 생각 이상으로 많이 벗겨졌다는 것이었습니다. 그리고 그 기자는 저에게 "행장님 모발 이식 수술 좀 하시죠!"라고 권했습니다. 그런데 그 이야기를 들었을 때는 이미 경북대학교 병원에 예약이 된 상황이었기 때문에 저도 그 공교로움에 내심 놀라지 않을 수 없었습니다. CEO인 제 외모가 이만큼 대내외적 관심의 초점이 된다는 점을 생각할 때 이 수술은 백번 잘한 선택이라는 생각이 듭니다. 조금은 특별했던 여름휴가를 끝내고 곧 일상으로 돌아갑니다. 올해도 벌써 그 반을 훌쩍 넘겼습니다. 저는 남은 반년도 우리 은행의 발전을 위해 매순간 최선을 다할 작정입니다. 아직 휴가를 못 가신 분들은 좋은 휴가 계획 세우셔서 산으로 바다로 삼천리금수강산 만끽하시며 잘 다녀오시기 바랍니다.

2005년 7월 20일

휴가 만필(漫筆)

이번 휴가 때는 연이은 폭염으로 잠 못 이루는 열대야가 계속되었습니다. '모기의 입도 비뚤어진다.'는 처서(處暑)가 곧 찾아올 테니 한 해 더위도 그럭저럭 넘어가나 보다 했습니다. 저는 집에서 지난해보다 한층 여유로운 휴가를 보냈습니다.

작년에 제가 '아주 특별한 휴가'라며 여러분들께 편지를 띄운 이후 많은 변화가 있었습니다. 우선 1년 전에 심은 머리가 이제 제법 자랐다는 것입니다. 덕분에 넓은 이마도 많이 가릴 수 있게 되었고 세월의 무게도 많이 덜어 낸 듯한 기분입니다. CEO 광장의 제 캐리커처도 머리숱이 조금은 더 많아져 한층 젊어 보이는 듯한 느낌입니다. 이 젊은 기운을 대은 가족 여러분들과 함께 나누며 더욱 건강한 대구은행을 만들어 가자고 새삼 다짐해 봅니다.

하지만 1년 전에 비해 그리 달라지지 않은 점을 꼽으라면 바로 집사람의 에어컨 인심입니다. 온종일 은행에서 찬바람을 접하고 있는 제 건강을 위한 아내의 배려와 창문만 열면 맞바람이 치는 집이라는 이유로 혹독한 더위에도 에어컨 한번 켜보지 못하고 삼복지간을 다 넘겼습니다. 그러나 며칠 전 손자 녀석이 찾아온다는 전화 한 통에 아내가 부리나케 에어컨을 켰습니다. 1년 내내 사용하지 않은 에어컨은 냉매가 다 새어 나가 더운 바람만 솔솔 나왔습니다. 하는 수 없이 에어컨 수리를 해야 하는 번거로움을 겪었습니다. 덕분에 휴가 때는 시원한 에어컨 바람에 손자들과 놀기도 하고 못다 한 독서도 하며 잘 지냈습니다.

지난 휴가 때를 떠올리다 보니 여러분들과 같이 보낸 많은 시간들이 다 새롭게만 느껴집니다.

창립 38주년 기념식 때 월드컵 경기장에서 5,000여 명의 대구은행 가족들이 한마당 큰잔치를 치렀던 일, 노동조합 주관 마라톤 대회에서 모두 하나 되어 손잡고 달렸던 일, SSP 교육에 땀 흘리는 여러분들과 '행장표 도시락'을 함께 먹으며 많은 이야기를 나눈 일, 'CEO와 함께하는 산행' 프로그램에서 많은 직원들과 산을 오르면서 대화하고 노래 부르고 춤추며 즐거워했던 일, 행장실에 직원들을 초대하여 미술품, 서예 작품을 설명하고 함께 차를 마시던 일, 고객 접점에서 은행을 대표해 열심히 노력한 직원들과 'DGB 패밀리 클럽'에서 면면히 마주하며 사진도 함께 찍었던 일, 우리 은행의 희망인 신입 행원들과 연수원에서 많은 대화를 나눈 일, 청경을 비롯한 여러 계층의 직원들과 기회 있을 때마다 시내

창립 38주년 기념식 때 월드컵 경기장에서 치러진 대구은행 가족들의 한마당 큰잔치. 직원중시경영 의지를 보여주는 뜻 깊은 행사에서 5,000여 대구은행 가족들과 하나 되어 줄다리기를 하는 이화언 행장

식당에서 만나 대화를 나눈 그 많은 사연들이 주마등처럼 흘러갔습니다.

이 모든 만남이 오로지 여러분들과 조금이라도 더 가까워지려는 저 자신의 의지이자 실천의 한 모습들이었고, 직원중시경영이자 파트너십경영의 표현이었습니다. 저는 그 결과가 결코 헛되지 않았다고 생각합니다.

작년에 이어서 금년 상반기에도 우리 대구은행은 사상 최고의 실적을 경신해 왔습니다. 은행 경영실적을 나타내는 주가도 지난 상반기 은행권 최고 신장률을 기록하였습니다. 무엇보다도 가장 큰 변화는 우리 3,000여 임직원들이 1등 은행, 신나는 일터에서 자부심을 가지고 각자 자기 분야에서 최선을 다하고 있다는 사실입니다.

지난 1년 동안 여러분들과 함께 흘린 진실한 땀과 노력이 이런 훌륭한 결과와 큰 변화를 가져온 것입니다. 저는 또 다가올 사계절을 준비하여 우리들의 꿈과 노력이 풍요로운 결실을 맺어 우리 모두와 우리 지역사회에 무르익기를 기원해 봅니다. 우리 3,000여 임직원들이 모두가 함께 꿈을 꾸면 약속의 미래를 가져다줄 수 있다고 생각합니다. 미래는 준비하는 자에게 있다고 했습니다. 땀 흘려 일하면 분명히 우리에게는 보람찬 내일이 있을 것입니다.

2006년 8월 16일

몸바사에서 전하는 승전보

    2011년 세계육상선수권대회 개최지 선정을 이틀 앞둔 지난 3월 25일, 런던을 경유한 비행기는 출발한 지 20여 시간 만에 케냐 몸바사에 도착했습니다. 국제육상경기연맹 IAAF 집행이사회가 열리고 있는 화이트샌즈호텔 로비는 각국의 유치 열기로 삼복더위를 방불케 하는 이곳 날씨만큼이나 뜨거웠습니다.

    하루 먼저 도착한 김범일 대구시장께서 우리 일행을 반갑게 맞아 주시며 그간의 상황에 대해 설명해 주셨습니다. 2011년 세계육상선수권대회 유치를 신청한 도시는 러시아의 모스크바와 호주의 브리즈번(스페인의 바르셀로나는 2013년 대회 신청)인데 특히 모스크바의 막판 도전이 거세다는 이야기였습니다. 블라디미르 푸틴 러시아 대통령이 라민 디아크 IAAF 회장을 독대하고 6,000만 달러를 후원하기로 했다는 소문이 공공연하게 나돌았습니다.

▲ 2007 대구국제육상경기대회에 출전한 바 있는 여자 장대높이뛰기 세계기록 보유자 옐레나 이신바예바 선수와 이화언 행장. 좌로부터 박정기 IAAF 집행이사, 이화언 행장, 옐레나 이신바예바 선수, 김범일 시장

▼ 대구은행이 공식후원 은행으로 지원한 2007대구국제육상경기대회

▲ 2011년 세계육상선수권대회 대구 유치를 위해 케냐 몸바사에서 열린 국제육상경기연맹 집행이사회에 참석한 대표단은 푸틴 대통령이 앞장서고 세계적인 장대높이 뛰기 선수인 옐레나 이신바예바를 내세운 골리앗 모스크바를 상대로 싸워 당당히 개최권을 땄었다. 좌로부터 김관용 경북도지사, 김범일 대구시장, 유종하 유치위원장(현 대한적십자사 총재), 장경훈 대구시의회 의장, 이화언 행장

호텔 앞에 설치된 각국 홍보 부스 중 유독 대구 홍보 부스에만 사람들이 붐볐습니다. 색동옷을 곱게 차려입은 도우미가 선수촌 미니어처를 설명하느라 바빴습니다. 부스 안에는 대구를 홍보하는 대형 스크린 밑에 80만 시도민의 참가 약속 서명부와 2,011마리의 곱게 접은 종이학이 관객들의 눈길을 끌고 있었습니다.

특히 김범일 대구광역시장은 유창한 영어 실력과 특유의 친화력을 한껏 발휘하여 각국에서 온 IAAF 집행이사들을 연달아 만나 설득하기에 바빴습니다.

발표 전날인 3월 26일에는 최종 프레젠테이션 대표단과 기자단들에게 경제인 대표로 참석한 제가 몸바사 시내 식당에서 오찬을 베풀었습니다.

김범일 대구시장, 김명곤 문화관광부 장관, 유종하 유치위원장, 국회 박종근 유치특위 위원장을 비롯한 박찬석, 주호영 의원, 시의회의 장경훈 의장과 송세달 의원, 신필렬 대한육상경기연맹 회장, 김정길 대한체육회 회장, 이인중 대구상의 회장, 염기섭 주 케냐 대사, 송영식 축구협회 부회장, 박상하 유치위원회 고문, 바르셀로나 올림픽 마라톤 금메달리스트 황영조 선수를 포함한 유치위원과 기자단 등 40여 명이 오찬에 참석하였습니다.

모두들 지역은행인 대구은행이 '2011년 세계육상선수권대회 유치 기원 통장'을 발매해 범국민적 대회 유치 분위기 조성에 나섰고, 10억 원의 후원금을 기탁하는가 하면 이렇게 발 벗고 후원을 하는 것으로 봐서 이번 유치는 꼭 성공할 것이라는 덕담을 나누기도 했습니다.

저녁에는 프레젠테이션 리허설을 했습니다. 리허설을 통해서 내용 수정이 있었고 발표자 및 참가자들의 자세, 표정에 이르기까지 많은 지적이 있었습니다. 드디어 결전의 날이 밝아 왔습니다. 여느 때와 마찬가지로 저는 새벽에 일어나 호텔 앞 해변을 한 시간가량 걸었습니다. 고운 모래알이 끝없이 펼쳐진 해변은 걷기에 안성맞춤이었습니다. IAAF 집행이사들은 스포츠맨 출신이 많아 아침 운동 중에 많이 만날 수 있었습니다.

3월 27일 12시 20분 러시아의 모스크바에 이어 우리가 마지막 프레젠테이션을 하였습니다. 앞서 끝난 모스크바의 프레젠테이션은 다소 밋밋했지만 장대높이뛰기 세계기록 보유자 옐레나 이신바예바가 프레젠테이션에 나와서 2011년 자기의 은퇴경기를 고향에서 하게 해달라고 호소했다는 이야기가 들리기도 해 조금 불안했습니다. 그러나 김범일 대구시장이 이끄는 대구시의 마지막 프레젠테이션은 완벽했습니다. 그동안 투자자들을 상대로 한 IR 프레젠테이션에 익숙한 저의 눈으로 봐도 대구시의 프레젠테이션은 집행이사들을 설득하기에 충분했습니다. 대구에 2011년 대회를 맡기면 훌륭히 경기를 치러 낼 수 있겠다는 확신을 프레젠테이션을 통해 집행이사들에게 심어 주었다고 생각합니다.

프레젠테이션을 마치고 나오자 집행이사들이 도열해 악수를 청하면서 "Wonderful!", "You did good job.", "The most powerful presentation!"이라고 격찬을 해주었기 때문에 모스크바를 물리칠 수 있겠다는 자신감이 생겼습니다.

프레젠테이션을 마치고 늦은 점심을 하는 둥 마는 둥하고 오후 3시(한국 시간 오후 9시) 발표장인 화이트샌즈호텔 마쿠타노룸으로 향했습니다. 거기에는 각국 유치단이 초조하게 발표를 기다리고 있었습니다. 드디어 라민 디아크 회장이 봉투에 든 종이를 꺼내 들고 "2011년 세계육상선수권대회 개최지 대구!"라고 발표하는 순간 마쿠타노룸은 우리 한국인들의 함성으로 가득 찼습니다.

다윗 대구가 강력한 정부 지원을 등에 업고 나선 러시아의 수도 골리앗 모스크바를 누르고 세계육상선수권대회 개최지를 공식적으로 따낸 것입니다. 우리 대구가 드디어 해냈습니다. 이제 2011년 내 고향 달구벌에서 세계 유명 선수들이 달리기, 뜀박질, 던지기의 기량을 힘껏 겨룬다고 생각하니 가슴이 벅차올랐습니다. 나도 몰래 두 눈에는 기쁨의 눈물이 흘렀고 우리는 서로서로 얼싸안았습니다.

인도 뭄바이를 경유한 20여 시간의 머나먼 귀국길에서는 좀처럼 잠이 오지 않았습니다. 그러나 몸바사의 감격으로 피곤함을 조금도 느끼지 못했습니다. 우리 대구가 정말 자랑스럽습니다.

아듀 몸바사!

2007년 4월 4일

나의 건강 지킴이

저는 지난 몇 년 동안 새벽 걷기 운동을 해왔습니다. 비가 오나 눈이 오나, 추울 때나 더울 때나, 새벽 산보는 제게 하루를 시작하는 일과가 되었습니다.

새벽 4시 반이면 일어나 걷기와 스트레칭으로 운동을 하고 6시 반에 집으로 돌아오면 만보기에 거의 만 보쯤 기록됩니다. 걷는 곳도 다양합니다. 인근 화랑공원, 무열대와 고산간 신작로, 형제봉, 금호강 둑길, 봉무공원 등 날씨나 계절에 따라 적당한 곳을 골라 걷고 있습니다. 저는 걷기야말로 부담 없이 할 수 있는 최고의 건강 운동이라 생각합니다.

의사 선생님은 병원에만 있는 것이 아니라 우리 몸에도 있다고 합니다. 우리의 두 다리가 바로 의사라는 이야기입니다. '우유를 받아먹는 사람보다 배달하는 사람이 더 건강하다.'는 말은 걷기가

이화언 행장은 비가 오나 눈이 오나, 추울 때나 더울 때나, 새벽 걷기 운동을 하루 일과의 시작으로 삼는다. 바쁜 업무 틈틈이 건강관리에 힘쓰는 것은 건강한 삶을 위해서 뿐만 아니라 건강한 은행을 만들기 위해서도 꼭 필요한 일이다. (사진은 『매일신문』에 실린 기사)

최상의 운동이라는 것을 잘 표현해 줍니다.

'DGB웰빙센터'를 오픈한 이후 아침 운동을 3층 웰포츠센터에서 하고 싶었지만 직원들이 불편할까 해서 망설였습니다. 그러나 최근에 새벽 공기가 유달리 매서워서 운동 장소를 결국 웰포츠센터로 옮겼습니다.

6시 30분부터 트레이너 지도 아래 스트레칭을 20분 하고 난 뒤 웨이트 운동 30분, 유산소 운동 30분, 마지막 스트레칭 10분으로 짜여진 과학적 프로그램은, 그동안 계속해 왔던 걷기 운동과는 또 다른 묘미가 있어 십수 년에 걸친 아침 운동 방식을 바꿔 볼까 고민하고 있습니다. 당행 창립 40주년 기념으로 완공된 이 좋은 시설에서 우리 직원들과 함께 하루를 운동으로 건강하게 연다고 생각하니 가슴이 뿌듯합니다.

의학이 발달한 지금 우리들은 평균 수명 100세 시대를 살아가야 합니다. 100세 시대를 잘 살기 위해서는 미리미리 건강에 투자해야 된다고 생각합니다. 건강하게 100세를 살아야 100세를 사는 의미가 있기 때문입니다.

여러분들이 건강해야 여러분 가정과 우리 조직이 건강해지고, 나아가 우리 사회가 건강해집니다. 지금 30대인 직원의 경우 70년을 더 살아야 하는데 70년을 단순히 그냥 살기보다 건강하게 70년을 살아야 합니다. '재물을 잃는 것은 조금 잃는 것이고, 명예를 잃는 것은 많이 잃는 것이며, 건강을 잃는 것은 모두 잃는 것이다.'라는 옛말도 있습니다.

지난 몇 년 동안 우리 은행은 금연 캠페인, 내몸사랑 캠페인, 건전한 음주문화 만들기 등의 운동을 펼쳐 왔습니다. 이제는 이 세 가지 건강 캠페인을 하나로 묶어 소위 '패키지 건강 캠페인'을 실행할 예정입니다.

업무에 바쁘시겠지만 틈틈이 내 몸 관리에도 시간을 할애하여 건강한 삶, 건강한 은행을 함께 만들어 나갑시다.

2008년 1월 30일

명예경영학 박사학위를 받고

2007년 5월 저는 영남대학교에서 명예경영학 박사학위를 취득했습니다. 여러모로 부족한 제가 이런 영광스러운 학위를 취득할 수 있었던 것은 우리 대구은행의 경영이념과 노력을 인정하고 높이 평가해 준 결과라 생각합니다. 학위 취득은 대구은행을 사랑하고 대구은행의 발전을 위해 애써 주신 직원 여러분들의 덕분이라 생각하며, 모든 영광을 직원 여러분들에게 돌리고 아울러 깊은 감사를 드립니다. 아래의 글은 이 학위 수여식에서 있었던 저의 인사말입니다.

저희 대구은행은 올해로 마흔 살의 나이테를 기록함으로써 국내 은행권에서는 최장수 은행의 대열에 자리하게 되었습니다. 뿐만 아니라 외환위기의 거친 파고 속에서도 정부의 공적자금 한 푼

2007년 영남 대학교 명예 경영학 박사학위 수여식에서. 인재발굴과 교육에 앞장서는 직원중시경영, SSP 교육 등 변화와 혁신에 앞장서온 공과, 글로벌 통찰력과 지역밀착경영 및 지속가능경영을 실천해온 공로를 인정 받은 결과다. 왼쪽부터 이의근 영남대 총동창회장, 우동기 영남대 총장, 이화언 행장 부부와 장무웅 영남대 대학원장, 류창우 전 영남대 총장

받지 않고도 선진 우량은행에 버금가는 탄탄한 경영 기반을 구축할 수 있게 된 것을 참으로 자랑스럽게 생각합니다.

오늘의 대구은행이 있기까지에는 오로지 우리 지역과 지역민들의 한결같은 보살핌과 성원이 있었던 덕분이라 생각합니다. 이 자리를 빌려 깊은 감사의 말씀을 드립니다.

천학비재(淺學非才)란 말이 저에게 딱 들어맞는 말인 것 같습니다. 학문적인 깊이가 부족한 것은 말할 것도 없고 달리 이루어 놓은 것도 없는 저에게 이처럼 영광스러운 자리에 서게 해주신 데 보답하는 의미에서, 우견(愚見)이나마 제가 지금까지 금융계에 몸

담아 오는 가운데 평소 느끼는 기업경영에 관한 생각의 일단(一端)을 간략하게 말씀드리고자 합니다.

1. 사람(직원중시경영)

기업의 경쟁력을 결정짓는 으뜸가는 요소는 사람이라고 생각합니다. 인적 자산은 대차대조표에 계상되지는 않지만 기업가치 창출의 핵심 요소입니다. 모든 산업이 다 그렇겠지만 금융산업에서 사람의 중요성은 한층 더 크다고 할 수 있습니다. 따라서 우수한 인재를 발굴하고 확보하는 노력과 더불어 이들 직원들에게 잠재해 있는 직장에 대한 애정과 일에 대한 열정을 이끌어 내고 각자의 능력을 최대한 발휘하도록 할 때 기업가치가 커질 수 있다고 믿습니다.

그러기 위해서는 CEO가 직원들을 파트너로 인정하고 직원들의 생각과 목소리를 듣고 관심을 가짐으로써 일과 삶의 보람을 느낄 수 있도록 해주어야 한다고 생각합니다. 저는 내부 고객인 직원들이 만족할 때 외부 고객을 만족시킬 수 있고, 그 결과 양호한 경영성과와 높은 수준의 주주가치를 달성할 수 있다는 믿음에서 '직원중시경영'을 실천하기 위해 꾸준히 노력하고 있습니다.

2. 변화와 혁신

"역사적인 성공의 절반은 죽을지도 모른다는 위기의식에서 비롯되었고, 역사 속 실패의 절반은 과거의 찬란했던 시절에 대한 향수에서 비롯되었다."고 아널드 토인비는 말했습니다. 변화와 혁신의 중요성은 일반 기업이든 금융기관이든 마찬가지라 생각합니다. 잘나갈 때 조심해야 하고, 가장 번성할 때 위기감을 가지고 미래에 대비한 혁신을 추진하지 않으면 안 된다고 봅니다.

제가 은행장에 취임한 후에는 사외이사와 집행 임원에 외국인과 외부 인사를 영입하는 한편, 조직에 활력을 불어넣기 위해 전문인력 채용을 확대하고 성과주의에 입각한 과감한 발탁 인사를 단행했습니다. 업무 개선을 위한 업무프로세스 재설계(BPR)와 SSP 교육 등을 통해 고객만족 영업 체제를 구축했습니다. 전략적 IR를 통한 주주가치경영을 실천하고 변화관리 태스크포스팀의 상시적인 가동을 통하여 환경 변화에 대한 대응력을 강화하고 있습니다.

저희 대구은행은 창립 40주년을 맞아 변화와 혁신을 통해 초우량 지역은행의 기반을 더욱 확고히 다지고 경영 실적과 영업 활동을 세계 수준으로 높이기 위해 '솔개 프로젝트'를 수립하여 추진하고 있습니다. 이를 통해 지난 40년간의 묵은 찌꺼기를 걷어 내고 모든 부문에서 세계 기준을 갖춘 초우량 지역은행으로 거듭나기 위해 전력을 기울이고 있습니다.

3. 글로벌 통찰력과 지역밀착경영 및 지속가능경영

기업의 활동 무대가 전 세계로 뻗어가는 글로벌 경제 환경 속에서 기업의 시야도 이제 세계를 향해야 하고 경쟁의 눈높이도 세계 최고를 지향해야만 할 것입니다. 이와 동시에 기업을 둘러싸고 있는 주주, 고객, 종업원과 지역사회 등 이해관계자와 끊임없이 소통하면서 이들의 요구를 경영에 반영할 때 지속가능한 성장을 기대할 수 있을 것입니다. 우량 장수 기업이 되려면 '범지구적으로 생각하고, 지역적으로 행동'하지 않을 수 없을 것입니다.

저희 대구은행은 '꿈과 풍요로움을 지역과 함께'를 경영이념으로 삼고 있고, 비전은 '지역시장 점유율 50퍼센트의 세계적인 초우량 지역은행' 입니다. 저희 대구은행은 창립 이래 지금까지 지역과 함께 동반 성장하기 위한 지역밀착경영을 은행 경쟁력의 원천이자 핵심역량으로 삼는 동시에 대구은행에 주어진 소명이라 인식하고, 이를 실현하기 위해 전력을 다해 왔습니다.

이와 더불어 지금까지 추진해 온 지역밀착경영을 한 단계 더 발전시켜 윤리경영, 환경경영, 사회공헌 등을 아우른 지속가능경영을 본격적으로 추진하고 있습니다. 2006년을 '지속가능경영의 원년'으로 선포하고 유엔 산하 기구인 글로벌 콤팩트와 유엔환경계획 금융협의회(UNEP FI) 회원으로 가입하였습니다. 최근에는 GRI(Global Reporting Initiative) G3의 가이드라인에 따른 지속가능경영보고서를 발간했고, 국내 금융기관 최초로 GRI 검증 A등급을 획득한 바 있습니다.

4. CEO의 역할

오늘날과 같은 급변하는 경영환경에서는 CEO의 역할이 매우 큽니다. 조직 구성원들에게 기업의 비전과 나아갈 방향을 제시하고, 오케스트라의 지휘자처럼 화합과 조정 능력을 발휘하여 역동적인 기업문화와 일과 삶이 조화를 이루는 살맛나는 일터로 만드는 일은 기업 리더인 CEO의 몫이 아닌가 생각합니다.

연초에 저는 직원들에게 '줄탁동시(啐啄同時)'라는 말을 경영 화두로 던진 바 있습니다. 줄탁동시란 병아리가 세상 밖으로 나오기 위해서는 알 속에서 쪼는 '줄(啐)'과 어미 닭이 그 소리를 듣고 밖에서 쪼아 주는 '탁(啄)'이 동시에 일어나야 한다는 것을 가르치는 이치입니다. 줄탁동시를 이루어 내기 위해서는 먼저 내가 변해야 하고 상대편의 목소리에 귀 기울여야 하며 타이밍을 맞춰 적기에 반응해야 합니다. 줄탁동시는 노와 사는 물론이고 CEO와 종업원, 기업과 고객 간에도 적용할 수 있을 것입니다.

내빈 여러분, 저는 오늘의 이 명예로운 학위 취득을 계기로 저희 대구은행이 지역에서 쌓아 온 신뢰 기반과 지역사회와 상생하는 전통을 발판으로 삼아 대구은행을 세계 초우량 지역은행의 대열에 진입시키기 위해 혼신의 노력을 기울일 것을 한 번 더 다짐합니다. 끝으로 바쁘신 데도 불구하고 이렇게 오셔서 자리를 빛내주신 여러분께 거듭 감사를 드리며, 여러분의 가정에 건강과 행복이 가득 깃들기를 빌면서 인사 말씀을 갈음하고자 합니다. 감사합니다.

2007년 5월 30일

김수환 추기경님과
나의 모교, 성의(聖義)

"너희와 모든 이를 위하여"라는 사목 표어를 가지시고 평생 이웃을 위하여 헌신하신 김수환 추기경께서 선종하셨습니다. 저는 서둘러 명동성당 조문 행렬에 동참하였습니다. 우리 사회의 진정한 빛과 소금이셨기에 온 나라가 그 분의 죽음을 이토록 애통히 여겼던 것 같습니다. 추기경께서 회고록에 언급하시길, 윤동주 시인의 '서시'를 가장 좋아하나, 하늘을 우러러 부끄러운 게 많아 감히 읊지 못했다고 하셨습니다. 우리 시대의 등불이셨던 분의 자기 고백 앞에 양심의 고귀함에 대해 새삼 생각해 보았습니다.

근 50년 전으로 거슬러 올라가, 1960년은 제가 지례중학교를 졸업한 해였습니다. 저는 진로에 대한 걱정이 있었음에도, 의례 형들처럼 대학에 진학하기 위해 인문계 고등학교로 진학할 줄로만 알고 있었습니다. 당시 담임이셨던 문준동 선생님께서 한날 저를 부르시더니, 성의상업고등학교에서 3명의 전면 장학생을 선발하는 특차전형이 있으니 응시해 보라고 권하셨습니다. 당시 제 둘째형이 대학교에, 제 동생이 중학교에 같은 해에 입학하는 저의 집 사정을 잘 알고 계셨기 때문입니다. 사실 합격한다는 보장도 없었고 낙방하면 원하던 고등학교로 진학하면 된다는 생각으로 시험을 보게 된 것이 제가 자랑으로 여기는 모교와의 평생 인연의 시작입니다. 성의학교는 가톨릭 재단이 설립한 학교로서 선종하신 김수환 추기경님께서 김천성당(現 황금동성당) 주임신부를 겸하시며, 2대 교장을 역임하신 학교입니다. 훗날 당신께서는 우리 학교를 각별히 여겨주시고 동창생들에게 정신적 지주가 돼 주셨습니다. 제가 대구은행장이 되어서 몇 번 인사를 드릴 때마다 저를 자랑스러워 하셨고, 용기를 주셨습니다.

제가 재학하던 3년 동안 교장이셨던 김성환 교장 신부님(작고)과 2년간 담임선생님으로서 저를 사랑해 주시고 지도해 주셨던 임종록 선생님(모교 7대 교장 역임) 같은 훌륭한 스승들로부터 가르침 받았음을 진심으로 감사히 여기며 평생 마음의 빚으로 여기고 있습니다.

지금 생각해도 당시 모교를 선택했던 것은 정말 잘한 일이었습니다. 비록 실과수업이 많아 대입과목이었던 국,영,수를 보충하는 데 어려움이 있었지만, 그 어디에서도 얻을 수 없는 '양심'에 대해 배웠고 정직한 삶에 대한 가르침을 얻었습니다.

가톨릭의 건학 이념에 따른 성의학교의 교훈이 바로 '양심(良

心)'입니다. 이는 '예(禮)'와 함께 제 평생을 두고 삶의 나침반이 되어 준 말입니다. 제가 훗날 은행장의 지위에 오르게 된 것도 전부 성의(聖義)에서 배운 '양심'과 함께 재학 중 영세를 얻어 신앙생활을 하게 된 덕분입니다.

대내외적으로 많이 혼란스러운 시기에 어두운 곳에 빛이 되어 주시던 어른의 고귀한 양심이 뭇 사람들에게 전해져 모두 주어진 삶을 감사히 여기며 서로 사랑했으면 좋겠습니다. 감사합니다.

2009년 2월 25일

이화언 행장의 모교 성의학교의 동문들과 선종하신 김수환 추기경님을 모시고. 故 김수환 추기경님은 가톨릭재단이 설립한 성의학교의 2대 교장을 역임하셨다.

| 제 2 부 |

직원중시경영과
섬김의 리더십

해외 IR 현장이나 심지어 주주총회에서조차 경영의 제1가치를 묻는 질문에 이화언 행장이 망설임 없이 답변하는 한 가지는 바로 직원중시경영이다. 대주주들 앞이라고 해서 주주가치 경영이라고 하지 않는다. 왜냐하면 주주와 외부고객을 만족시킬 수 있는 힘은 바로 내부고객인 직원에서 나오기 때문이다.

기업문화

Culture(문화)라는 단어는 Cultivate(경작하다)에서 그 어원이 유래되었다고 합니다. 농부가 봄에 씨앗을 뿌리고 많은 땀을 흘려야 가을에 풍성한 수확을 할 수 있듯이, 기업들도 그 조직에 적합한 기업문화를 만들기 위해서는 구성원들이 부단히 노력해야 한다고 봅니다. 기업이 가진 개성이라고 할 수 있는 기업문화(corporate culture)는 기업의 지속적인 성장과 발전을 가능케 하는 중요한 요인으로 인식되고 있습니다. 따라서 오늘날처럼 경영환경이 급변하는 사회에서는 바람직한 기업문화를 가지는 것이 무엇보다 중요하다고 봅니다. 그래서 우리 대구은행에 요구되는 몇 가지 기업문화를 제 나름대로 언급해 볼까 합니다.

첫째, 열린 문화의 정착입니다.

쌍방향 커뮤니케이션을 통해 은행 발전을 위한 좋은 생각들을 적극적으로 개진해 주시고, 여러분들이 대구은행의 주인이라는 주인정신을 가지고 매사에 임해 주시기 바랍니다. 그리고 '나 아닌 다른 사람이 해주겠지.'라는 소극적인 생각에서 벗어나 솔선수범하는 기업문화를 만들도록 합시다.

둘째, 칭찬하는 기업문화의 정착입니다.

우리는 남을 칭찬하는 데 너무나 인색한 것 같습니다. '칭찬은 고래도 춤추게 한다.'는 말이 있지 않습니까? 동료들이 어떤 일을 잘했을 때는 진심으로 칭찬하고 격려해 줌으로써 정이 흐르는 훈훈한 기업풍토를 만들도록 노력합시다.

대구은행 창립 40주년을 맞아 임직원들과 떠난 몽골 초원에서. 40년이 되면 바위를 쪼아 새 부리를 얻는 솔개의 지혜와 대륙의 호방한 기운을 가슴에 품는 계기가 되었다.

셋째, 능력으로 인정받는 기업문화의 정착입니다.

학연, 지연, 혈연에 근거한 조직 내 파벌을 형성하여 구성원들 간에 대립과 갈등, 분열을 조장하고 이를 통해 그 구성원들만의 이익을 추구하는 행위는 과감히 버리시기 바랍니다. 공정한 경쟁을 통해 열심히 노력하고 능력 있는 직원이 인정받는 기업문화를 만들도록 합시다.

끝으로 깨끗하고 건전한 기업문화의 정착입니다.

깨끗하고 건전한 기업만이 오래도록 존경받는 위대한 기업이 될 수 있다는 사실을 명심하시고, 지금까지 견지해 온 윤리경영을 흔들림 없이 지켜 나갑시다. 금품 수수 및 향응 접대를 받지 말고, 은행의 규정을 잘 지킴으로써 당행 윤리경영의 파수꾼 역할을 해 주시기 바랍니다.

문화의 여러 속성 중 자생성에 우리는 주목해야 할 것입니다. 100년 이상 지속하는 기업문화를 만들기 위해서는 대구은행 가족 여러분들의 자발적인 참여가 꼭 필요합니다. 여기에는 은행장인 제가 먼저 앞장서겠습니다. 지금까지 쌓아 온 우리의 기업문화를 바탕으로 하여 우리에게 부족한 것을 보완해 나간다면, 전 세계가 부러워할 만한 우리의 훌륭한 기업문화를 가질 수 있다고 봅니다. 그날이 하루 빨리 오도록 다 함께 노력합시다.

2006년 11월 1일

직원중시경영

지난 IR 때 많은 투자가들이 '행장으로서 경영에 가장 중점을 두는 사항이 무엇인지'를 물어 왔습니다. 이는 행장의 경영 철학을 묻는 것으로 투자가들에게는 가장 궁금하고도 중요한 사항이라고 생각했습니다. 그래서 저는 주저 없이 '직원중시경영'이라고 말했습니다. 대주주들 앞이라고 해서 '주주가치경영'이라고 하지 않았습니다. 그러나 직원중시경영이 우선될 때 주주가치경영이 저절로 이루어진다고 설명해 드렸습니다.

대다수의 기업들은 직원과 거래 고객과 주주로 구성되어 있고, 고객만족경영과 주주가치경영을 제대로 잘하는 기업이 우량 기업이 될 수 있다고 봅니다. 그러나 고객만족경영과 주주가치경영의 출발점은 직원중시경영이라 생각합니다. 왜냐하면 내부 고객인 직원들이 만족해야 외부 고객을 만족시킬 수가 있고, 거래 고객이

이화언 행장의 경영원칙 중 첫 번째는 직원들을 파트너로 인정하는 직원중시경영이다. 매주 CEO 레터를 보내고 톱 라인을 개설·운용하며 직원들과 정기적인 산행을 가지는 것도 그 일환이다.

만족해야 이들이 우리와 더 좋은 거래 관계를 유지할 수 있어, 이를 바탕으로 우리가 우량 은행이 될 수 있다고 생각하는 것입니다. 은행의 경쟁력은 어떤 은행이 얼마나 더 많은 우량고객을 확보하고 있느냐에 달렸다고 봅니다.

또한 고객만족경영이 잘될 때 주주가치경영은 저절로 이루어진다고 봅니다. 왜냐하면 주주가치경영의 첫 번째 조건인 적정배당을 해드릴 수 있기 때문입니다. 주주가치경영이란 주주들에게 적정배당을 해드리고(배당 성향 기준), IR를 통해서 영업 실적과 계획·비전을 제때 설명해 드리며, 주가가 유지·상승할 수 있도록 경영을 잘하는 것을 의미한다 하겠습니다. 이렇게 볼 때 은행장으로서 경영에 가장 중점을 두어야 할 사항은 직원중시경영이라 생각합니다.

저는 직원중시경영을 나름대로 다음과 같이 정의하고 이에 따라 실천하려고 노력하고 있습니다. 우선 열심히 노력한 직원들에게 적정한 보상을 하는 것입니다. 보상이란 금전적인 보상이 최우선이겠지만 그 외에도 인사·복지·후생·표창 등 여러 방법이 있을 수 있습니다. 다음은 직원들을 제대로 교육시키는 것입니다. 오늘날과 같은 글로벌경영 시대에는 자칫 직원 교육과 연수에 소홀하면 낙오되기 쉽습니다. 시스템적으로 어학 교육과 전문 연수의 기회를 늘리고 직원들이 꾸준히 자기계발을 해나갈 수 있도록 동기 부여를 해야 한다고 봅니다.

직원중시경영의 제일 중요한 부분은 직원들을 파트너로 인정하는 것입니다. 행장으로서 권위를 앞세워 직원 위에 군림하기보다는 직원들을 파트너로 인정하고, 단점을 나무라기보다 장점을 찾아 칭찬해 주고, 용기를 북돋아 주고, 직원 각자에게 즐겁고 신나는 일터를 만들어 줄 때 우리 조직은 살아 움직이고 시너지 효과가 난다고 생각합니다.

직원들을 파트너로 인정한다는 것은 생각보다 쉽지 않습니다. 직원들과 대화를 많이 해야 하고 스킨십의 기회를 자주 가져야 합니다. 그래서 저는 매주 'CEO 레터'를 보내고, 직원들이 은행장에게 자유롭게 의견을 개진할 수 있도록 마련된 톱 라인(Top Line)을 개설해 운용하고, 직원들과 정기적으로 산행을 하고 있습니다. 또 기회 있을 때마다 각 직급별 직원들과 어울려 함께 식사를 하고 지점을 순회 방문하는 등, 직원들과의 거리를 좁히고 파트너십을 형성하기 위해 많은 노력을 하고 있습니다. 직원 여러분에게 은행의 비전을 제시하고, 여러분들이 그 비전을 향해 나아갈 수 있도록 뒷받침하며, 직원 여러분들과 고객, 그리고 주주들에게 봉사하는 리더십이 저에게 필요한 리더십이 아닌가 생각합니다.

은행장에 취임한 지 한 해가 지난 때에 어떤 직원이 저에게 "행장님, 지금처럼 대구은행에 근무한다는 게 자랑스러운 적이 없었습니다."라고 말했을 때 저의 가슴은 뿌듯했고 큰 보람을 느꼈습니다. 앞으로도 저는 직원중시경영을 통해서 3,000여 전 직원들이 1등 은행에 근무한다는 긍지를 갖고 일할 수 있도록 최선을 다할 것입니다.

2006년 3월 8일

섬김의 리더십과 편경영

　최근에는 강력한 카리스마의 영웅적인 리더십보다는 조직원들과 함께하는 '서번트 리더십(servant leadership)'이 새롭게 부각되고 있습니다. 서번트 리더십이란 직원들 위에 군림하는 대신 직원들의 의견에 귀 기울이고 직원들의 생각과 입장을 이해하고 공감하려고 노력하는 섬김의 리더십을 말합니다. 또한 이는 사랑과 희생을 바탕으로 솔선수범과 봉사를 통해 구성원들이 자발적으로 따르게 하는 리더십이기도 합니다. 구성원들이 리더에 대한 신뢰와 존경심을 가지고 마음으로부터 따르게 만든다는 점에서, 겉으로는 일사불란해 보이지만 불만과 갈등이 내재되게 마련인 카리스마형 리더십과는 대조가 됩니다.
　바람직한 서번트 리더십은 직원들이 직장과 가정에서 일의 보람과 삶의 풍요를 다 같이 누릴 수 있도록 돕는 조력자 역할을 해야 하고 직원들을 내 가족처럼 사랑해야 한다고 봅니다. 이 시대에 요구되는 리더십은 조직원들에게 비전과 목표를 제시하고 직원들이 이것을 달성할 수 있도록 도와주고 봉사하는 리더십이라 하겠습니다. 저는 은행장에 취임한 이후 서번트 리더십을 나름대로 실천하려고 애쓰고 있습니다. 앞서의 직원중시경영과 펀경영이 바로 그것입니다.

펀경영(fun management)이란 직원들의 기를 살려 주는 동시에 보람차고 신나는 일터를 만들어 경영의 효율을 극대화시키는 것입니다. 다소 보수적이며 딱딱한 이미지의 기업문화를 펀경영을 통해 밝고 유쾌한 것으로 바꿀 수 있다고 봅니다. 그래서 올해부터 임원 평가에 펀경영 실천 평가 항목을 더함으로써 즐거운 일터를 마련하는 데 임원들이 솔선수범하게 했습니다.

직장에서의 즐거움은 자신과 회사를 좋아하고 아끼는 자부심에서 나오게 되며 이러한 자부심이 바로 진정한 '펀'이라고 생각합니다. 즐거운 직장을 만들기 위해서는 우선 지금 하는 일이 내가 원하는 인생의 꿈과 비전에 일치해야 하고, 내 동료들에게 감사하고 동료를 칭찬할 수 있어야 하며, 자기 스스로를 즐겁게 만들어야 한다고 생각합니다.

얼마전 '한마음 하나로 전진대회'에서 상을 받은 직원들이 다 함께 무대로 올라가 노래를 부르는 등 즐겁고 신나는 시상식 분위기를 조성하여 열심히 노력한 직원들의 어깨가 들썩들썩하게 했던 일, 화이트 데이에 여직원들에게 사탕을 보냈던 일, 여행용 가방을 지급하기로 한 일, '은행의 비전과 경영전략 공유 행사'에서 직원들과 함께 노래하고 춤을 추고 즐거운 시간을 보냈던 일 등은 모두가 펀경영을 실천하기 위해서였습니다.

저는 '펀'하게 잘 노는 사람이 일도 잘한다고 봅니다. 왜냐하면 한 가지 일에 미치도록 몰입하는 사람은 어떤 일을 하더라도 자기가 맡은 일에 미치도록 몰입하기 때문입니다. 재능 있는 사람은 노력하는 사람 못 따라가고, 노력하는 사람은 즐기는 사람 못 따

대구은행은 직원의 목소리에 귀 기울이고 직원의 입장에서 생각하는 섬김의 리더십, 그리고 직원들이 자부심과 재미를 느낄 수 있는 일터로 만들기 위한 펀경영을 실천하고 있다. 직원들과 격의 없이 어울려 노래와 춤을 추고 있는 이화언 행장의 모습

라가고, 즐기는 사람은 일에 미치도록 몰입하는 사람 못 따라간다고 합니다.

그러나 편경영에서 우리가 꼭 염두에 두어야 할 것은 그것이 일회성 행사에 그치지 말아야 하고, 마음속에 스며들며, 생활화할 수 있고, 가능한 자율적인 분위기를 연출해 내는 것입니다. 우리 모두가 이렇게 할 때 이것이 바로 대구은행의 문화, 편문화로 정착될 수 있다고 봅니다.

훌륭한 일터란 직원들이 상사와 경영진을 신뢰하고 자기 일에 자부심을 느끼며 함께 일하는 직원 간에 일하는 재미를 느낄 수 있는 곳이라 생각합니다. 가족과 함께 휴가를 떠나 있어도 직장의 상사와 동료가 그리워 빨리 돌아오고 싶을 정도로 즐거운 직장을 우리 다 함께 만들어 보는 것이 어떻겠습니까?

2006년 3월 29일

가장 일하고 싶은 직장 만들기

올해 저는 우리 대구은행을 '가장 일하고 싶은 직장'으로 만드는 데 많은 노력을 기울이려고 합니다.

『포춘』지 선정 '2004년 일하기 좋은 10대 미국 기업' 중 1위를 차지한 J. M. 스머커 사 직원들이 회사에 대해 가장 만족하는 부분은 경영진들이 자신들을 가족처럼 대한다는 것이었습니다. 이 회사의 경영철학은 직원들의 말에 귀 기울이고, 직원들 사이에 좋은 점을 보려고 노력하고, 일을 잘한 직원들을 진심으로 칭찬하는 것이라고 합니다.

우리 대구은행도 언제나 웃음이 넘치고 잘했을 때 진심으로 칭찬하고 힘들 때 서로 보듬어 주는 가족 같은 기업문화가 정착된다면, 규모는 작지만 '세계에서 가장 일하고 싶은 직장'이 될 것이라고 확신합니다. 이러한 목표를 달성하기 위해 저는 다음과 같은

좋은 기업문화를 가꾸기 위해서는 조직 구성원들이 만족하고 신명나는 직장을 만드는 것이 필수다.
창립 39주년을 기념하여 지역민과 함께한 프로축구 대회와 음악회

기업문화를 정착시키는 것이 좋지 않을까 생각합니다.

우선 직원 상호 간에 잘했을 때 진심으로 칭찬하는 풍토를 만드는 것이 중요하다고 봅니다. 칭찬은 바보를 천재로 만든다는 말이 있습니다. 어쩌면 극단적인 말처럼 들릴지 모르지만 칭찬은 분명

사람을 아름답게 만드는 보이지 않는 힘을 가지고 있는 것 같습니다. 양동이 속에 게를 잔뜩 담아 놓으면 위로 올라가는 게를 다른 게들이 끌어당겨 아무도 못 올라간다고 합니다. 이처럼 잘나가는 동료들을 인정하지 못하는 기업문화를 과감히 청산하고, 어떤 일을 잘 했을 때 진심으로 칭찬하고 격려하는 직장을 만들도록 노력합시다.

그리고 힘들 때 항상 같이하는 가족 같은 직장을 가꾸는 것은 어떨까요?

아픈 직원이 있으면 안부 카드를 보내고 가정이 어렵거나 삶이 힘들다고 느끼는 직원들에게 가족처럼 따뜻한 격려의 말을 전하는 직원들로 가득 찬 직장을 만들도록 노력합시다.

또한 언제나 웃음이 넘치고 신명나는 직장을 만드는 것도 중요하다고 봅니다.

일찍이 도산 안창호 선생님은 일제 암흑기에도 미소 운동을 펼쳤다고 합니다. 그는 아이의 방그레한 웃음과 젊은이의 빙그레한 웃음, 그리고 노인들의 벙그레한 웃음이야말로 최고의 웃음이라고 했습니다. 우리들도 즐거움을 만끽할 줄 알고 스스로 웃을 수 있는 직원들이 될 수 있도록 노력합시다.

2006년 2월 1일

진수 테리의 편경영

진수 테리(Jinsoo Terry)라는 이름은 한국에서는 아직 다소 낯설지 몰라도 미국 샌프란시스코에서는 그녀를 모르는 사람이 없을 만큼 유명합니다. 서른 살에 남편을 따라 미국으로 건너가 접시닦

이 등 막일부터 시작해 지금은 AGC(Advanced Global Connection)라는 세계적인 경영컨설팅사의 설립자 겸 CEO가 되었습니다.

국제 무역에 기여한 공로로 미국 상무부로부터 몇 차례나 상을 받았을 뿐만 아니라, 미국을 대표하는 100대 여성 기업인으로 2001년 ABC 방송사로부터 '올해의 아시아 지도자'에 선정되기도 했습니다. 또한 샌프란시스코 시는 매년 7월 10일을 '진수 테리의 날'로 정했습니다.

우리 대구은행은 창립 39주년 기념사업의 일환으로 산학연구원과 한국능률협회와 공동으로 편경영의 대가인 진수 테리를 강사로 모시고 강연회를 가졌습니다. 진수 테리는 편경영을 실현하는 글로벌 지도자가 되기 위한 조건을 'FUN'이라는 글자를 사용해 다음 세 가지로 요약하였습니다.

창립 39주년을 기념하여 편경영의 대가인 진수 테리를 강사로 초청해 가졌던 강연회. 진수 테리는 세계적인 경영컨설팅사 AGC의 설립자 겸 CEO로서 국제 무역에 기여하여 수차례 미 상무부로부터 공로상을 받았으며 미국을 대표하는 100대 여성 기업인, 그리고 미 ABC방송사로부터는 '올해의 아시아 지도자'로 선정되었다.

첫째는 Fun으로서 즐거움과 유머, 오픈 마인드를 가져야 한다는 것입니다.

둘째는 Unique로서 창의성, 독창성, 개성을 살려 나가자는 것입니다.

셋째는 Nurturing으로서 가정을 소중히 하고 지역사회에 봉사하는 동시에 끊임없이 자기 발전을 추구해야 한다는 것입니다.

진수 테리가 눈에 보이지 않는 차별의 벽(glass ceiling)을 뛰어넘어 미국 주류 사회에 당당히 진입할 수 있었던 데는 자신감과 열정도 매우 중요한 몫을 했다고 합니다.

강연에 앞서 진수 테리와 저녁 식사를 함께 하기도 하고 은행장실로 초청하여 여러 가지 이야기를 나누었습니다. 우리가 추진하고 있는 직원중시경영과 펀경영, 그리고 지역사회공헌과 봉사활동에 대해 소개했습니다. 은행장실에 걸린 그림과 서예작품을 비롯하여 백남준의 비디오 아트 작품과 대구은행 갤러리를 보여 주고, 시민과 고객을 위한 열린 광장 조성과 3층 증축 공사 현장도 안내하였습니다.

우리 대구은행 방문을 마치고 나서 진수 테리는 저에게 대구은행은 이미 자신의 펀경영을 잘 실천하고 있다고 칭찬해 주었습니다. 나중에 들은 이야기지만 연이어 있은 「매일신문」 석민 기자와의 인터뷰에서도 침이 마르게 대구은행 칭찬을 많이 했다고 합니다.

진수 테리의 강연을 통해 저는 우리 대구은행이 설정한 직원중시경영과 편경영을 앞으로 더욱 발전시켜 나가야겠다고 생각했습니다. 특히 대구은행 가족 모두가 각자의 개성을 마음껏 발휘하면서 직장과 지역사회에서 인정받고 존경받는 글로벌 인재로 성장할 수 있도록 적극 뒷받침해야겠다는 다짐을 다시금 하게 되었습니다.

직원 여러분들도 진수 테리처럼 무엇을 하더라도 자신감과 열정을 가지고, 유쾌하고 독창적이면서도 자기계발과 사회봉사에 힘을 쏟는 편경영의 전도사가 되어 보시면 어떻겠습니까?

끝으로 편경영의 전도사 진수 테리가 말하는 아홉 가지 성공 노하우를 요약합니다.

1. 독창적인 사람이 되어라.
2. 장벽을 무너뜨려라.
3. 성공을 믿어라.
4. 코뿔소처럼 앞으로 가라.
5. 꾸준히 하라.
6. 장점을 개발하라.
7. 재미있는 사람과 사귀어라.
8. 베풀고 섬기라.
9. 나를 위한 시간을 만들라.

2006년 10월 18일

가방 속에 세계를 담아라

지금은 세계가 평평해졌습니다. 즉 세계는 둥근 것이 아니라 모든 세계인들이 동등한 조건에서 무한경쟁을 하는 평평한 세계가 되었습니다. 그래서 누구나 다른 사람들이 무엇을 하는지 다 볼 수 있게 되었습니다.

PC, 인터넷 등 IT 기술의 급속한 확산이 전 세계를 수평적 네트워크 체제로 연결시켜 미국을 포함한 기존의 선진국들이 중국과 인도에서 지식 업무를 아웃소싱하고, 베를린 장벽이 붕괴되어 냉전체제가 종식됨에 따라 중국, 인도, 러시아 등에서 30억 인구가 개방 경제 시장에 진입하며 우리의 경쟁자가 되었습니다.

이렇게 평평해진 세상에서 살아남으려면 마이클 조던이나 빌 게이츠처럼 되어야 하지만 모두가 그렇게 될 수는 없습니다. 우리 같은 일반인들이 살아남기 위해서는 변화에 적응하는 사람이 되

PC, 인터넷 등 IT기술의 급속한 확산으로 전 세계는 이제 동등한 조건에서 무한경쟁을 벌이는 평평한 세계가 되었다. 이화언 행장은 직원들에게 대륙을 호령하던 칭기즈칸의 기상으로 적극적인 해외경험을 통해 '가방 속에 세계를 담아라'라고 강조하고 있다.

어야 합니다. 그리고 글로벌 시대를 살아가는 우리에게 생존을 위해 반드시 요구되는 것은 바로 영어 능력과 국제적 감각입니다.

비록 우리가 영업은 지방에서 하고 있지만 우리의 경쟁자는 씨티은행, HSBC, 국민은행, 하나은행, 신한은행 등입니다. 이들은 하나같이 국제적 감각을 가지고 선진화된 시스템으로 영업을 하고 있습니다. 우리만 지방은행이라고 해서 지역민들의 로열티에 의존하여 계속 옛날 방식으로 영업한다면 경쟁에서 결코 이길 수 없다고 봅니다. 그래서 영어 능력을 향상시키고 국제적 감각을 키우는 것이 절실하다고 하겠습니다.

금융의 개방화, 세계화의 흐름 속에 살아남기 위해서는 영어가 필수라 생각합니다. 중국이 상하이를 홍콩이나 싱가포르처럼 세계적인 금융도시로 개발하려고 하지만 쉽게 성공하지 못하는 이유는 영어가 능통하지 못하기 때문입니다.

정부가 야심 차게 추진한 '동북아 금융허브'의 성공을 위해서도 영어는 필수라고 생각합니다. 금융허브가 되기 위해서는 각종 제도, 법령, 규제, 관행 등이 선진화되어야 하고, 인적 인프라인 로펌, 회계법인, 컨설팅 회사, 애널리스트, 펀드 매니저, 딜러 등이 잘 갖추어져야 합니다. 특히 이들 인적 인프라의 중심에는 영어가 있는데, 현실적으로 금융상품의 95퍼센트가 영어로 거래되고 있기 때문입니다. 따라서 금융기관에 종사하는 은행원으로서 동북아 금융허브의 전문인력으로 동참하고 경쟁에서 뒤떨어지지 않기 위해서 영어는 필수적이라고 하겠습니다.

우리 직원들 중에는 나이가 이미 마흔, 쉰 살이나 되었는데 왜 영어를 공부해야 하고 국제적 감각을 가져야 하는지 모르겠다고 반문하는 사람들이 많이 있습니다. 그러나 앞으로 인간의 평균 수명은 100살까지 늘어난다고 합니다. 글로벌 시대, 평평한 세계에 살아남을 수 있는 선결 조건이 영어 능력과 국제적 감각인데, 이러한 선결 조건 없이 여러분들의 나머지 인생 50~60년을 어떻게 지구촌의 일원으로 잘 살아갈 수 있겠습니까?

백문불여일견(百聞不如一見)이라는 말처럼 백 번 듣는 것보다 여러분들이 해외에 가서 직접 몸으로 체험할 때 국제적 감각이 생기고 어학의 필요성을 절감하는 계기가 된다고 생각합니다. 그래서 여러분들에게 여행용 가방을 지급한 것입니다. 시간은 주어지는 것이 아니라 스스로 만드는 것이라고 합니다. 기회가 있으면 해외여행을 떠나십시오. 그곳에서 평평한 세계를 두루 경험하시고 국제적 감각도 키우시고 가방 속에 세계를 가득 담아 오십시오.

2006년 4월 5일

독도사랑 마라톤 대회

독도사랑 마라톤 대회가 열렸던 지난 토요일은 너무나 행복하고 가슴 벅찬 하루였습니다. 무엇보다 노동조합이 전 직원 화합의 장을 마련하고 이를 통해 우리 대구은행 전 가족이 지역민들의 독도에 대한 사랑과 관심을 불러일으키는 데 뜻을 모았다는 것이 큰 의미가 있다고 봅니다.

마라톤은 2킬로미터, 5킬로미터, 10킬로미터 코스가 있었는데 저는 노조위원장과 5킬로미터 코스를 뛰었습니다. 만약 혼자 5킬로미터를 뛰었다면 아주 힘들었겠지만 직원들과 서로 격려하면서 뛰니 힘들다는 생각이 전혀 들지 않았습니다. 10킬로미터라도 직원들과 함께한다면 거뜬하게 뛸 수 있을 것 같았습니다.

저는 이 마라톤 대회에 여러 가지 의미를 두고 있습니다.

우선 독도사랑을 실천했다는 점입니다. 최근 독도 문제는 전 국

◀ 직원들과 함께 어울려 꼭지점 댄스를 추고 있는 이화언 행장의 모습
▼ 창립 40주년을 맞아 2011년 세계육상선수권대회 유치를 축하하는 마라톤 행사를 가졌다.

민의 관심사이고 특히 독도가 속해 있는 우리 경상북도는 이 문제를 해결하기 위해 많은 노력을 기울이고 있습니다. 이러한 시점에 독도에 대한 사랑을 우리 대구은행 가족 전체가 몸과 마음으로 실천했다는 데 상당한 의미가 있다고 봅니다.

그리고 우리 전 대구은행 가족이 모여서 우의를 다지고 화합하는 장을 마련했다는 것입니다. 저와 노조위원장을 비롯한 전 임직원들과 직원 가족까지도 참여하여 모두가 하나 된 모습을 보여 주었고, 특히 노동조합에서 이런 뜻 깊은 자리를 마련했다는 데에도 큰 의미가 있다고 봅니다.

마라톤 대회는 또한 직원들에게 건강의 소중함을 새삼 일깨우는 기회였다고도 생각합니다. 저는 평소 늘 건강관리에 대해 강조하고 있습니다만 내가 건강해야 가족들에게 잘할 수 있고 직장에 충실할 수 있고 사회에 이바지할 수 있을 것입니다. 사실 저는 매일 아침 운동을 하고 있지만 이번 마라톤을 대비하여 달리기 연습을 하다 보니 몸이 더 좋아진 것 같습니다. 여러분들도 이번 마라톤을 계기로 더욱더 건강관리에 신경 쓰시기를 바랍니다.

마지막으로 마라톤 대회가 많은 사고의 변화를 가져왔다고 봅니다. 이렇게 전 행적인 큰 행사에 직원 가족들이 함께 참석하고, 특히 장기 자랑에서 직원 자녀가 대상을 받은 것은 처음이었습니다. 저도 아내와 함께 노래를 불렀습니다.

이번 마라톤 대회를 계기로 기존의 사고에서 과감히 벗어나 새로운 시각에서 사물을 보고 업무를 수행하는 창조적인 직원이 되어 주시기를 바랍니다. 그리고 마라톤을 할 때처럼 혼자 하면 힘들지만 동료들과 힘을 합치면 어떤 어려움도 쉽게 극복할 수 있다는 교훈을 가슴 깊이 간직하시기를 바랍니다.

2005년 5월 30일

잊을 수 없는 빗속 산행

　지난번 영업점을 방문했을 때 직원들이 의욕에 차서 열심히 노력하는 모습을 보고 흐뭇했습니다만, 한편으로는 더운 여름에 여러 가지 캠페인과 반기 결산을 위한 마무리 업무 등으로 고생이 많은 것 같아 참으로 안타까웠습니다. 이렇게 수고하는 직원들을 어떻게 격려할 수 있을까 늘 생각해 오다, 마침 주말에 포항 내연산 산행과 하계휴양소 개소식을 통해 여러 직원들과 함께할 기회가 마련되어 참으로 즐거웠습니다.

　사실 산행 전날 저는 직원들과 만난다는 설렘에 쉽게 잠을 잘 수가 없었습니다. 비가 많이 온다는 일기예보에 잔뜩 긴장하고 포항 보경사에 도착했지만, 다행히 그리 큰비가 내리지 않아 각 직급별 80여 명의 직원들과 산행을 할 수 있었습니다. 연산폭포까지 가는 도중 여러 직원들과 많은 이야기를 하다 보니 어느새 목적지

포항 내연산 산행 중 연산폭포 앞에서 직원들에게 대구은행의 꿈과 비전인 세계적인 초우량 지역 은행으로 나아가야 할 방향에 대해 설명하고 있는 이화언 행장. 1시간여의 열띤 강의 시간이 짧게 느껴질 정도로 집중하여 듣고 있는 직원들의 모습이 인상적이다.

에 도착했습니다.

등산을 하면서 저는 이런 생각을 했습니다. 비가 내리는 날은 바닥이 미끄럽고 옷도 젖어 산을 오르기가 불편하지만, 생각을 조금만 바꾸면 산행하기에 좋은 날이라고 생각해 보았습니다. 왜냐하면 비가 오기 때문에 평소보다 더 조심할 수밖에 없어 사고 날 위험이 줄고, 비를 피하지 않고 고스란히 맞는 것이 흐르는 땀을 씻을 수 있고 더 시원하기 때문입니다. 정말 모든 일은 생각하기에 따라 결과가 달라질 수 있다고 봅니다.

연산폭포 앞에서 기념사진을 찍고 준비한 음료를 마시면서 저는 우리 대구은행이 그 어려운 외환위기 속에서도 공적자금 한 푼 받지 않고 살아남을 수 있었던 이유, 최근 당행 주가가 418주째 상승세를 타고 있고 외국인 지분율이 63퍼센트 가까이 되는 등 당행 주식이 우량주식으로 변모된 배경과 앞으로의 전망, 또 저의 경영 철학인 직원중시경영에 대한 설명, 우리의 꿈과 비전인 '세계적인 초우량 지역은행'으로 나아가야 할 방향 등에 대해서 이야기했는데, 직원들이 하도 집중하여 들어 저도 열심히 이야기하다 보니 한 시간이 훌쩍 지나갔습니다.

산을 내려와서 연산파크호텔 하계휴양소 개소식을 가졌습니다. 예년 같으면 부장과 임원들만 참석하여 개소식을 하고 점심 식사를 했겠지만, 금년에는 실제로 휴양소를 이용하는 각 직급별 대표로 하여금 테이프 커팅을 하게 하고, 간담회 장소인 경치 좋은 바닷가 횟집으로 이동하였습니다.

저는 이 자리에서 전 직원들에게 술을 한잔씩 건네면서 격의 없는 많은 이야기를 나누었습니다. 직원들과 마음을 열고 이야기하다 보니 정말 다양한 의견을 들을 수 있었고, 무엇보다 제가 직원들에게 한 발 다가갔다는 느낌이 들어 행복했습니다. 우리는 서로 어울려 노래도 부르고 춤도 추었습니다. 저는 이번 산행을 열린 경영의 일환으로 실시했고, 앞으로 이런 자리를 자주 마련해야겠다고 생각했습니다.

하계휴양소 개소식과 함께 여름 휴가철은 시작됩니다. 열심히 일한 직원들이 가족과 함께 경치 좋은 곳에서 휴가를 즐기는 것은 삶을 재충전하는 데 필수적이라고 생각합니다. 저는 평소에 잘 노는 사람이 일도 잘한다고 생각합니다. 왜냐하면 열심히 놀 수 있는 정열을 가진 사람들이 열심히 일할 수 있는 열정도 가지고 있을 뿐만 아니라, 휴식은 일의 능률을 더 올리기 때문입니다.

따라서 이번 여름에는 전 임직원들이 한 명도 빠짐없이 휴가를 떠나시기 바랍니다. 오랜만에 사랑하는 가족들과 평소 하지 못한 아빠, 엄마, 아들, 딸 노릇을 멋지게 한번 해보실 것을 권합니다.

2005년 7월 13일

힘찬 비상을 위한
한마음 하나로 전진대회

요즘 사회의 메가트렌드는 '융합'입니다. 동서 간 문화와 산업과 업종 간의 경계가 무너지고 있습니다. 지금은 그야말로 고객의 시대로, 고객의 요구가 이러한 경계를 허물고 있는 것입니다. 소비자가 원하는 것을 어떻게 빨리 전달하는가가 기업의 승패를 좌우한다고 하겠습니다.

상품도 복합화되고 있습니다. 휴대폰에는 단순히 전화 기능만 있는 것이 아니라 인터넷, MP3, 카메라 등 다양한 기능이 내재되어 있습니다. 음식도 퓨전화되고 있으며 노래도 클래식과 팝송이 크로스 오버되는 것이 유행인 시대가 되었습니다.

제 전화 컬러링도 테너 가수인 플라시도 도밍고와 컨트리 가수 존 덴버가 함께 부른 「퍼햅스 러브(Perhaps Love)」입니다.

이러한 시대적 조류에 따라 금융산업도 예외일 수가 없습니다.

대구전시컨벤션센터(EXCO)에서 개최된 '한마음 하나로 전진대회'. 300여 명의 임원 및 부점장들이 참석하여 경영목표와 경영전략을 논의하는 한편, 성과가 우수한 직원들을 축하하는 자리였다.

은행은 이제 제조업이라기보다는 '유통 회사'화하고 있습니다. 우리의 채널과 네트워크를 통해서 타 금융회사들의 상품을 파는 비중이 높아지고 있습니다. 고객들이 원스톱 서비스와 복합상품을 원하고 있기 때문입니다.

그들의 다양한 요구에 부응하기 위해서 우리 직원들은 더욱 더 전문화되어야 하고 조직도 그러한 추세에 맞춰 변화해야 할 것입니다. 그래서 SSP를 통해 직원들에게 영업 관련 지식과 판매 기법을 교육시키고 있으며, 이번 조직 개편에는 이러한 추세에 맞춰 퓨전형 조직을 도입했습니다.

2006년에는 경영목표 달성을 위한 결의와 성과가 우수한 직원들을 축하하기 위한 한마음 하나로 전진대회를 대구전시컨벤션센터(EXCO)에서 개최하였습니다. 이날 행사에는 300여 명의 임부점장들이 참석하여 경영목표와 경영전략을 논의했습니다. 저는 한마음 하나로 전진대회 1부 행사를 마감하면서, 본부 간의 계획이 일관성이 있고 잘 짜여졌지만 중요한 것은 실천이므로 계획대로 실천을 잘해 줄 것을 당부했습니다. 이어 2부에서는 작년에 뛰어난 경영성과를 낸 영업점을 시상하고 DGB 지역봉사단 단장에게 임명장을 수여했습니다. 그동안 연수원이나 본점 강당에서 실시하던 경직된 분위기를 바꾸어 보았습니다. 딱딱하고 형식적인 의식 절차를 없애고 그야말로 수상자들이 주인공이 되어 보람과 자부심을 느낄 수 있도록 했습니다.

가곡과 모듬 북 공연을 보고 대상(大賞)을 수상한 지점 직원들이 다 함께 무대로 올라가 노래를 부르는 등 즐겁고 신나는 시상식이 되도록 하였습니다. 저는 이들을 포옹하면서 진심으로 축하해 주었으며, 1년간 열심히 노력한 직원들의 어깨가 들썩들썩하게 해주고 싶었습니다.

이날의 시상식은 앞으로의 성과 보상에 대한 하나의 전주곡이었다고 생각합니다. 다음 해에는 'DGB 세일즈 슈퍼스타 제도'를 도입하여 영업 성과가 뛰어난 직원들에게는 획기적 수준의 승진과 금전적 보상을 해줄 것이며, 은행장보다 연봉을 많이 받는 직원이 나오는 성과문화를 확실히 정착시켜 나갈 것입니다.

우리가 더욱 더 열심히 노력한다면 연말에는 더 즐겁고 풍성한 시상식이 될 것이라 믿습니다. 올해 연말의 멋진 시상식에 여러분 모두 주인공이 되시는 것은 어떻습니까?

2006년 2월 8일

역대 행장님들의
초상화 헌액식

지난 주에 거행되었던 역대 행장님들의 초상화 헌액식은 너무나 의미 있고 가슴 뭉클한 일이었습니다. 그동안 9층 회의실에 걸려 있던 역대 행장님들의 사진이 많이 퇴색하고 낡아서 실물 크기의 초상화를 그렸습니다. 그래서 이날 전 직원들이 자주 드나들면서 보고 귀감으로 삼을 수 있도록 본점 강당에 초상화를 거는 헌액식을 가졌습니다. 초상화 제작에는 대통령 초상화를 그렸던 계명대 이원희 교수와 2005년 한국미술대전 서양화 부문 대상을 받았던 박성열 화백 등이 참여했습니다.

역대 행장님들이 이렇게 동시에 은행을 방문하신 것은 창립 이래 처음 있는 일이라, 저는 아침부터 가슴이 너무나 설레었고 직원들은 영접 준비에 분주했습니다. 올해 연세가 여든일곱이신 초대 김준성 행장님께서는 건강하고 환한 모습으로 예정보다 빨리

역대 행장님들의 초상화 헌액식. 대구은행을 내실 있고 튼튼한 은행으로 거듭날 수 있도록 초석을 다지신 역대 행장님들의 초상화 헌액식에서의 기념촬영. 좌로부터 박창호 동우회 회장, 최호영 전 감사, 홍희흠 6대 행장, 권태학 4대 행장, 이화언 행장, 故 김준성 초대 행장, 이상경 5대 행장, 김극년 8대 행장, 라응찬 신한금융지주 회장, 남해복 (주)경북통상 대표(남옥현 2대 행장 자제)

도착하셨습니다. 6대 홍희흠 행장님과 원대동 지점장, 비서실장 출신이신 신한금융지주 라응찬 회장님께서도 바쁘신 중에도 서울에서 내려오셨습니다.

 4대 권태학 행장님과 5대 이상경 행장님께서는 1985년 남일동에서 현 위치로 본점을 옮길 때 각각 은행장과 전무로 재직하셨습니다. 그래서인지 본점 현관에 들어서시자마자 이곳저곳을 살펴보시고는 정말 감회가 새롭다면서 유난히 많은 관심을 보여 주셨습니다. 전임 김극년 행장님, 박창호 동우회 회장님, 임원 출신 중에서 연세가 가장 높으신 최호영 감사님, 2대 고(故) 남옥현 행장님을 대신하여 아드님이신 남해복 대구 FC 사무국장께서 참석하셨습니다.

전임 행장님들께서는 헌액식 전에 강당에서 홍보 영화를 관람하시고 은행 현황을 보고 받으셨습니다. 지난 1년 사이에 주가가 무려 113퍼센트나 올라 시가총액이 2조 원에 이르렀다는 것, 경험손실률에 의한 충당금을 600억 원 이상 추가 적립하고도 당기순이익이 전년 대비 43퍼센트나 증가한 1,753억 원을 시현했다는 것, 고정이하여신비율과 연체비율이 일류 은행 수준인 1퍼센트 이하로 클린뱅크화되었다는 것, 무엇보다 '꿈과 풍요로움을 지역과 함께'라는 경영이념 실천을 위한 각종 활동과 직원중시경영으로 직원들이 어느 때보다 대구은행에서 일하는 것을 보람 있고 자랑스럽게 생각하고 있으며, 이들을 위해 신나는 일터를 만드는 데 최선을 다한다고 발표했을 때 선배 행장님들은 큰 박수를 보내주셨습니다.

특히 초대 행장님께서는 우리 대구은행을 이렇게 훌륭하게 성장시킨 후배들이 너무나 대견하고 자랑스럽다고 칭찬을 아끼지 않으셨습니다.

한 분 한 분 초상화 앞에서 제막식을 위해 커튼을 당기실 때는, 대구은행장을 역임했다는 것이 오늘처럼 자랑스러운 적이 없었다며 눈시울을 붉히기도 하셨습니다. 라응찬 신한금융지주 회장님도 우리 직원들이 너무나 활기차고 조직은 생동감 넘쳐 보인다면서 많이 부러워하시고 수첩에 무엇인가 계속 기록하고 계셨습니다.

이날 헌액식에 참석하신 모든 분들은 공식 행사를 마치고도 당신들의 젊음과 꿈이 녹아 있는 은행 이곳저곳을 돌아보시면서 떠나시는 것을 못내 아쉬워했습니다. 재임 기간 동안 우리 대구은행을 내실 있고 튼튼한 은행으로 거듭날 수 있도록 초석을 다지신 역대 행장님들의 방문은 우리 대구은행의 살아 있는 역사를 보는 것 같아 너무나 감격스럽고 영광스러웠습니다.

강당에 걸려 있는 역대 행장님들 발자취를 귀감 삼아, 우리 대구은행이 더욱 자랑스러운 은행으로 거듭나도록 맡은 바 최선을 다하는 멋진 대구은행인이 되도록 다 같이 노력합시다.

2006년 2월 22일

꿈과 비전을 함께한
대화의 시간

지난 금요일 팔공산 연수원에서 각 직급별 180여 명의 직원들이 참석한 가운데 '은행의 비전과 경영전략 공유 행사'를 가졌습니다. 전날까지만 해도 봄기운을 시샘이라도 하듯 함박눈이 펑펑 내렸지만, 그날은 마치 우리들의 행사를 축하하듯 따뜻한 햇살이 행사 분위기를 고조시켰습니다.

저는 은행의 비전과 직원 여러분들의 비전이 조화를 이룰 때 우리 대구은행이 더욱 더 발전하고 여러분들도 더 큰 보람과 성취감을 느낄 수 있다고 봅니다. 그래서 저는 은행의 비전과 경영전략을 항상 여러분들과 함께하려고 합니다. 그러기 위해서는 여러분들과 자주 만나고 진솔한 대화를 많이 해야 한다고 생각합니다. 그날의 행사도 이러한 취지에서 하게 되었습니다.

그렇다면 좋은 대화를 하기 위한 요건들에는 어떤 것이 있을까

대구은행의 비전과 경영전략을 직원들과 공유하기 위한 팔공산 연수원에서 열렸던 'CEO와 함께하는 화합과 다짐의 장' 행사. 직원들과의 진솔한 대화를 통해 은행의 비전과 전략에 대한 공감대를 형성할 수 있는 기회가 되었다.

요? 우선 서로 공감대를 형성해야 한다고 봅니다. 말하는 사람과 듣는 사람이 전혀 다른 생각을 하고 있다면 아무리 좋은 주제를 가지고 이야기를 잘한다고 하더라도 좋은 대화가 될 수 없다고 생각합니다. 서로 마음을 열고 믿을 때 즐겁고 진솔한 대화가 가능하다고 봅니다.

저는 이 행사에서 통기타 반주에 맞추어 직원들과 함께 손잡고 노래를 불렀으며, 식당에서는 직원들이 부르는 노래에 맞추어 춤을 추었습니다. 저는 「러브 미 텐더(Love me tender)」와 앵콜 송으로 「안개 낀 장충단 공원」을 불렀습니다. 이는 직원들과 함께 호흡하면서 서로 공감대를 형성하기 위함이었습니다.

그리고 상대방의 말을 잘 들어야 한다고 봅니다. "남의 말을 듣지 않고 자기 생각만 말하는 사람은 귀머거리나 다름없다."는 인디언의 격언처럼, 여러분들에게 동기를 부여하는 가장 좋은 방법은 여러분의 이야기를 진지하게 들어주는 것이라고 생각합니다. '들을 聽(청)' 자를 자세히 들여다보면 '다른 사람의 말을 듣는 귀(耳)가 으뜸(王)이며 들을 때는 열개(十)의 눈(目)을 움직여 하나(一)의 마음(心)을 주시하라.'는 뜻을 담고 있습니다.

저는 이날 식당에서 테이블마다 다니면서 직원들의 작은 이야기에도 귀 기울이려고 했으며, 모든 직원들이 저에게 이야기하는 것을 어렵게 느끼지 않도록 제가 먼저 그들에게 다가가서 말을 걸었습니다. 저는 가능한한 그들의 입장에서 이해하려고 했습니다. 이렇게 직원들과 마음을 열고 이야기하다 보니 정말 다양한 의견을 들을 수 있었고 무엇보다 직원들과 한층 가까워진 느낌이 들었습니다.

마지막으로 유익한 대화가 되어야 한다고 봅니다. 아무리 공감대를 형성하고 잘 들어도 대화의 내용이 유익하지 않으면 좋은 대화가 될 수 없다고 생각합니다. 그래서 저는 이날 IR 때보다 더 심혈을 기울여 직원들에게 파워포인트로 '은행의 비전과 경영전략'에 대해 특강을 했습니다. 이 특강은 두 시간 이상 진행되었지만 직원들이 하도 집중하고 저도 열심히 이야기하다 보니 시간 가는 줄 몰랐습니다. 특강이 끝난 뒤에야 목이 쉬고 다리가 아프다는 것을 느낄 수 있었습니다.

항상 은행 발전을 위해 열심히 노력하시는 직원 여러분 정말 감사합니다. 저는 늘 행복합니다. 그건 언제나 여러분들과 함께하기 때문입니다. 저는 항상 여러분을 제 파트너로 인정하며, 봉사와 섬김의 정신으로 언제나 함께하는 은행장이 될 것입니다. 또한 저는 여러분들의 작은 의견도 소중히 여길 것입니다. 여러분들도 많은 의견 부탁드립니다.

삶이라는 자동차가 목표를 향해 멋지게 달리기 위해서는 꿈이라는 연료를 계속 주입해야 한다고 생각합니다. 이러한 행사를 계기로 저와 여러분의 꿈이자 우리 대구은행 가족 모두의 꿈인 '세계적인 초우량 지역은행'에 이르러 여러분들에게 큰 기쁨으로 다가갈 수 있기를 바랍니다.

2006년 3월 22일

행장표 도시락

지난 1년 반 동안 실시해 온 SSP 교육이 종료되었습니다. 은행과 자신의 발전을 위해 이른 아침부터 늦은 밤까지 그 힘든 교육에 열심히 참여해 주신 여러분께 찬사를 보냅니다. 여러분의 뜨거운 열정과 희생이 있었기에 힘들고 어려운 교육 과정을 무사히 마칠 수 있었다고 생각합니다. 이러한 여러분들이 한없이 자랑스럽습니다. 고진감래(苦盡甘來)라는 말이 있듯 여러분들이 흘린 땀방울 하나하나는 결코 헛되지 않을 것이며, 우리 은행 영업 활성화에 많은 도움이 될 것이라 확신합니다.

사실 SSP를 처음 시작할 때 여러분들이 잘할 수 있을까 많은 걱정을 했습니다. 그러나 격려차 교육을 받고 있는 4개 지점을 처음 방문했을 때 이런 걱정은 한순간에 사라졌습니다. 그동안 은행에서 실시했던 많은 교육이 있었지만 우리 직원들이 그렇게 열심히

영업 마인드 혁신과 적극적인 영업 중심의 기업문화 구축을 위해 실시했던 SSP 교육 마감에 즈음하여 가졌던 지점 방문에서 직원들과 함께 '행장표 도시락'을 들며 환담을 나누는 모습

하는 모습을 본 적이 없었습니다. 그들의 열정과 자신감에 찬 얼굴을 보았을 때 SSP는 반드시 성공할 수 있다는 확신이 섰습니다.

200여 개 전 영업점을 방문할 때마다 저는 그렇게 기쁠 수가 없었습니다. 가는 곳마다 바쁜 업무 중에서도 환한 미소로 따뜻하게 저를 맞아 주시는 여러분들의 환대로 절로 힘이 났습니다. 그리고 무엇보다 영업 현장에서 열심히 일하는 여러분들을 직접 만날 수 있다는 사실이 저를 너무나 행복하게 했습니다.

객장에 있는 고객들에게 "제가 대구은행장입니다. 저희 은행과

거래해 주셔서 감사합니다."라는 인사말을 하고 악수를 청하기도 했습니다. 장차 우리 은행의 고객이 될 어린이들에게는 용돈을 주면서 머리를 쓰다듬어 주기도 했는데 부모들이 그렇게 좋아했습니다. 저녁에 방문하는 지점에서는 여러분들이 '행장표 도시락'이라 이름을 붙여 준 도시락을 함께 먹으면서 많은 이야기를 나누었습니다. 여러분들이 하도 진지하게 이야기를 들어, 은행 현황이나 격려의 말을 하나라도 더 해주고 싶어 열심히 말을 하다 보니 식사를 제대로 못한 경우도 있었습니다. 식사 후 여러분들과 함께한 율동과 노래는 지금도 생생하게 제 기억 속에 남아 있습니다.

지점장, 청경, 갓 결혼한 여직원까지 열심히 교육에 참여하는 단결된 모습과 여러분들의 의욕적인 눈빛에서 우리 은행의 밝은 미래를 확인할 수 있었습니다. 그러나 어린 자녀가 있는 기혼 여직원들이 밤늦게까지 교육을 받느라 아이들과 함께 시간을 못 보낸다는 이야기를 들었을 때는 너무나 안타깝고 마음이 아팠습니다. 그래서 지점장들에게 특별히 배려하라고 부탁도 했습니다.

여러분! 정말 고생 많이 했습니다. 그리고 너무 고맙습니다. 투철한 사명감과 열정으로 교육을 담당한 SM 여러분들도 수고 많았습니다. '옆집 아저씨 같은 푸근한 모습', '왕의 귀환', '가문의 영광' 등 참 많은 편지를 여러분들로부터 받았습니다. 이는 그만큼 여러분과 제가 한 발 더 가까워졌다는 의미가 아니겠습니까?

그동안 온갖 정성을 다한 SSP 교육이 끝났다고 이전으로 회귀해서는 절대 안 됩니다. 옛말에 '끝이 좋으면 다 좋다.'라는 말이 있습니다. 이는 '끝이 나쁘면 다 나쁘다.'는 의미이기도 합니다. 중요한 것은 지금부터입니다.

SSP 교육을 통해 성공적으로 구축해 온 영업 마인드 혁신과 적극적인 영업 중심의 기업문화가 더욱 공고히 뿌리 내릴 수 있도록 앞으로 더 많은 노력을 부탁드립니다. 그동안 SSP 교육을 잘 이끌어 온 SM 여러분들은 영업력을 극대화시키는 프로 컨설턴트라는 막중한 사명감을 가지고, 영업점 곳곳에서 밀알이 되어 모범을 보임으로써 우리 대구은행의 영업력이 한층 더 도약할 수 있도록 최선을 다해 주시기 바랍니다.

다시 한 번 어렵고 힘든 교육을 성공적으로 마친 여러분들에게 찬사를 보냅니다. 그리고 가는 곳마다 보여 주신 정성 어린 환대와 많은 편지에 감사를 드립니다.

2006년 12월 20일

내몸사랑 캠페인과
독서 캠페인

　창립 40주년을 맞이하여 직원 여러분들의 각종 질병 예방과 삶의 질 향상을 위해 '금연 캠페인'과 '다이어트 캠페인'을 진행했습니다. 이와 함께 새로운 기업문화를 정착시키고 대구은행 가족 여러분의 지적 능력 향상을 위해 'DGB 독서 캠페인'을 실시하였습니다.

　은행이 발전하는 데 가장 중요한 자산은 사람이라고 생각합니다. 여러분 각자가 자신의 위치에서 최고의 역량을 발휘할 때 우리 대구은행도 최고가 될 수 있을 것입니다. 그러기 위해서는 제가 늘 강조하는 내용이지만 첫째 몸을 가꾸어야 하고, 둘째 머리를 가꾸어야 합니다.

　여러분들의 건강은 보람찬 직장생활과 행복한 가정생활의 근간인 동시에 우리 은행의 경쟁력입니다. 앞으로 저는 여러분들의 각종 질병 예방 등 건강 증진을 책임지는 데 소홀함이 없도록 할 것

DGB웰포츠센터에서 운동하는 직원들

창립 40주년을 맞아 직원들의 건강과 삶의 질 향상, 그리고 지적 능력 향상을 위하여 금연 캠페인, 다이어트 캠페인, DGB 독서 캠페인을 실시했다. 인류의 경험과 지혜의 축적이자 미래를 향한 길잡이인 책과 독서의 중요성을 다시 한 번 일깨우자는 취지의 독서 캠페인 모습

입니다. 'DGB 내몸사랑 캠페인'에는 은행 경비가 많이 들지만 우리 직원들 중 단 한 명이라도 나쁜 질병으로부터 구할 수 있다면 그 비용이 전혀 아깝지 않다는 생각이 들었습니다.

평소 운동부족과 흡연 등으로 체중 증가와 각종 성인병에 노출되기 쉬운 직원 여러분들은 이 기회에 체중 감량과 금연 캠페인에 참여하여 각자의 건강도 지키고 건강한 은행을 만드는 데 앞장서 주시기 바랍니다.

건강한 신체만큼이나 건강한 정신도 중요하기 때문에 독서 캠페인을 함께 실시하려고 합니다. 얼마 전 통계청 자료에 의하면 우리의 독서 습관은 참 부끄러운 수준입니다. 분기별 가구당 서적 및 인쇄물 구입비가 겨우 만 원대로, 담배 사 피우는 돈의 절반에도 못 미치고 외식비의 5퍼센트도 채 되지 않는다고 합니다. 책 읽는 시간도 텔레비전 보는 시간의 4분의 1밖에 되지 않는다고 합니다. 여러분들은 어떻습니까?

책을 읽지 않는 국민에게는 희망도 미래도 없다고 했습니다. 과거 인류의 경험과 지혜가 녹아 있는 책 속에는 밝은 미래로 가는 길이 있기 때문입니다. 책에는 개인과 사회가 필요로 하는 창의력, 도전정신, 아이디어뿐만 아니라 바르게 살아가는 방법, 인생의 승자가 되는 비결까지도 있습니다. 또한 우리는 독서를 통해 지식을 쌓고 즐거움을 느끼고 다른 사람과의 생활을 원활하게 유지하기 위한 지혜를 얻을 수 있습니다.

인생에서 소위 성공했다고 하는 사람들 중에 독서를 많이 하지 않은 사람은 없습니다. 미국의 16대 대통령 링컨은 학교 교육을 전혀 받지 못했지만 독서를 통해 인류사에 빛나는 위인이 될 수 있었고, 나폴레옹은 52세로 죽을 때까지 약 8,000권의 책을 읽을 만큼 대단한 독서광이었으며, 심지어 생사가 오가는 전쟁터에서도 책을 손에서 놓지 않았다고 합니다.

'사람이 책을 만들고, 책은 사람을 만든다.'는 말은 성공적인 삶을 위해 독서가 얼마나 중요한지를 짐작케 하는 대목입니다. 이런 캠페인에 적극적으로 참여하여 몸도 가꾸고 머리도 가꾸어 심신(心身)이 건강한 한 해를 만드는 것은 어떻겠습니까?

2007년 1월 10일

DGB웰빙센터

얼마 전 새롭게 증축한 본점 3층 'DGB웰빙센터' 오픈식을 가졌습니다. 이날 행사에는 호텔 인터불고 권영호 회장, 홈센타 박철웅 회장 등 많은 분들이 참석하여 축하해 주셨습니다.

지역민들에게 편의시설과 문화공간을 제공하여 '꿈과 풍요로움을 지역과 함께'라는 경영이념을 실천하기 위해 신축한 금융박물관(Dtime)의 전경(2009년 2월 25일 대구지역 최초의 기업박물관으로 등록)

새롭게 증축한 DGB웰빙센터와 곧 완공될 '열린 광장'은 우리 직원들의 건강과 복지를 향상시키고 지역민들에게 편의 시설과 문화 공간을 제공하여 '꿈과 풍요로움을 지역과 함께'라는 경영이념을 실천하는 동시에 VIP 고객의 마케팅 장소로 활용하려고 합니다.

우리 대구은행 본점 건물은 이미 지역을 대표하는 랜드마크로서 지역민들에게 너무나 익숙한 건물이기 때문에 이 공사에서도 기존의 외관을 최대한 원형 그대로 유지하고자 노력했으며, 증축 규모는 기존의 130평을 포함하여 약 700평 정도입니다.

전체 공사의 기본 콘셉트를 'art & culture'로 정하고 열린 광장과 1층 로비, 2층, 3층이 함께 어울리도록 하였으며, 각 층마다 당행 소장 미술품과 지역 출신 유명 작가들의 작품을 전시했습니다. 3층 DGB웰빙센터는 DGB비즈니스룸, 금융박물관(Dtime), 그린나래 레스토랑, DGB하이라운지, DGB웰포츠센터로 이루어져 있습니다.

열린 광장은 과거의 폐쇄적인 공간과는 달리 누구나 쉽게 접근할 수 있도록 개방 공간으로 조성하여 시민들의 만남의 장소, 휴식 공간 및 소규모 거리 음악회 장소로 이용될 수 있도록 할 계획입니다. 또한 이곳에 새로 신축하는 갤러리를 통해 지역 작가들에게는 작품 전시공간을 제공하고 지역민들에게는 수준 높은 예술 작품을 감상하는 기회를 제공할 것입니다.

저는 DGB웰빙센터와 열린 광장이 직원 여러분들과 고객 그리

그린나래 레스토랑

DGB비즈니스 룸

DGB하이라운지

회의실 및 연회실로 사용할 DGB비즈니스룸, 최고급 시설을 갖춘 그린나래 레스토랑, 가벼운 음료를 마시면서 담소를 나눌 수 있는 DGB하이라운지, 최신식 피트니스센터 그리고 샤워장과 강의실로 구성되어 있는 DGB웰포츠센터의 내부 전경

DGB웰포츠센터

고 지역민들에게 새로운 문화예술 공간이 될 뿐만 아니라, 건강 증진과 복지 향상을 통해 삶의 질을 높이는 데 크게 기여할 수 있게 되어 정말 기쁘게 생각합니다.

각 영업점에서는 우수 고객을 새로운 시설을 갖춘 본점에 꼭 한 번 모셔와 시설 안내도 하고 식사를 하면서 대구은행이 지역과 함께한다는 것을 홍보해 주시기 바랍니다. 직원 여러분들도 주말에 가족들과 함께 방문하여 새로운 시설물을 견학하고 맛있는 음식을 드시면서 수준 높은 문화 공간을 마음껏 즐기시기를 바랍니다. 그리고 이 새로운 문화예술 공간이 지역 최고의 명소로 자리 잡을 수 있도록 모두가 힘을 모아 주시기를 부탁드립니다.

저는 앞으로도 직원 여러분들을 더욱 소중히 생각하고 삶과 일의 조화를 통해 보다 건강하고 풍요로운 삶을 살 수 있는 터전을 마련하겠습니다. 그리고 기업의 사회적 책임을 다하여 지속가능 경영을 할 수 있도록 최선을 다하겠습니다.

2007년 6월 20일

DGB아이꿈터

'DGB아이꿈터'를 개원하는 날에는 하늘도 축복하듯 함박눈이 쏟아졌습니다. 저는 설레는 가슴으로 개원식 30분 전에 어린이집을 찾아 시설물을 둘러보았습니다. 한눈에 보아도 손색이 없는 시설이었습니다. 지하철 대구은행역 바로 옆에 위치한 DGB아이꿈터는 대지 310평에 건평 846평, 지하 2층, 지상 3층 건물로 지어져 영유아 150명 정도를 수용하기에 조금도 모자람이 없도록 설계, 시공되었습니다. 2006년 초에 보육시설을 지어야겠다고 마음먹은 지 꼭 2년 만에 완공하여 입주한 것입니다.

평소 점포를 방문하여 여직원들을 만날 때마다 육아 문제가 화제로 올랐고 그들의 고충에 관심을 가졌습니다. 우리 직원들이 육아 문제로 겪는 어려움은 생각보다 심각하다는 것을 느꼈습니다. 우리 대구은행이 지역의 대표 기업이고 직원중시경영을 늘 표방

대지 310평에 거평 846평, 지하 2층, 지상 3층 건물로 지어져 영유아 150명 정도를 수용할 수 있도록 설계, 시공된 'DGB아이꿈터'. 파스텔 톤의 인테리어와 옥상 텃밭, 실개천을 비롯한 실내 놀이터, 야외 놀이터, 유아용 풀장이 갖추어진 꿈의 공간이다.

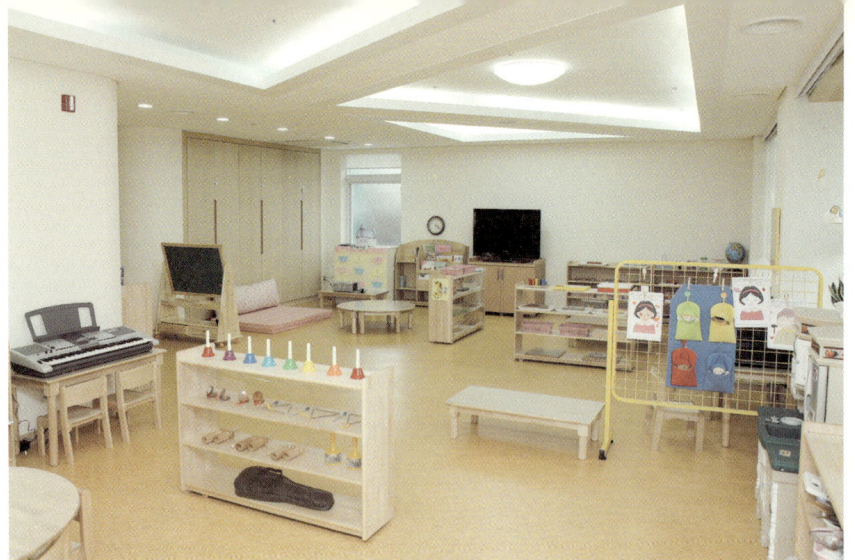

▲ 파스텔톤과 곡면으로 처리된 인테리어와 간접조명과 다양한 놀이기구를 갖춘 교실 내부

◀ 아이들이 정서적으로나 지적으로 바르고 건강하게 자랄 수 있는 교육을 실시하기 위해 심혈을 기울여 선정한 푸른보육경영의 교사와 진지하게 수업을 받고 있는 어린이들의 모습

하는 마당에 이런 문제는 시급히 해결해야겠다고 생각했습니다.

먼저 보육시설로서 입지가 가장 합당한 곳에 부지를 물색하고 서둘러 설계, 시공사를 선정하였습니다. 공사 전에 저는 몇 가지 주문을 하였습니다. 공사비가 아무리 많이 들더라도 친환경 자재를 사용할 것을 당부하였습니다. 포름알데히드를 비롯한 환경 유해 물질은 신축 건물이나 가구 등에서 몇 년간 방출되기 때문에 황토 벽돌, 친환경 시멘트, 천연 페인트 등을 사용하고 바닥과 벽지에도 친환경 접착제를 사용하였습니다. 그리고 시력 보호를 위해 간접 조명을 설치하였고 살균기, 정수기, 약 보관 냉장고를 비치하는 등 아이들의 건강 문제에 제일 큰 비중을 두었습니다.

안전사고 예방에도 신경을 썼습니다. 각종 시설물의 모서리 부분을 없애고 출입문에는 손 끼임 방지 장치를 하고 문턱을 없앴습니다. 특히 바닥에도 쿠션이 있는 자재를 사용하여 아이들이 넘어져도 다치지 않도록 했습니다. 또한 아이들의 정서 발달을 위해서 파스텔 톤으로 실내를 꾸미고 옥상 텃밭, 실개천 등을 만들었으며 실내 놀이터인 '플레이 하우스'와 야외 놀이터, 유아용 풀장도 마련하였습니다. 아이들은 5~6세에 인격의 밑바탕이 대부분 형성된다고 합니다. 우리의 귀한 아이들이 훌륭한 시설에서 생활하는 것도 중요하지만, 아이들이 정서적으로나 지적으로 바르고 건강하게 자랄 수 있도록 하는 교육이 더 중요하다고 생각했습니다. 그래서 전국적으로 유명한 업체를 수소문한 끝에 '푸른보육경영'을 운영 업체로 선정하게 되었습니다. 푸른보육경영은 어린이집 운영 분야에서 경험과 능력이 전국 최고 수준이며 우수한 프로그램과 훌륭한 교사들을 확보하고 있었습니다. 개원식을 마치고 참석하신 귀빈들과 함께 오찬장인 '그린나래'로 돌아왔습니다. 드디어 우리도 전국 최고 수준의 보육시설을 갖게 되었다는 생각에 가슴이 벅차올랐습니다. 그동안 육아 문제로 고민이 많았을 우리 직원들의 환한 얼굴이 눈앞에 보이는 듯했습니다.

DGB아이꿈터에서 우리의 사랑스러운 아이들이 밝고, 맑고, 건강하게 자라서 이 사회의 훌륭한 인재로 성장하기를 기원합니다.

2008년 3월 5일

고승(高僧)의 시 한 수

여러분에게 시를 한 수 선물할까 합니다. 이 시는 본점 9층 은행장 접견실에 걸려 있는 조선 중기 고승 진묵 대사의 한시(漢詩)인데, 은행장 취임 시에 유명한 서예가인 지산(池山) 권시환 선생

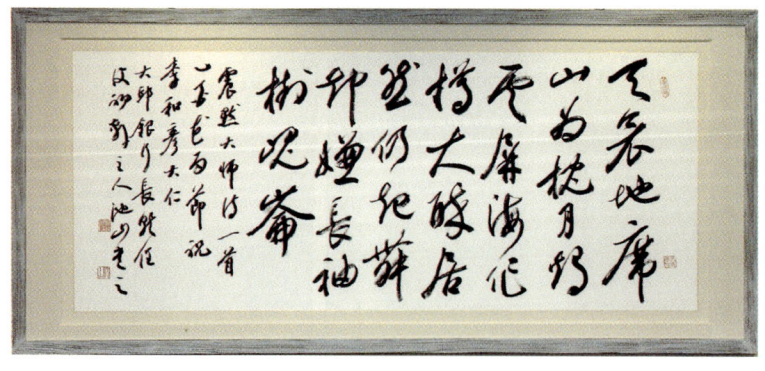

조선중기의 고승인 진묵 대사(震默大師)의 한시(漢詩). 이화언 행장의 취임 당시 저명한 서예가인 지산(池山) 권시환 선생이 세계 초우량 지역은행의 비전을 가진 대구은행의 경영 철학으로 삼기를 바라는 의미로 선물하였다.

님께서 세계 초우량 지역은행의 비전을 가진 대구은행에 걸맞은 내용이니, 항상 시의 내용과 같은 마인드를 가지고 경영을 하면 좋겠다는 말씀과 함께 선물해 주신 것입니다. 그리고 이 시는 지난번 포항 내연산 산행 때 직원들에게 소개한 시이기도 합니다.

天衾地席山爲枕(천금지석산위침)
하늘을 이불 삼고 땅을 자리 삼으니 산은 베개가 되는구나.

月燭雲屛海作樽(월촉운병해작준)
달을 촛불 삼고 구름을 병풍 삼고 바다를 술통 삼아

大醉居然仍起舞(대취거연잉기무)
거나하게 취하여 일어나 덩실 춤을 추니

却嫌長袖掛崑崙(각혐장수괘곤륜)
문득 곤륜산에 소맷자락이 걸릴까 염려되는구나.

저는 개인적으로 이 시를 참 좋아해서 접견실에 갈 때는 꼭 한번씩 읽어 보곤 합니다. 왜냐하면 천지자연과 합일되어 거칠 것이 없는 호연지기의 장대한 기상을 느낄 수 있기 때문입니다. 중국 사람들이 스케일이 크다고 하지만 이만한 스케일의 시를 지은 사람이 있는지 모르겠습니다. 우리가 흔히 말하는 세계적인, 국제적인이라는 말을 넘어 가히 우주적인 시라고 해야 할 정도입니다.

우리는 지금 세계 초우량 지역은행이라는 비전과 꿈을 가지고 있습니다. "우리 대구은행이?", "서울도 아닌 대구에 있는 조그마한 지방은행이 세계 초우량 은행이라니?" 이러한 생각을 가진 직원이 혹시 있다면 다시 한 번 진묵 대사의 시를 천천히 읽어 보십시오. 동양의 작은 나라 조선에 살았던 한 스님의 꿈이 가히 우주적인데, 3,000명의 직원이 있는 우리 대구은행이 '세계 초우량 지역은행'이라는 비전을 가진다고 해서 너무 크거나 황당하다 할 수 있겠습니까?

그리고 또 한 가지 중요한 것은 꿈이나 비전은 리더나 CEO가 제시할 수 있지만 그 꿈을 실현하기 위해서는 구성원 모두의 공감대와 노력이 필요하다는 것입니다. 꿈은 한 사람이 꿀 때는 꿈으로 그치지만 여러 사람이 같이 꾸면 현실이 됩니다. 지난 2002년 월드컵 때 우리는 '꿈★은 이루어진다.'는 슬로건을 가지고 월드컵 4강의 신화를 이루었습니다. 이 꿈은 열한 명의 대표선수뿐 아니라 붉은 악마를 비롯한 전 국민이 같은 꿈을 꾸었기에 세계 4강이라는 꿈이 이루어졌다고 생각합니다. 여러 사람이 함께 비전을 공유하고 함께 달려가는 것이 중요합니다. 마찬가지로 '세계 초우량 지역은행'은 결코 은행장인 저 혼자만의 꿈이 아니라 전 직원이 함께 공유하고 달성하기 위해 노력해야 하는 우리 모두의 비전입니다.

전 직원이 비전을 공유하기 위해서는 임원과 부장, 지점장 등의 일부 상위 직급 직원만이 아닌, 창구에서 일하는 직원 한 분 한 분 모두가 '세계 초우량 지역은행'이 가능하다고 생각하고 노력할 때 진정으로 우리 은행의 꿈은 이루어질 수 있다고 봅니다. 그래서 저는 우리의 꿈을 모든 직원들과 공유하고 한 방향으로 일심동체가 되어 매진하기 위해 영업점에서 묵묵히 일하는 직원들에게 다가가서 함께 이야기하고 고충을 듣고 어울리려는 노력을 계속하는 것입니다. 이것이 제가 항상 말하는 열린 경영, 직원중시경영의 바탕입니다.

진묵 대사의 호방한 시와 같이 직원 여러분들도 휴가 때 경치 좋은 명승지를 찾아 하늘을 이불 삼고 산을 배게 삼아 자연과 하나 되는 경지를 체험해 보시기 바랍니다. 그러한 휴식이 삶을 재충전할 기회가 될 것입니다.

2005년 7월 27일

| 제 3 부 |

세계적인 초우량 지역은행을 향한
변화와 혁신

대구은행은 창립 40주년을 맞아 조직 내 묵은 찌꺼기를 걷어내고 새롭게 체질을 개선하기 위해 솔개프로젝트를 추진하여 대대적인 혁신을 해오고 있다. 그 결과 2008년도 당기순이익은 사상 최고 수준을 기록하였고 『Asiamoney』지로 부터 아시아 최우수경영기업상을 받는 등 괄목할 만한 성장을 거두었다. 그러나 대구은행은 여기서 만족하지 않고 성장과 번영을 위한 혁신, 강한 은행으로의 변신을 지속적으로 진행하고 있다.

이카로스 패러독스
(Icarus Paradox)

　그리스 신화에 나오는 뛰어난 건축가이며 발명가이기도 한 다이달로스의 아들 이카로스는 크레타 섬의 미궁에 갇혀 있을 때 새의 깃털과 밀랍으로 날개를 만들어 준 아버지의 도움으로 하늘로 날아올라 탈옥하는 데 성공합니다. 그러나 하늘로 두둥실 떠오르는 순간 이카로스의 마음 한 편에는 오만함이 슬며시 머리를 쳐들게 됩니다.

　이제 이 세상 그 누구보다 더 높이 날 수 있다는 생각에 탈옥이라는 당초의 목적을 잊은 채 가능한한 높이 날아오르는 데만 열중하게 됩니다. 하늘 높이 오르기만 하던 이카로스는 결국 추락해 죽고 맙니다. 강렬한 태양빛에 깃털을 이어 붙인 밀랍이 녹아 내렸기 때문입니다. 이는 기업을 비롯한 개인과 조직도 한때의 성공이 자만심을 야기하여 급격한 실패로 연결될 수 있다는 교훈을 주

변화하는 환경 속에서 지속적인 변화와 혁신을 통해 100년 은행으로 발돋움하려는 대구은행이 창립 40주년을 맞아 제작한 현수막과 객장 전경

는 이야기입니다.

최근에 우리를 둘러싼 금융권 영업 환경이 순탄치 않습니다. 정부의 강력한 부동산 대책에 따라 주택담보대출이 크게 위축되었으며, 국내 선도 은행 간 경쟁이 더욱 치열해지고 있습니다. 또한 금융업의 급여 수준이 매우 높다는 사회적 시각으로 인해 수수료와 예대마진의 인하 압력이 증가하고 있습니다.

이러한 상황에서 이카로스가 탈옥이라는 성공에 자만하여 결국 추락해 죽는 이야기에 비춰, 우리도 작년에 좋았던 실적에 자만해서는 결코 안 될 것입니다. 항상 위기의식을 가지고 업무에 임해야겠습니다. 성공만큼 더 큰 실패 요인은 없다고 합니다. 이는 대부분의 기업들이 일정 수준의 성공을 경험한 후 자만심에 빠져 안주하면서 새로운 환경 변화에 잘 적응하지 못하기 때문입니다.

따라서 우리 대구은행도 생존과 번영을 위해서는 끊임없이 체질을 개선하여 환경 변화에 흔들리지 않는 수익 기반과 자산 구조를 만들어 나가야 할 것입니다. 그리고 '솔개 프로젝트'에 의한 변화와 혁신을 지속적으로 추진해야 할 것입니다. 변화와 혁신의 바퀴가 균형을 맞추어 제대로 굴러갈 때 생존과 번영의 마차는 우리가 원하는 곳을 향해 빠르고 정확하게 달려갈 수 있기 때문입니다.

역사학자인 아널드 토인비는 "역사적인 성공의 절반은 죽을지도 모른다는 위기의식에서 비롯되었고, 역사 속 실패의 절반은 과거의 찬란했던 시절에 대한 향수에서 비롯되었다."고 주장합니다.

40년의 역사를 기록하면서 초우량 지역은행의 실현을 목전에 둔 오늘, 과거의 작은 성공에만 안주하고 내일을 준비하지 않는다면 우리의 미래는 결코 없을 것입니다.

'창업보다 수성(守成)이 어렵다.'고들 합니다. 우리 모두 힘을 하나로 모아 새롭게 시작하는 기분으로 다시 한 번 열심히 뜁시다.

2007년 3월 14일

잘나갈 때 미리 대비해야

저는 최근 미국 출장 때 댈러스에 있는 텍사스 주립대학을 방문했습니다. 그리고 주정부, 학계, 업계, 연구소가 하나가 되어 미래의 성장 동력인 블루오션을 찾기 위해 정신없이 움직이는 모습을 보고 놀라지 않을 수 없었습니다. 왜냐하면 텍사스 주는 미국에서 정제되는 석유의 25퍼센트를 생산하여 재정 상태가 아주 양호하고 현재 IT 산업도 크게 성장하고 있지만, 농업 → 석유산업 → 정보통신산업으로 이어지는 패러다임에서 다음의 주력산업이 될 블루오션을 분주히 찾고 있었기 때문입니다.

그래서 우리도 2~3년 뒤에 무엇을 먹고 살지 철저히 준비해야 한다고 절실히 느꼈습니다. 비록 우리 은행 영업이익은 창사 이래 최고를 기록하고, 주가는 9년 2개월 만에 12,000원을 돌파하는 등 눈부신 성장을 하고 있지만 해가 일몰 직전에 가장 붉듯이 실적이 가장 좋을 때에 나쁠 때를 대비해야 한다고 봅니다. 이러한 위기관리는 일류기업들의 공통점이기도 합니다.

세계적인 자동차 회사 도요타는 5년 연속 10조 원 이상의 이익을 낸 시점에서도 세계 자동차 업계의 경영환경이 악화되는 추세인 점을 감안해 위기의식을 불어넣었습니다. 중간 간부들의 해외 출장 때도 이코노미 석을 이용하게 하는 등 마른 수건을 짤 정도로 경비 절감을 외치고 있습니다.

미래는 준비하지 않는 사람에게는 위협이 되지만 철저한 준비를 통해 자신감을 가지고 도전하는 사람에게는 희망을 안겨 줄 것이다. 대구은행의 꿈과 비전을 향해, 힘찬 도약을 위해 마련된 미래 대응 태스크포스 팀 보고회

2004년 사상 최대의 순익을 기록하면서 소니를 추월하고 인텔마저도 위협할 정도였던 삼성도 잘나갈 때 구조조정을 해야 한다며 수익성 낮은 사업을 접고 성장성 높은 제품군 위주로 대대적인 구조조정을 추진한 바 있습니다.

　최근 우리를 둘러싼 금융환경은 씨티은행이나 HSBC와 같은 외국계 금융기관들이 공격적으로 영업을 하고 있고, 이에 뒤질세라 국내 금융기관들도 생존을 위한 치열한 경쟁을 벌이고 있습니다. 가계 부채 증가율이 국민소득 증가율을 상회하고 있어 가계의 재무 상태가 악화되고 은행의 이익 기반도 급속도로 약화되었습니다.

　이러한 시점에 핵심역량에 집중하고 비용을 절감하여 경영 합리화를 한층 강화하고 프로세스를 개선하는 등 전 직원들이 위기의식을 가지고 강도 높은 체질개선에 나서야 할 때라고 생각합니다. 이미 경쟁이 치열하여 레드오션으로 변해 버린 시장을 버리고 새로운 블루오션을 찾을 것이 아니라, 현재의 레드오션에서 싸워 이겨 이익을 내고 이를 축적하여 미래의 성장 동력인 블루오션을 찾는 데 전략의 초점을 맞추어야 한다고 봅니다. 본부 부서는 소속 부서나 해당 본부의 이익보다는 은행 전체의 이익을 우선 생각하고, 영업점은 편법을 통한 눈앞의 이익을 추구하기보다는 원칙을 우선시하는 자세를 가져야 하겠습니다. 직원 스스로가 '은행에 무엇을 요구하기에 앞서 은행의 발전을 위해 무엇을 할 것인가를 반문하는 자세'가 필요하다고 생각합니다.

　소를 잃기 전에 외양간을 미리 수리하는 유비무환의 자세로 위기 상황에 대비하고 노사가 서로의 역할을 존중하고 하나 된 마음으로 미래대응경영을 할 때, 불경기가 지속되고 경영위기가 오더라도 충분히 극복할 수 있는 자생력을 갖출 수 있을 것입니다.

만약 우리가 현재의 결과에만 안주하고 내일을 준비하지 않는다면 우리의 미래는 결코 밝을 수 없을 것입니다. 미래는 준비하지 않는 사람에게는 위협이 되지만 철저한 준비를 통해 자신감을 가지고 도전하는 사람에게는 희망을 안겨 줄 것입니다. 지금부터 다시 한 번 굳은 각오로 우리의 꿈과 비전을 향해, 힘찬 도약을 합시다.

2005년 9월 28일

IR와 'Good to Great.'

 돌이켜 보면 주가는 우리 대구은행이 겪어 온 도전과 변화, 성공과 시련의 극복, 그리고 앞날의 비전을 향해 묵묵히 추진하는 우리 노력의 결과를 반영하는 것이 아닌가 합니다. 여러분들도 기억하시겠지만 외환위기 전 우리 주가는 10,000원대 수준이었다가 외환위기를 겪으면서 1998년 9월에는 급기야 1,100원대까지 떨어진 적도 있었습니다.

 그때만 하더라도 역사와 전통이 깊은 시중은행들의 주식이 거의 대부분 휴지 조각이 된 상태였기 때문에, 지방은행이 살아남을 수 있을지에 대한 투자가들의 의구심은 컸습니다. 우리 은행의 주가가 조금만 오르면 모두들 현금화하기에 바빴고 주가는 1,000원대에 맴돌았습니다. 그래서 제가 이래서는 안 되겠다 싶어 2001년부터는 체계적으로 IR를 실시하였고 2002년 초에는 용감하게 홍콩과 싱가포르에 해외 IR를 나갔습니다. 당시에는 무모한 도전처럼 보였지만 결국은 이것이 적중했습니다. 그 당시 이머징 마켓(emerging market, 신흥경제시장)에서 한국시장의 주가수익률이 가장 높았기 때문에 외국 투자가들에게는 한국 물에 대한 자료와 정보가 절실할 때였습니다. 바로 그때 제가 논딜(Non-Deal) 로드쇼를 위해 그들 앞에 나타나자 대구은행 주식에 대한 관심은 대단했었습니다. 그해 5월 이후 한때 당행 주가는 액면가를 회복하였고 당시 만기가 도래한 전환사채(CB: Convertible Bond) 5,000만 달러가 주식으로 전환되면서 우리 대구은행의 자본이 충실해짐은 물론 손익도 크게 개선되었습니다.

이후 연평균 150회 이상의 IR를 실시하였고, 연 700~800명의 국내외 기관 투자가들을 만나 당행의 경영실적과 전망에 대해 설명하고 투자가들로부터 경영에 대한 조언을 구하기도 하였습니다. 즉 IR의 쌍방향 커뮤니케이션 기능에 역점을 두면서 이들의 조언을 경영에 꾸준히 반영해 왔습니다. 이처럼 저는 IR를 통해서 경영컨설팅을 지속적으로 받아 왔다고 생각합니다.

짐 콜린스의 『좋은 기업을 넘어 위대한 기업으로(Good to Great)』라는 책을 읽어보면 위대한 회사들의 주가는 시장 평균보다 적게는 몇 배에서 많게는 수십 배씩 수십 년 동안 지속하여 높게 상승하였습니다. 미국의 수만 개 회사들 중에 위대한 회사가 된 기업의 수는 웰스파고(Wells Fargo)은행을 포함해 고작 10여 곳에 불과합니다. 이들 위대한 회사들의 세 가지 공통점은 사람을

당행 영업부에서 주가 1만원 돌파를 기념하여 고객들과 함께한 축하행사

중시하고, 비즈니스의 핵심을 간단명료하게 꿰뚫어보고, 미래에 끝까지 살아남는다는 확신을 가진 것입니다.

첫째, 사람을 중시한다는 것은 인성이 바르고 능력 있는 인사를 적재적소에 배치한다는 점입니다. 처음부터 바른 사람(right people)을 기용하는 것이 중요하고 그른 사람(wrong people)을 기용해서 바른 행동(right behavior)을 유도하는 것은 바람직하지 않다는 뜻입니다.

둘째, 비즈니스의 핵심과 환경의 변화를 꿰뚫어보고 원칙을 중시한다는 점입니다. 즉 위대한 회사들은 모두 '여우형'이라기보다는 '고슴도치형'에 가까웠다는 것입니다. 여우와 고슴도치는 그

습성상 매일 비슷한 경로를 이동하는 관계로 자주 만나는데, 만날 때마다 여우는 상황을 살피면서 약삭빠르게 고슴도치를 공격하지만 고슴도치는 몸을 웅크리고는 "언제쯤 여우가 나를 이길 수 없다는 것을 알까?"라고 생각하면서 담담하게 방어하고는 또다시 묵묵히 제 할 일을 합니다.

마지막으로 미래에 끝까지 살아남을 것이라는 확신입니다. 베트남전에 참전했던 미국의 제임스 스톡데일 장군은 1965년부터 1973년까지 베트남에 전쟁 포로로 잡혀 인권을 유린당한 채 온갖 모진 고문을 당했지만 다른 포로들을 격려하면서 끝까지 버텨 냈던 인물입니다. 그는 힘든 고문을 당하면서도 끝까지 이겨 낼 것이라는 신념을 가지고 험악한 현실을 직시하였기 때문에 살아남을 수 있었습니다. 살아남지 못한 포로들은 현실을 직시하기는커녕 막연하게 성탄절까지는 풀려나겠지, 또는 부활절까지는 풀려나겠지 하면서 기다리다 그만 지쳐서 포기한 사람들이었습니다.

이상의 세 가지 공통점에서 볼 때, 우리 대구은행은 분명 좋은 (good) 은행에서 위대한(great) 은행의 대열에 합류할 수 있는 무한한 잠재력을 가지고 있습니다. 즉 주가로 말하자면 우리 대구은행 주가가 시장 평균의 몇 배 또는 수십 배씩 수십 년 이상 지속할 수 있는 잠재력을 가졌다고 할 수 있습니다. 실적과 IR는 주가를 올리는 수레의 양 바퀴에 해당됩니다. 기업가치의 바로미터인 주가는 전 직원의 노력의 결실인 실적과 미래의 비전, 또 이것을 외부에 확산시키는 커뮤니케이션 채널인 IR에 의해 결정된다고 봅니다. 이러한 의미에서 IR는 조직 구성원 모두의 몫이며 직원 모두가 IR의 담당자가 되어야 하겠습니다. 우리 모두 100년 이상 지속할 수 있는 위대한 은행을 만들어 나가도록 저와 함께 앞장서 나갑시다.

2005년 6월 20일

융합

지금의 메인 트렌드는 융합(convergence)이라 생각합니다. 융합은 산업, 문화, 사회, 개별 서비스나 상품 등 다방면에 걸쳐 일어나고 있습니다. 지금은 그야말로 고객의 시대로서 고객의 요구가 융합 현상을 불러일으키고 있습니다. 소비자가 원하는 것을 어떻게 빨리 전달하는가가 기업의 승패를 좌우한다고 하겠습니다.

휴대폰에는 카메라, 인터넷, MP3 같은 다양한 기능이 내재되고 있고, 옛날에는 상상도 할 수 없었던 팝과 오페라가 같은 무대에서 만나는 팝페라처럼 예술의 장르를 자유롭게 넘나드는 '크로스오버', 평지에서는 건전지로 움직이고 고속도로나 언덕에서는 휘발유로 달리는 '하이브리드 자동차', 금융과 IT가 결합되는 '모바일뱅킹', 유럽식 사우나 문화와 우리의 전통 온돌이 융합된 '찜질방', 나노 기술(NT)과 바이오 기술(BT)이 융합한 '나노 바이오 기술'등이 바로 융합의 표본들입니다. 그리고 동서 음식의 퓨전화와 우리의 비빔밥도 융합 음식의 대표적인 사례라고 하겠습니다.

초고속 인터넷을 텔레비전에 연결(융합)해 최신 영화, 드라마, 교육용 프로그램 등을 원하는 때에 골라 보는 IPTV는 방송과 통신의 성공적인 융합 사례입니다.

제가 지난번 일본을 방문해서 보니 로손, 세븐일레븐, am/pm 같은 편의점에 CD, ATM기가 설치되어 있고, 심지어 보험과 여행 상품까지 판매하는 은행과 편의점이 융합한 '편의점 은행'이 성업하고 있었습니다. 그리고 세계 최대 규모의 특송 회사인 페덱스와 24시간 원스톱으로 사무기기를 제공하는 킨코스가 융합한 '페덱스 킨코스'가 사무기기 이용과 특송 업무를 한자리에서 처리하고 있었습니다.

이러한 융합화 현상은 국내 금융산업에서도 마찬가지로 일어나고 있습니다. 보험과 증권 업무가 은행 창구에서 취급되며, 은행은 그들의 채널과 네트워크를 통해서 타 금융사의 상품을 파는 비중이 점점 높아지고 있습니다. 이처럼 은행이 점차 '유통 회사화' 되고 있습니다. 이는 고객들이 원스톱 서비스와 복합상품을 원하고 있기 때문입니다.

고객들의 다양한 요구에 부응하기 위해 융합 현상이 가속화되고 있지만, 융합을 통해서 새로운 상품이 만들어지고 더 많은 생산성과 부가가치를 창출해 내고 있습니다. 다양하고 우수한 상품을 고객들에게 공급하고 규모의 열세를 극복하기 위해서는, 금융사와의 제휴뿐만 아니라 타 산업과의 제휴까지도 적극적으로 검토하고 시행할 필요가 있다고 봅니다. 앞으로 우리가 제휴를 어떻게 해나가느냐 하는 것도 우리 은행 발전에 대단히 중요한 요소라고 생각합니다.

최근 우리에게 요구되고 있는 시너지 영업도 결국 융합 문제입니다. 시너지 영업을 극대화시키기 위해서는 각 사업본부 간, 개인지점장과 기업지점장 간, RM과 FA(Financial Advisor) 간의 협력(융합)이 절대적으로 필요하다 하겠습니다.

핵융합이 되면서 엄청난 양의 에너지가 방출되는 것처럼 융합은 1+1=2가 아니라 3도 될 수 있고 30도 될 수 있습니다. 서로 다

산업, 문화, 사회, 개별 서비스나 상품 등 다방면에 걸쳐 일어나고 있는 융합 현상은 고객의 다양한 요구에 부응하기 위해 더욱 가속화되고 있다. 이에 따라 금융회사뿐 아니라 타 산업과의 제휴까지도 촉발하고 있다. 동아백화점과 대구은행의 전략적 제휴협약 조인식 모습

른 생각이나 지식이 만나는 교차점에서 창조와 혁신의 대폭발이 일어나듯이 융합과 실행으로 창조적인 대구은행의 새 지평을 열어 갑시다. 혼자 꾸는 꿈은 꿈으로 끝나지만, 우리 직원 모두가 함께 꾸는 꿈(융합)은 현실이 됩니다.

2006년 10월 11일

외국어 조기교육

스위스 국제경영개발원(IMD: International Institute for Management Develpment)의 '2007년도 국가 경쟁력 상위 10개국' 중 8개국이 강소국들입니다. 싱가포르와 홍콩에 이어 룩셈부르크, 덴마크, 스위스, 네덜란드, 스웨덴 등이 그 뒤를 잇고 있습니다. 행복이 성적순이 아니듯이 국가 경쟁력도 결코 덩치 순이 아니라는 것을 보여주고 있습니다.

국가 경쟁력을 결정짓는 데는 여러 요소가 구비되어야 합니다. 우수한 인적자원, 규제 완화, 개방성, 작은 정부, 유연한 노사 관계 등이 아주 중요한 요소입니다. 요즘 같은 글로벌 경제 시대, 지구촌 시대의 국가 경쟁력은 단연코 국민들의 외국어 능력이며, 이는 국가 경쟁력의 가장 큰 성공 요소라 하겠습니다.

싱가포르와 홍콩이 세계적인 물류와 금융허브 역할을 하고 국

치열한 글로벌 경쟁시대에 외국어 능력은 개인과 국가의 성장 엔진이라고 할 수 있다. 국제화 마인드와 해외연수 등을 강조해온 대구은행이 본점 강당에서 학생들을 대상으로 가진 캐나다 유학 설명회

가 경쟁력이 늘 앞자리에 위치하는 데는 비즈니스와 금융 부문의 세계 공용어인 영어가 자유롭게 통하고 영어에 능통한 전문인력이 많기 때문이라고 할 수 있습니다.

유럽연합 집행위원회가 조사한 바에 따르면 모국어 외에 하나 이상의 외국어를 구사할 줄 아는 국민의 비율이 룩셈부르크가 99퍼센트, 네덜란드 91퍼센트, 덴마크 88퍼센트, 스웨덴 88퍼센트라고 합니다. 이들 강소국들은 유럽 평균 비율 50퍼센트를 크게 웃돌고 있습니다.

경제의 대외의존도가 70퍼센트를 웃돌고 있고, FTA 체결로 국경 없는 무한경쟁의 길로 들어선 우리나라가 선진국과 개도국의 틈바구니에서 살아남기 위해서는 외국어 경쟁력을 키우지 않으면 안 될 것입니다. 국제 금융거래의 공용어는 바로 영어입니다. 뉴욕, 런던, 홍콩, 싱가포르가 금융허브로 발전한 데는 그 바탕에 영어를 구사하는 인적 인프라가 잘 구축되어 있기 때문입니다. 동북아 금융허브를 추구하고 있는 우리나라가 가장 우선적으로 갖추어야 할 요소 중 하나가 바로 영어에 능통한 금융 전문인력의 확보라 하겠습니다.

우리나라의 외국어 사교육 열풍은 대단합니다. 어학연수를 포함한 해외 유학생 수는 인구 비례는 물론이고 절대 인원 수에서도 세계 1, 2위를 다투고 있습니다. 어머니 손에 이끌려 조기유학을 떠나는 어린아이부터 대학생의 해외 어학연수까지 해외 유학 열풍은 이제 우리 사회에서 아주 보편화된 것입니다. 이러한 현상이 장차 우리나라의 경쟁력에 큰 기여를 할 것임에는 틀림없지만 국부 유출과 사회적 비용이 너무 큽니다.

이를 바로잡기 위해서는 공교육 시스템이 정상화되어야 한다고 봅니다. 공교육이 제대로 기능을 발휘하지 못하니까 교육열 높은 우리 부모들이 막대한 비용과 기러기 아빠가 되는 일까지 감수하면서 아이들을 해외로 보내고 있는 것입니다. 그렇다고 사교육에 앞장서는 학부모들의 행위를 마냥 탓할 수만은 없다고 봅니다. 이제는 초등학교 때부터 외국어 조기교육을 조속히 시행해야 한다고 생각합니다.

언어학자들의 연구에 따르면 인간의 뇌 속에 있는 언어습득장치(LAD: Language Acquisition Device)는 14세까지 가장 왕성하게 활동하고 그 이후는 점차 쇠퇴한다고 합니다. LAD가 활발하게 작동되는 시기에는 몇 개의 언어라도 모국어처럼 배울 수 있다고 합니다. 아이들에게 이 마법과도 같은 언어 습득 능력을 살려 주는 일은 부모보다 국가가 시스템적으로 해결해 주어야 한다고 봅니다. 외국어 조기교육이 그 지름길입니다.

우리나라 영어 교육은 십수 년을 공부하고도 외국인과 제대로 의사소통도 하지 못하는 학생들을 양산하는 비효율의 극치를 보여 주고 있습니다. 나라 안팎에서 지출하는 영어 사교육비가 15조 원에 육박하고 있는데 그에 비해 세계 토플 성적 순위는 148개 중 103위에 머물러 있다고 합니다. 이것은 우리의 교육 방식에도 문제가 있지만 외국어 조기교육을 실시하지 않고 있는 공교육에도 큰 문제가 있다고 봅니다.

외국어, 특히 영어가 개인과 국가의 경쟁력인 만큼 영어 조기교육 방안을 하루빨리 마련하고 다양한 프로그램을 통해 영어에 노출되는 환경을 제도적으로 마련해야 할 것입니다. 개방화, 세계화가 성장의 엔진 역할을 해야 할 우리에게 외국어야말로 치열한 글로벌 경쟁에 맞서기 위한 강력한 무기이자 인프라이기 때문입니다.

2007년 9월 19일

경북 제1의 도시 포항에서 가진 부점장 회의

　얼마 전에 지식정보화사회의 메카인 포항공대에서 신 경영이념 선포 및 제2차 부점장 회의가 있었습니다. 새벽 5시 30분, 차를 타고 포항을 향해 가면서 포항이 이렇게 가까워졌구나 하는 놀라움을 느꼈습니다. 세상은 우리가 미처 느끼지 못하는 사이에 빠르게 변하고 있습니다. 우리 앞에 놓인 금융환경 변화는 더욱 그러한 것 같습니다. 저는 이날 포항에서 새로운 경영이념과 비전을 선포했습니다. 여기에는 우리 대구은행을 꿈과 희망을 주는 조직으로, 그리고 우리의 꿈과 희망을 지역사회와 함께 공유하는 조직으로 만들고자 하는 저의 경영 철학이 담겨 있습니다. 저는 창립 이래 처음으로 포항에서 부점장 회의를 개최했습니다. 여기에는 두 가지 의미가 있습니다.

　첫째는 신 경영이념 및 비전 선포로 방향을 제시하고, 둘째는 경북을 우리가 나아갈 신 성장기반으로 하겠다는 의지의 표현이었습니다. 우리가 설정한 경북지역 영업 활성화는 대구은행 미래 성장엔진입니다. 대구지역에서 우리 은행의 수신 점유율은 42퍼센트 수준으로, 지속적인 성장에는 한계가 있다고 봅니다. 그래서 현재는 시장점유율이 20퍼센트 미만이나 향후 성장이 크게 기대되는 경북지역에 눈을 돌려야 합니다. 구미와 포항의 경제 상황을 보십시오. 구미는 IT 복합 도시로 2004년 한 해 동안 273억 달러를 수출했고, 포항은 단군 이래 최대의 호황을 누린 철강 도시입니다. 우리는 이렇게 호황을 누리고 있는 양대 도시에서 영업을 얼마나 열심히 했는지 반성해야 합니다. 구미는 삼성, LG가, 포항은 포스코가 주류를 이루는 기업입니다.

우리도 이러한 주류를 이루는 기업들과 거래를 하도록 노력해야 합니다. 메인 스트림에 동참하지 못하는 기업들과만 거래한다면 우리도 주류가 되지 못하고 말 것입니다. 뜻이 있는 곳에 길이 있다(Where there is a will, there is a way.)는 말이 있습니다. 아무리 어렵고 힘들어도 하고자 하는 의지만 있다면 못할 것도 없다고 봅니다. 저는 여러분들의 능력과 자질을 믿습니다.

부점장 회의가 끝난 다음 참가자 전원이 포항공대 구내식당에서 식사를 하고, 식사 후에는 버스로 우리나라 철강산업의 심장인 포스코를 방문하기도 했습니다. 그리고 포항 시내 전역에서 꽃씨를 나눠 주며 아름다운 포항 가꾸기 행사를 가졌고, 죽도시장을 방문하여 지역 특산물을 구매하고 북부 해수욕장 인근에서 쓰레

포항공대에서 가진 신 경영이념 선포 및 제2차 부점장 회의. 대구은행의 꿈과 희망을 대구뿐만 아니라 경북의 지역사회와도 함께 공유하는 조직으로 만들겠다는 경영 철학과 의지를 선포한 행사였다.

기를 수거하는 등 봉사활동을 펼치기도 했습니다. 이번 행사는 우리 모두 은행의 미래에 대한 비전을 함께 공유하고 지역 사랑을 몸으로 실천하는 좋은 기회였다고 생각합니다.

우리를 둘러싼 금융환경이 아무리 치열하고 힘들어도 전 직원이 힘을 합쳐 나간다면 그 어떤 어려움도 충분히 극복할 수 있을 것이라고 생각합니다. 저를 믿고 따라와 주십시오. 우리 함께 꿈과 풍요로움이 있는 희망찬 은행을 만듭시다. 그리고 서로 협력하고 선의의 경쟁을 하는 가운데 훈훈한 정이 흐르는 열린 기업문화를 만들도록 다 함께 노력합시다.

2005년 4월 25일

IR 대상을 수상하고

'한경 IR 대상'은 삼성전자, 포스코 등 국내 굴지의 대기업들이 수상해 온 국내 최고 권위의 상(賞)입니다. 이런 큰 상을 저희 대구은행이 국내 유수 기업을 제치고 KT와 공동으로 수상하게 되었습니다. 명실 공히 IR에 있어서는 국내 최고임을 인정받은 쾌거이며 이에 대해 큰 긍지와 보람을 느낍니다. 현재 국내 상장기업 수가 698개 사 정도입니다만 시가총액으로 전체 60위권인 대구은행이 대한민국에서 IR를 제일 잘하는 기업으로 선정된 것은 참으로 대단한 일이 아닐 수 없습니다. 이번 수상은 우리 직원이 모두 IR 담당자라는 생각을 가지고 열심히 노력한 덕분이라 여기며 직원 여러분께 감사의 말씀을 드립니다.

우리 은행의 IR 활동에 대해 'CEO 레터'를 통해 몇 차례 말씀드린 바 있습니다만 참 성실하게 최선을 다해 왔습니다. 은행의 적

제7회 한경 IR 대상을 수상하고. IR 분야에서 삼성전자, 포스코 등 국내 굴지의 대기업들이 수상해 온 국내 최고 권위의 상(賞)을 받은 것은 직원중시경영과 고객만족경영에 있어 최고임을 인정받은 쾌거였다.

정한 가치를 시장에서 인정받겠다는 인식에서 IR를 시작하여 CFO로서 국내외 투자자 및 증권사와의 면담, 투자 컨퍼런스, 기업 설명회 등을 통해 우리 은행의 진정한 가치를 알리기 위해 노력해 왔으며 은행장이 된 후에도 IR에 대한 생각은 마찬가지입니다. 저는 앞으로도 정기적으로 투자자들을 만나서 의견을 교환하고 좋은 아이디어는 경영에 적극 반영할 계획입니다.

저는 취임 후 직원중시경영을 출발점으로 쌍방향 커뮤니케이션을 활성화하여 열린 경영을 실현하고자 노력하고 있습니다. 직원을 진정한 파트너로 인정하고 성과에 따른 적정한 보상과 글로벌 인재로의 육성을 통해 조직의 시너지를 극대화하는 것만이 결국 고객만족과 주주가치경영을 실천하는 길이라고 믿고 있습니다. 얼마 전 '한국을 빛낸 CEO 상'을 수상한 데 이은 '한경 IR 대상' 수상은 저희 은행의 위상이 높아진 만큼 무거운 책임감도 동시에 느끼게 합니다. 앞으로도 직원중시경영을 통한 고객만족과 주주가치 향상을 위해 더욱 노력할 생각입니다. 이러한 경영 철학과 밤낮없이 애쓰는 직원 여러분의 땀과 정열이 힘을 합친다면 지역점유율 50퍼센트의 세계 초우량 지역은행의 비전은 반드시 이루어질 것이라 확신합니다.

2005년 11월 16일

사이버세상 속의 블루오션

정보통신기술의 발달과 인터넷의 확산으로 사회 모든 분야에서 사이버세상이 펼쳐지고 있습니다. 학교에 가지 않고서도 언제 어디서나 컴퓨터로 공부할 수 있는 사이버대학이 설립, 운영되고 사이버 공간상의 전자상거래 시장이 급성장하고 있습니다. 기업들은 B2B를 통해 물건을 구입하고 자금을 결제하고 있으며, 보험 가입과 증권 거래도 인터넷으로 처리하는 비중이 대폭 증가하고 있습니다.

이러한 흐름은 은행산업에서도 예외가 아닙니다. 전 세계적으로 e뱅킹(e-banking)이 급속히 확대되고 있는 가운데, 당행의 e뱅킹 처리율은 88퍼센트로서 은행권에서 가장 높습니다. 거래 건수 기준이긴 하지만 창구 처리율은 12퍼센트에 불과한 실정입니다. 당행의 극심한 창구 혼잡도를 줄이기 위해서라도 우리는 e뱅킹

정보통신기술의 발달과 인터넷의 확산으로 인한 가상의 공간 사이버 세상에서 은행들은 우량고객 유치와 안정적인 수수료 수입 확보를 위해 e뱅킹의 중요성을 인식하고 은행 업무의 상당 부분을 인터넷상으로 옮기고 있다. 사이버독도지점 개점을 위해 독도로 가는 중 선상에서 찍은 독도 모습

취급율을 더욱 높여 나가야 할 것입니다. 아마 e뱅킹으로 업무를 처리하지 않는다면 현재 인원의 열 배, 스무 배가 되어도 오늘날의 다양하고 복잡한 은행 업무를 감당할 수 없을 것입니다.

 은행들은 이러한 e뱅킹의 중요성을 인식하고 은행 업무의 상당 부분을 인터넷으로 옮겨 가고 있으며, 보이지 않는 가상의 공간(cyber space)에서 치열한 경쟁을 하고 있습니다. 우량고객 유치와 안정적인 수수료 수입 확보를 위해 다양한 B2B거래를 개발하고, CMS(Cash Management Service)를 통한 차별화된 고객 서비스를 제공하고 있습니다. e뱅킹에서 앞서지 못하면 결코 우량 은행이 될 수 없는 세상이 되었습니다.

그동안 우리 대구은행은 e뱅킹 부문에서 어느 은행 못지않은 발전을 해왔습니다. 특히 은행권에서는 유일하게 사이버독도지점을 개설하여 운영해 오고 있습니다. 사이버독도지점은 거래 고객이 16만여 명, 예금이 1,000억 원을 넘어 중견 오프라인 지점보다 규모나 수익이 더 큽니다. 또한 우리가 사이버독도지점의 운영 시스템과 방법에 대해 비즈니스 모델 특허를 획득하였으므로 타 은행이 쉽게 모방할 수 없게 되어 있습니다.

현재 사이버독도지점을 허브 점포로 하여 방폐장이 들어설 경주와 25개의 공기업 이전이 확정된 혁신도시 김천과 대구 신서동에도 사이버지점을 개설하는 것을 검토하고 있습니다. 앞으로 수도권에서 이전해 올 업체들의 사전 거래 유치는 시공을 초월한 사이버지점을 통하는 것이 가장 좋은 방법이라고 생각합니다.

이와 같이 인터넷 시대를 맞이하여 우리 은행의 블루오션인 e뱅킹과 사이버지점을 지속적으로 개발하고 향후 인터넷은행으로까지 성장, 발전시킨다면 당행은 다가오는 유비쿼터스 시대에 사이버 부문에서 최강자가 되어 우리의 꿈인 '세계적인 초우량 지역은행'으로 성장하는 기반을 더욱 튼튼히 할 수 있을 것이라 확신합니다.

2006년 2월 16일

감사와 축제의 장이 된 주주총회

2006년 3월 10일 본점 강당에서 제49회 정기주주총회가 개최되었습니다. 지방은행 최초로 총자산 20조 원 달성과 함께 창립 이래 최고의 당기순이익을 내고, 그 어느 때보다 주주가치경영을 잘 실현한 금번 주주총회는 뭔가 달라도 확실히 달라야 한다고 생각해 왔습니다. 그래서 여느 주주총회처럼 주주와 경영진이 마치 대립하는 듯한 모습의 딱딱한 주주총회보다는 하나의 축제의 장이 되게끔 준비하였습니다. 마치 한편의 축제 드라마와 같았던 이번 주주총회의 경과를 전 직원들이 생생하게 느낄 수 있도록 시간대 별로 소개해 드리겠습니다.

오전 9시 주주총회가 열릴 1층 로비에 환영 현수막이 여러 개 걸리고, 빨간색 카펫이 깔린 꽃길이 주주총회장으로 연결되어 있었습니다. 안내 도우미와 접수대 직원들이 자기가 맡은 역할을 다하기 위해 분주했습니다. 지하 로비에서는 각종 음료와 다과를 차려 놓은 테이블 옆으로 현악 사중주단이 한창 리허설 중이었습니다. 지하 강당 주주총회장에는 주주들이 앉을 책상 위에 다과 접시가 미리 마련되었고, 어제 조율을 마친 그랜드 피아노가 무대 위에서 연주를 기다리고 있었습니다. 얼마 전에 헌액한 역대 행장님들의 초상화는 마치 오늘의 주주총회를 참관이라도 하듯 이 모습을 지켜보고 있었습니다.

오전 9시 30분쯤 되자 주주들이 입장하기 시작했습니다. 종전에는 주주총회장에 입장하는 주주들을 맞이하기 위해 은행 로비에서 부서장들이 도열하였는데, 이는 주주들에게 부담을 줄 수 있다고 생각되어 대신 경쾌한 느낌의 현악 사중주 실내악 연주로 이들을 맞이했습니다. 임원들은 지하 로비에서 도착하는 주주들을 영접했으며, 10시쯤 주주들이 지하 강당을 가득 메웠습니다.

주주총회는 음악회로 시작되었습니다. 소프라노 이정아 교수와 테너 박종선 교수가 김종환의 「사랑을 위하여」와 뮤지컬 '웨스트 사이드 스토리(Westside story)'의 「투나잇(Tonight)」은 중창으로, 사이먼 앤드 가펑클(Simon & Garfunkel)의 「브리지 오버 트러블드 워터(Bridge over troubled water)」와 뮤지컬 '마이 페어 레이디(My fair lady)'의 「아이 쿠드 해브 댄스드 올 나잇(I could have danced all night)」은 독창으로 불렀습니다. 주주들은 노래에 매료되어 열광하는 빛이 역력했습니다. 많은 카메라 기자들이 노래 장면을 스케치하느라 분주히 움직였습니다.

10시 15분 사회자가 개회 선언을 한 후 출석 주식수를 보고했습니다. 이어서 의장인 제가 총회 성립 요건이 구비되었음을 보고하고, "1년에 한 번 저의 은행에 찾아오시는 주주님들을 보다 즐겁고 따뜻하게 맞이해 드려야겠다는 생각에서 이번 주주총회를 축제의 분위기로 바꾸었다."는 말을 서두로 해서 간단하게 인사말을 했습니다.

　10시 30분부터는 연간 경영성과를 주주들에게 보고하는 영업 보고가 이어졌습니다. 통상적으로 서면으로 설명하던 영업 보고를 프레젠테이션 자료를 활용하여 설명했습니다. 즉 IR식 주주총회였습니다. 강당의 불이 꺼지고 파워포인트로 지난해 영업 실적과 앞으로의 계획과 비전에 대해 설명을 하니 주주들이 지금까지 느껴 보지 못한 색다른 감동을 느끼는 것 같았습니다.

　10시 45분부터는 모두 다섯 개의 의안을 상정하고 토론했습니다.

　먼저 제1호 안은 2005(제49기)년도 대차대조표, 손익계산서 및 이익잉여금처분계산서 승인의 건이었습니다. 그런데 1번 의안 심의 중에 주주 한 분이 배당이 너무 낮다면서 고함을 지르고 소란을 피웠습니다. 의장인 제가 "의안과 관계없는 내용으로 의사 진행을 방해할 경우 의장 직권으로 퇴장시킬 수 있다."는 경고를 하자 이내 조용해졌습니다.

　이어서 제2호 의안(이사 선임의 건), 제3호 의안(감사 위원회 위원이 되는 사외이사 선임의 건), 제4호 의안(주식 매수 선택권 부여의 건)

과 제5호 의안(임원 보수 한도 승인의 건) 심의가 순조롭게 끝났습니다. 심의가 끝나고 이어서 기타 질의 시간이 되었습니다. 저는 1번 의안 심의 중 소란을 피웠던 주주에게 제일 먼저 질문의 기회를 주었습니다. 그 주주의 질문 요지는 사상 최대의 이익을 달성했다는데 배당이 너무 낮다는 것이었습니다.

저는 다음과 같이 답변했습니다.

"이번 배당은 주당 400원으로 지난해 주당 275원에 비해 무려 45.5퍼센트나 더 많이 했다. 배당 성향도 30.15퍼센트로 금융권 평균 17.30퍼센트에 비해 높아, 낮은 배당이 아니라고 생각한다. 주주가치경영도 타 금융기관 대비 비교적 잘해 왔다고 본다. 주주가치경영이란 첫째는 경영을 잘해서 주가가 상승토록 하는 것이다. 지난해 당행 주가는 113퍼센트나 올랐기 때문에 주주님들께서는 배당소득 외에 자본소득도 컸다고 생각한다. 둘째는 적정배당을 실시하는 것이다. 배당은 무작정 많이 하는 것보다 적정배당을 하고 내부유보를 통해 미래의 안정적 성장을 준비하는 것이 바람직하다고 생각한다. 셋째는 투명경영정보를 지속적이고 신속하게 주주들에게 보고하는 것이다. 즉 IR를 적극적으로 하는 것이라고 생각한다. 따라서 당행은 지난해 적정배당과 주주가치경영을 잘했다고 IR 대상까지 받았다."

11시 24분에는 두 번째 질문이 이어졌습니다. '직원중시경영의 실체와 방법을 구체적으로 설명해 달라.'는 내용이었습니다.

저는 이렇게 답변했습니다.

"직원중시경영이란 첫째는 열심히 노력한 직원들에게 보상하는 것이다. 보상은 금전뿐만 아니라 인사, 복지, 후생, 표창 등을 포함한다. 그리고 직원들을 시스템적으로 어학 교육 및 직원 연수를 시키고 꾸준히 자기계발을 해나갈 수 있도록 하는 것이다. 마지막으로 제일 중요한 것은 직원들을 파트너로 인정하는 것이다. 단점을 나무라기보다 장점을 칭찬해 주고 동기를 부여하고 열심히 일할 수 있도록 도와주는 것이다. 이를 위해 직원들과 많은 대화를 하고 CEO 레터를 보내고, 톱 라인을 개설 운용하고 있으며, 기회 있을 때마다 지점을 순회 방문하고 있다. 편경영을 통해 직원들이 신나게 일할 수 있는 직장 분위기를 만들어 나가겠다. 행장으로서 권위를 앞세워 직원 위에 군림하기보다는 비전을 제시하고 직원들이 목표를 향해 나아갈 수 있도록 뒤에서 밀어 주고 봉사하는 '서번트 리더'로서의 행장이 되려고 한다."

세 번째 질문은 "외국인 사외이사를 새로 선임했는데 KT&G처럼 외국인 대주주들의 요구에 의한 것인가?"라는 내용이었습니다.

저의 답변은, "앨런 팀블릭 사외이사는 영국 옥스퍼드 대학을 졸업하고 바클레이스은행 서울지점장과 마스터카드 한국지사장으로 오랫동안 근무한 바 있으며, 주한 영국상공회의소 회장, KOTRA의 '인베스트 코리아' 단장을 역임하는 등 글로벌 금융 및 해외 투자 유치에 해박한 지식과 풍부한 경험을 가진 분이다. 이번에 앨런 팀블릭을 사외이사로 선임한 이유는 글로벌 경쟁 시대에 이런 훌륭한 분으로부터 경영 자문도 받고 직원들의 국제적 감

지방은행 최초로 총자산 20조 원 달성과 함께 창립 이래 최고의 당기순이익을 낸 성과를 보고한 제49기 정기 주주총회. 주주와 경영진의 대립이 아닌 음악이 어우러진 하나의 축제의 장으로 기록되었다.

각도 키우기 위해서다. 현재 당행의 외국인 지분이 60퍼센트나 되기 때문에 이런 분이 사외이사로 영입되면 당행 경영이 더욱 투명해지고 선진화되는 계기가 될 것이라 생각한다."

어느덧 기타 질의 시간도 지나고 폐회에 이르렀습니다. 폐회를 선언하자 주주들이 뜨거운 박수를 보냈습니다. 카메라 기자들이 저와 인터뷰하기 위해 모여들었습니다. 많은 주주들도 지난 1년간 경영을 잘해 주어 고맙다는 말과 주주총회가 아주 훌륭했다면서 칭찬을 아끼지 않았고, 주주총회장을 떠나는 것을 못내 아쉬워했습니다. 강당 로비에 걸려 있는 대형 그림 앞에서 임원들의 기념 촬영을 끝으로 제49기 정기주주총회는 대단원의 막을 내렸습니다.

주주총회 후 각계각층의 반응은 뜨거웠습니다.

"대구은행, 축제 같은 주주총회 눈길을 끌었다."

"창과 방패의 대립이 아닌 부드러운 만남의 장이었다."

"대구은행 주주총회, 시작 전에 경쾌한 느낌의 현악 사중주 실내악 연주에 이어 소프라노와 테너의 공연을 여는 등 단합과 축제 분위기였다."

"지방은행 최초로 외국인 사외이사를 선임하여 경영의 투명성을 높이고, 글로벌 스탠더드에 맞는 경영 선진화에 대한 필요성과 자신감을 반영했다."

"축제 분위기 같은 대구은행 주주총회 문화를 우리 지역은 물론 전국적으로 확대시켜 나가야 한다."

축제 같은 주주총회에 대해서 하나같이 언론과 지역민들의 찬사가 쏟아졌습니다.

이번 주주총회가 앞으로 우리 대구은행의 새로운 주주총회 문화를 정착시키는 계기가 되기를 바랍니다.

2006년 3월 15일

지식경영시스템
'스카이'

지식정보화 사회가 우리 앞에 펼쳐지고 있습니다. 새롭게 열리는 고도의 지식정보화 사회에서는 자본이나 노동력보다는 정보와 지식이 기업의 가치와 경쟁력을 높이는 무형의 자산이 될 것이 분명합니다.

OECD는 지식기반경제를 '지식과 정보의 창출, 확산, 활용이 모든 경제 활동의 핵심이 될 뿐 아니라, 국가의 부가가치 창출과 기업과 개인의 경쟁력의 원천이 되는 경제'라고 정의하였습니다. 특히 우리가 속해 있는 은행을 비롯한 금융산업은 앞으로 가장 대표적인 고부가가치의 지식기반산업으로 발전해 나갈 것으로 전망됩니다.

이러한 지식정보화 시대에 기업이 경쟁력을 가지고 지속적인 성장, 발전을 이룩하기 위해서는 기업 안팎의 정보와 지식을 효과적으로 수집, 가공, 축적, 공유하여 이를 생산성 증대와 부가가치 창출에 활용할 수 있어야 합니다. 오늘날 컴퓨터와 인터넷 등 정보통신기술의 눈부신 발달은 이러한 기업들의 정보 공유 필요를 물리적, 기술적으로 뒷받침하게 되었습니다.

국내외 우량 기업들은 방법이나 정도의 차이는 있지만, 모두가 지식경영을 도입하고 이를 기업 성장의 지렛대로 적극 활용하고 있습니다. 그리하여 우리 대구은행은 이번에 지식경영시스템 '스카이(SKY: Sharing Knowledge for You)'를 구축, 오픈하였습니다.

지식경영시스템 스카이는 그 이름에서도 알 수 있듯, 직원 개개인과 각 조직이 보유하고 있는 노하우와 지식을 함께 나누는 구심체가 되어야 할 것입니다. 지식경영시스템이 구축되기 전에는 흔히들 정보와 지식이 직원들의 머릿속에 42퍼센트, 각자의 퍼스널 컴퓨터에 32퍼센트, 보고서 등 자료에 26퍼센트가 들어 있다고

유용하고 다양한 정보와 지식을 체계적으로 수집, 가공, 축적, 공유토록 함으로써 고객만족도와 은행의 생산성을 높이고, 새로운 부가가치를 창출하기 위해 도입한 지식경영시스템 '스카이'

합니다. 직원의 머릿속에 있는 지식은 그 사람이 떠나면 이내 사라지고, 축적되지 않은 정보는 곧장 날아가 버리며, 공유되지 않은 지식은 아무런 가치가 없습니다.

따라서 지식경영시스템 스카이는 유용하고 다양한 정보와 지식을 체계적으로 수집, 가공, 축적, 공유토록 함으로써 고객만족도와 은행의 생산성을 높임은 물론, 새로운 부가가치를 창출할 수 있는 가치혁신의 장이 될 수도 있을 것입니다.

궁금한 점이 있을 때 지식 전문가나 동료 직원에게 도움을 청하고, 이와 반대로 도움을 필요로 하는 동료 직원에게 자신이 가진 정보와 지식을 제공함으로써 쌍방향 커뮤니케이션을 통한 열린 문화의 정착에도 기여하게 될 것입니다.

그러나 아무리 우수하고 좋은 시스템을 갖추고 있더라도 직원들이 함께 참여하고 활용하지 않으면 무용지물이 되고 맙니다. 직원 모두가 지식경영시스템 스카이를 통해 자신이 보유하고 있는 정보와 지식을 기꺼이 제공하고 필요한 정보와 지식을 얻으려고 애쓸 때, 직원 개인의 자기 발전은 말할 것도 없고 은행의 경쟁력과 경영 효율성을 더욱 높일 수 있을 것입니다.

지식경영시스템 스카이가 '세계적인 초우량 지역은행'의 꿈을 앞당기기 위해 함께 뛰는 우리 대구은행 가족들에게 든든한 길잡이가 될 수 있기를 바라면서, 임직원 여러분의 적극적인 참여와 활용을 당부합니다.

2006년 8월 2일

미래는 준비하는 자에게

얼마 전 우리 대구은행도 3일간 을지훈련을 실시했습니다. 예년과 마찬가지로 아침 6시에 비상 발령되어 전 직원이 비상소집에 참가하였습니다.

혹시 여러분 중에도 을지훈련을 아침 일찍 출근해야 하는 피곤하고 번거로운 일쯤으로 여기는 분이 있지 않을까 걱정해 봅니다. 실제로 모 단체에서는 전쟁준비 행위인 을지훈련을 왜 해야 하느냐며 반대 성명까지 냈으니, 아연하지 않을 수 없습니다. 우리는 56년 전 동족상잔의 참혹한 전쟁을 치르고 지금까지 남북이 무력 대치하고 있는 세계 유일의 분단국가입니다. 불과 얼마 전 전 세계가 반대하는 데도 불구하고 여러 발의 미사일을 발사하여 무력을 과시하고 있는 북한과 우리는 대치하고 있습니다.

이런 현실을 직시한다면 을지훈련의 중요성은 아무리 강조해도

위기의 순간을 대비하여 시스템적으로 대응 극복할 수 있는 능력을 키우기 위해 실시하는 을지 연습 훈련

지나치지 않다고 봅니다. 오늘날 우리가 전쟁의 공포에서 어느 정도 벗어나고 북한을 끌어안을 수 있게 된 데는 그동안 우리가 쌓아 온 튼튼한 국력과 국가 안보가 뒷받침되었기 때문이라고 생각합니다.

비상소집 후 안보 강연을 해주신 북한 문제 전문가 고유환 박사는 북한은 1990년대 중반에만 주민 200만 명 이상이 굶어 죽었고, 최근 일부 개방한 개성 지역조차도 1960년대 우리나라 풍경을 재현해 놓은 세트장 같다고 했습니다. 전쟁 후 반세기가 지난 지금 남북은 이렇게 현격한 차이를 보이고 있습니다.

우리나라에 현재 부가되고 있는 국가 위험도(country risk)는 우리의 국력을 더 키우고, 안보 태세를 굳건히 해야만 줄어들 것입니다. 굳이 유일한 분단국가인 우리 현실을 차치하더라도 주요 선진국들에서 비슷한 방비 훈련을 정기적으로 실시하고 있는 사례는 얼마든지 찾아볼 수 있습니다.

강소국들인 스위스, 싱가포르를 비롯하여 영국, 프랑스 등도 매년 민, 관, 군 차원의 위기 대응 훈련을 가진다고 합니다. 이런 훈련을 통해 그들은 모든 위험에 대한 총체적인 대비를 하는 것입니다.

선진국과 후진국의 차이를 꼽으라면, 저는 국가를 구동하는 힘의 '시스템화' 여부에서 찾겠습니다. 만약 우리 은행이 큰 재해를 당하거나 전산실이 파괴되었다고 할 경우 과연 우리는 무엇을 어떻게 해야 할까요? 이런 일들이 닥치더라도 당황하지 않고 대체 시스템을 투입할 수 있는 힘은 유비무환의 훈련에서 나온다고 봅니다.

따라서 을지훈련도 일부 단체가 주장하는 전쟁준비 행위가 아닌, 이러한 대응시스템 구축의 일환이라 보면 되겠습니다. 우리 모두 위기의 순간을 대비하여 시스템적으로 대응 극복할 수 있는 능력을 이런 체계적인 훈련을 통해 갖추도록 해야 할 것입니다.

2006년 8월 23일

선진 IT 시스템
벤치마킹을 다녀와서

일주일간의 해외 출장 일정을 마치고 귀국 비행기에서 이 글을 쓰고 있습니다. 이번 출장 목적이 선진 IT 시스템을 벤치마킹하는 것이었기 때문에 가급적 여러 곳을 둘러보고 많은 사람을 만나려고 노력했습니다. 출장 기간 내내 매일 도시를 옮겨 다니고 호텔 체크인과 체크아웃을 반복하는 타이트한 일정이었습니다.

처음 방문한 후쿠오카은행은 전무이사 나카무라 씨를 비롯한 CIO(정보 담당 임원), IT 부장 등이 아침 9시부터 히로시마은행과의 IT 공동화에 대한 여러 사항들을 자세히 설명해 주었습니다. 점심식사를 같이 하면서 IT 분야 외에도 당행과의 향후 교류 문제에 이르기까지 많은 이야기를 나누었습니다.

오후에는 신칸센을 타고 한 시간 10분 거리에 있는 히로시마로 이동하였습니다. 2차 대전 말에 원폭 피해를 입은 히로시마는 그 당시를 기념하는 상징물들이 많았고 도시는 아주 잘 정돈된 느낌이었습니다.

CIO 가와히라 씨, IT 부장 오가와 씨, 전산실장 다이리 씨 등이 후쿠오카은행과의 공동화 과정과, IBM 자회사인 CSOL로 아웃소싱을 한 연유에 대해 상세하게 브리핑을 하였습니다. 두 은행은 규모가 비슷하고 영업 구역이 중복되지 않아 공동화 여건이 잘 갖추어져 있었으며, 공동화라는 어려운 과제를 풀어 나가는 데는 상호 신뢰와 대화가 제일 중요하다고 했습니다.

저녁은 이들과 시내 중심가에 있는 전통 음식점에서 간사이 지방 일본식을 함께하였습니다. 에도 막부가 수도를 도쿄로 옮기기 전 권력의 중심이 오랫동안 간사이 지방에 있었던 탓인지 음식 차림이 그렇게 화려할 수가 없었습니다.

후쿠오카은행의 히로타 CIO로부터 IT투자에 대한 방향성과 후쿠오카-히로시마 은행의 IT공동화 추진 내용에 대해 설명을 듣고 있는 모습

이튿날 오전에는 후쿠오카-히로시마 공동 전산센터를 방문하였습니다. 이들은 공동화 과정에서 주 전산센터는 히로시마은행에, 백업 시스템은 후쿠오카은행에 설치하고 운영키로 합의한 반면, 계정계 시스템은 후쿠오카은행 것을 사용하고 있었습니다.

이곳 전산센터는 보안에 크게 신경을 쓰고 있었는데, 방문자의 소지품 특히 카메라 등은 현관 물품 보관소에 보관토록 하고 시설물을 진입할 때는 두 차례에 걸쳐 카메라 체크를 실시합니다. 일본은 지진이 많은 지역이어서 데이터 센터는 건물 전체가 내진 설계되어 있었습니다.

후쿠오카-히로시마 양행도 공동화 과정에서 문제점이야 얼마나 많았겠습니까만, 상호 신뢰와 배려를 바탕으로 공동화를 무사히 마무리한 것을 보고 부러움이 앞섰습니다.

오후에는 비행기로 도쿄 본사에 도착하여 일본 IBM 본사에 들렀습니다. 다케오카 이사를 비롯하여 다섯 명의 직원들이 참석하여 저녁 7시까지 브리핑과 질의 응답 시간을 이어 갔습니다. 일본 은행에서 중간 규모의 은행들은 아웃소싱이 보편화되어 있고, 그 추진 목적이 처음에는 비용 절감에서 시작하여 점차 핵심역량 강화와 우수 IT 인력의 기술 확보에 목적을 두고 있다는 결론이었습니다.

도쿄에서 일박한 뒤 뉴욕행 비행기에 올랐습니다. 마침 9·11 테러 5주년이 막 지난 뒤라 입국 심사는 무척 까다로웠습니다. 뉴욕 힐튼호텔에서 하루 저녁을 묵은 뒤 아침 9시에 뉴욕 IBM센터를 방문하였습니다. 미국 은행들도 소규모 은행을 제외하고는 아웃소싱을 실시하고 있는 추세였습니다. 결국 향후 은행은 브랜드관리, 리스크관리 등 핵심역량에 주력하고 IT 아웃소싱과 함께 업무프로세스 아웃소싱이 매우 보편화된 형태로 발전할 전망이었습니다.

이날 오후에는 뉴욕은행을 방문하였습니다. 제가 뉴욕사무소장으로 근무할 때 잘 알고 지내던 미스터 존 머리가 현관에 나와 기다리고 있었는데, 거의 20년 만에 만나게 된 반가운 해후였습니다. 전무이사 존 피오레가 동행의 사례를 상세히 브리핑하면서 아웃소싱의 효과는 비용 절감과 신기술에 대한 적절한 대응이라고 하였습니다. 우리 한국처럼 차세대 시스템에 대한 빅뱅식 개선(Big Bang approach)을 하는 대신 대규모 개선 후에는 점진적 개선(phased approach)을 하고 있다고 봅니다.

저녁 비행기로 캐나다 몬트리올에 도착한 것은 밤 11시가 훨씬 넘은 시간이었습니다. 이튿날 아침 일찍 내셔널뱅크오브캐나다(National Bank of Canada)를 방문하였더니 CIO인 미즈 앨리스 강과 여러분들이 대형 최신 회의실에서 만반의 준비를 해놓고 기다리고 있었습니다.

내셔널뱅크오브캐나다는 퀘벡 지역을 기반으로 한 규모가 가장 큰 지방은행이고 캐나다에서 여섯 번째로 큰 은행이었습니다. 캐나다 은행은 1994년부터 IT 인프라와 프로젝트 관리 분야에 이르기까지 아웃소싱하고 있는데(캐나다 은행은 IT 업무의 90퍼센트를 아웃소싱하고 있음), 처음에는 '경비 절감'이 아웃소싱의 목적이었지만 갈수록 '생산성 확보', 'IT 경쟁력 유지'를 위해 아웃소싱을 하게 되었다는 설명을 들었습니다. 이들과 점심을 같이하고 뉴욕행 비행기를 타러 몬트리올 공항으로 나왔습니다. 이곳에서 한국으로의 비행 스케줄이 맞지 않아 할 수 없이 뉴욕을 경유해야 했습니다. 또다시 미국 입국 심사를 받아야 했습니다. 짐 조사에서 치약, 로션 등 액체 화장품을 압수당하고 신발, 허리띠, 넥타이핀 등과 소지품 전부를 검색대에 들여보내는 까다로운 절차를 거친 뒤 입국이 허용되었습니다. 미국인들도 점차 비행기 여행을 줄이고 웬만하면 자동차 여행으로 대신한다고 합니다. 그 결과 항공사들이 어려움을 겪고 미국인들을 겨냥한 카리브 해 주변 국가의 리조트들은 부도 위기에 처한 곳이 많다고 합니다.

이번 출장은 IT의 세계적인 현황과 추세를 접해 볼 수 있는 기회였다고 봅니다. 현재 우리는 '부산은행과의 IT 공동화 및 차세대 시스템 구축'이라는 당면 과제를 앞두고 있습니다. 세계적인 IT 흐름 속에서 우리의 IT 비전을 어떻게 설정해야 할지 크게 고민해야 할 시점이라고 봅니다.

이번 출장에서 방문한 은행별 상세 보고서는 지식경영시스템 스카이에 등록해 놓을 예정이니, IT 관련 직원과 필요한 분들은 참고하시기 바랍니다. 지금 제가 탑승한 비행기는 알래스카 북쪽 설원을 통과하고 있습니다.

2006년 9월 20일

IR는 최상의 경영컨설팅,
해외 IR를 다녀와서

저는 지난 11월 5일부터 IR를 위해 런던, 싱가포르, 홍콩을 방문하였습니다. 이번 IR에서도 투자자들에게 올해 우리가 추진한 각종 사업과 성과, 그리고 향후 전망과 계획 등을 투명하게 설명하고 투자자들의 조언과 의견을 듣는 데 초점을 맞추었습니다.

30여 곳의 해외 투자자들과 만나 많은 이야기를 나누었고, 국제 경영환경의 변화와 흐름, 투자자들의 요구(needs)를 보고 듣고 왔습니다. 은행장인 제가 직접 투자자들과의 대화 통로를 계속 열어 둠으로써 경영 투명성과 대외 신뢰도를 높여 궁극적으로 우리의 기업가치를 높이는 데 IR의 참의미가 있다고 하겠습니다.

사실 저는 IR를 통해서 많이 배우고 있습니다. 어떻게 보면 IR야말로 최상의 경영컨설팅이라 할 수 있습니다. 제가 대구에서만 열심히 일한다면 최상의 사례(best practice)를 접하기는 어렵고 자칫 우물 안 개구리가 되기 쉽다고 봅니다.

　이번 IR에서도 해외 투자자들은 한결같이 우리 대구은행이 정확한 전략과 비전이 있어 미래가 아주 밝다고 많은 칭찬을 해주었습니다. 특히 미국과 캐나다를 담당하는 어느 애널리스트는 우리 대구은행이 미국, 캐나다의 어느 지방은행과 비교해도 전혀 손색이 없다고 극찬했습니다.

　저는 습관적으로 투자자들에게 조언을 구합니다. 처음에는 멈칫멈칫하다가 이내 신이 나서 이야기를 합니다. 투자자들의 조언은 대구은행은 일류 은행 대비 비이자수익 부문이 취약하다든지, 순이자마진(NIM)을 훼손하지 않는 범위 내에서 자산 성장을 하라든지, 또 5년 뒤에 뭘 먹고 살 것인지에 대해 고민해 보라든지 등입니다.

　우리가 요즘 좀 잘된다고 자만해서는 안 됩니다. 현실에 안주하지 말고 5년 후 10년 후 우리가 무엇으로 먹고 살 것인지 진지하게 고민하고 철저하게 계획을 세워 실천에 옮겨야 할 것입니다.

　요즘 '철새처럼 살아라.'라는 철새식 생존법이 화두입니다. 쉬지 않고 이동하면 다양한 것을 보고 많은 것을 경험할 수 있어 그만큼 성공 기회가 많아진다는 이야기입니다. 둥지만 지키는 텃새처럼 산다면 자신의 잠재 능력을 알지 못할 뿐더러 더 큰 세상(비전)이 있다는 사실도 모른 채 지나칠 수 있다는 것을 경계한 말입니다.

　위험을 무릅쓰고 도전하는 철새에게서 변화와 혁신을 배워야 한다고 생각합니다. 새로운 가능성을 추구하려면 기존의 환경에서 과감히 탈피하는 일이 선결 과제라고 봅니다.

일류기업들은 새로운 제품을 개발할 때 위험을 무릅쓰고 차세대를 넘어 차차세대 동력까지 발굴해 나간다고 합니다. 우리도 현재의 작은 성공에 안주할 것이 아니라 창조적인 발상의 전환과 적극적인 자세로 새로운 성장 동력을 발굴하고 기존의 산업을 보다 활성화시킬 방안을 적극 모색할 시점이라 생각합니다.

그런 의미에서 몇 가지 당부 말씀을 드리고자 합니다.

철저한 준비를 하자

우선 앞일을 위한 철저한 준비를 해야겠습니다. 고대 로마군은 실제 무기보다 두 배나 무거운 훈련용 무기로 혹독하게 훈련한 결과, 전쟁터에서는 능수능란하게 무기를 다루고 전투 대형을 일사불란하게 유지함으로써 무적의 군대가 되었으며, 거대한 로마제국을 건설할 수 있었습니다.

업무운용계획을 수립할 때는 그동안의 개별적이고 상의하달(top-down) 방식 위주인 관행에서 벗어나 은행 전체의 관점에서 철저한 계획 수립이 필요하다고 하겠습니다. 대구은행은 창립 40주년 이후를 대비한 '솔개 프로젝트'를 진행해 왔습니다. 솔개 프로젝트는 40년을 산 솔개가 새로운 갱생 절차를 거쳐 70년을 살듯이, 우리도 창립 40주년이 되는 해를 기점으로 조직, 전략, 인사, 문화에 이르기까지 모든 것을 전면적으로 제로베이스에서 재검토하는 프로젝트입니다.

실패를 두려워하지 말자

또한 실패를 두려워하지 말아야겠습니다. '실패작을 내놓는 것이 실패가 아니라 실패에서 배우지 못하는 것이 진정한 실패다.'라는 말이 있습니다. 새로운 일을 시도하는 사람에게는 아마 실패가 가장 두려운 일일 것입니다. 그러나 실패보다 더 나쁜 것은 실패가 두려워 아무것도 하지 않는 것이라고 생각합니다. 여러분들도 실패가 두려워 아무것도 하지 않는 대구은행인이 아니라, '적극적으로 행동하는 대구은행인'이 되어 주시기를 바랍니다.

융합 사회가 요구하는 리더십을 가지자

마지막으로 융합 사회가 요구하는 리더십을 가져야겠습니다. 오늘날 우리가 원하든 원하지 않든 사회는 융합(convergence)을 향해 달려가고 있고, 우리는 그 속에서 살고 있습니다.

이러한 융합 사회에서 요구되는 리더십은 첫째가 이질적인 것을 포용하고, 다양성을 통합하는 마음가짐이라 하겠습니다. 2006년 한국 시리즈에서 삼성이 우승할 수 있었던 것은 구단과 선수단과의 조화, 주전 선수와 비주전 선수를 구분하기 힘들 정도의 팀워크, 선동렬 감독의 지키기 야구와 김응룡 사장의 공격형 야구의 조화 등 융합 경영의 결과라 하겠습니다.

둘째는 현장 파악(fact finding)능력입니다. 격물치지(格物致知)란 말이 있습니다. 이는 '현장에 나가서 당신의 모든 것을 몰입하라.'는 뜻입니다. 직원 여러분들께서는 뜨거운 열정을 가지고 현장을

이화언 은행장은 2008년 11월 런던, 싱가포르, 홍콩을 방문, 투자자들에게 대구은행이 추진한 각종 사업과 성과, 그리고 향후 전망과 계획 등을 투명하게 설명하고 투자자들의 조언과 의견을 듣고 있다. 필자 왼쪽은 T.Rowe Price International의 마크 에드워드 씨(Mr.Mark Edwards)

누비면서, 고객에게 다가가는 현장 중심의 영업을 해주기를 부탁드립니다. 본부 부서 직원들도 현장의 소리에 귀 기울여서 영업전략을 마련해 주시기 바랍니다.

　셋째는 융합식 의사결정 능력이라고 하겠습니다. 한 부서에서 검토가 다 끝나고 나면 다른 부서에서 다시 검토하는 '칸막이식

의사결정'이 아니라, 처음부터 관련 부서 관계자들이 함께 참여하여 검토하고 계획을 세우는 '융합식 의사결정' 능력이 필요하다고 하겠습니다.

지난번 '창립 39주년 고객 감사의 날 행사'를 준비했을 때, 관련 부서 관계자들이 함께 참여하여 계획을 세우고 실행함으로써 음악회와 체육회 행사를 동시에 훌륭히 마칠 수 있었습니다. 이처럼 융합식 의사결정은 관련 부서가 함께 참여함으로써 오류를 줄이고 시간도 대폭 줄일 수 있다는 점에서 아주 필요하다고 하겠습니다.

연초부터 뱅크 워(bank war)라고 말할 정도로 은행 간 치열한 경쟁 속에서 항상 은행 발전을 위해 맡은 바 최선을 다해 주신 여러분께 진심으로 감사의 말씀을 드립니다.

우리는 솔개의 갱생에서 배우듯이 새로운 한 해를 새로운 성장을 위한 전환점으로 인식하고 끊임없이 변화와 혁신을 추구해야겠습니다. 또한 앞으로는 금융업종 간에 더욱 치열한 경쟁이 예상되기 때문에 현장 중심, 영업 위주로 조직을 개편하고 각종 영업제도를 보강하는 등 영업력 증대에 더욱 박차를 가해야겠습니다.

2006년 11월 23일

다시 런던을 다녀와서

　IR차 제가 런던 히드루 공항에 도착한 것은 2006년 11월 5일 오후 4시, 위도가 높은 런던은 벌써 해가 지고 어둠살이 끼기 시작하고 있었습니다. 이 날은 마침 가이 포크스 데이(Guy Fawkes Day: 제임스 1세 시대 의사당 폭파 음모를 제압한 것을 기념한 날. 지금은 겨울이 왔음을 알리는 의미의 축제)여서 호텔로 가는 연도에 폭죽행사가 한창이었습니다. 늘 전통을 계승하고 가꾸어 나가는 면에서 우리가 배울 점이 많음을 항상 이곳에서 느끼게 됩니다.

　예전 대제국의 위용은 많이 사라졌어도 영국은 여전히 번영을 구가하고 있습니다. 특히 금융 분야에서는 뉴욕과 쌍벽을 이루고 있고 외환과 파생상품에서는 뉴욕을 능가하고 있습니다.

　'시티(City)'는 런던 속의 자치 시로서 구시가이며 금융가입니다. 사방 1평방 마일의 시티에는 세계 유수의 금융회사들이 불꽃

런던은 현재 금융산업, 영어산업, 관광문화산업 분야에서 제2의 황금기를 구가하고 있다. 연수 이후 오랜 만에 다시 찾은 런던의 대표적인 상징물인 국회의사당과 빅벤

뛰는 경쟁을 하고 있습니다. JP 모건의 자료에 의하면 외환시장의 일일 총거래량은 영국이 7,530억 달러, 미국이 4,610억 달러로 각각 31.3%, 19.2%를 차지하고 있으며 홍콩과 싱가포르, 일본이 그 뒤를 따르고 있습니다.

장외파생상품시장에서도 영국은 1조 2,000억 달러 규모로 미국의 6,000억 달러를 2배 이상 차이로 압도하고 있습니다. 그러나 주식시장이나 채권시장에서는 미국이 다소 앞서고 있습니다.

철의 여인 대처수상 재임시절 단행된 금융빅뱅으로 런던 금융시장은 지금의 위치로 회복할 수 있게 되었습니다. 금융규제 철폐로 무한경쟁 속에 놓여진 금융회사들이 환골탈태(換骨奪胎)함으로써 경쟁력을 다시 되찾은 것입니다. 전통적인 제조업은 쇠락한 반면 지식과 경험을 바탕으로 하는 금융업은 더욱 번성하게 된 것입니다.

이번에 영국에 와서 알게 된 것은 영국이 금융산업 외에 영어산업과 관광문화산업도 번성한 곳이라는 점입니다. 영어의 본고장이 원래 영국인 데다, 미국이 9.11테러의 혼란으로 주춤한 사이 영국의 영어사업은 더욱 번영을 구가하고 있었던 것입니다. 영어의 중요성이 날로 부각되면서 런던은 온 세계의 유학생들을 끌어들이고 있습니다.

『해리포터』와 『반지의 제왕』으로 대변되는 판타지 문학과 「캣츠」, 「오페라의 유령」, 「레미제라블」 등의 유명 뮤지컬이 다 영국산 문화상품입니다. 조앤 롤링이 영국이 아닌 미국에서 태어났다면 절대로 『해리포터』를 쓰지 못했을 것이라는 말이 있습니다.

이는 오랫동안 축적된 구대륙과 영국 전통의 세례를 받지 못했다면 아마도 그런 상상력을 발휘하기 힘들었을 것이라는 의미입니다. 지금 런던은 전통적인 산업분야는 중국 등 후발주자들에게 넘겨주고 고부가가치 산업인 서비스업으로 옮겨가고 있습니다.

금융산업, 영어산업, 관광문화산업 모두가 사람과 돈을 불러들이는 산업으로서 지금 런던은 제2의 황금기를 구가하고 있는 중입니다.

2006년 11월 29일

싱가포르, 홍콩, 그리고 동북아 금융허브

싱가포르는 방문할 때마다 매번 놀랍니다. 이 나라의 면면은 놀라움 그 자체입니다. 공항에서 시내로 들어가는 길의 가로수는 레인트리(rain tree)인데 참 이국적입니다. 레인트리는 싱가포르의 첫인상으로, 상쾌함과 편안함을 선물로 줍니다. 말끔히 정돈된 도시의 스카이라인은 조화의 극치를 보여 주며 식민지 시대의 오래된 건물도 그대로 보존하여 현대적인 도시와 좋은 하모니를 이루고 있습니다.

싱가포르는 말레이반도 최남단에 위치한 섬으로서 영연방에 속해 있는 도시국가입니다. 말라카 해협을 지나 인도양을 향해 가는 바닷길 사이의 작은 어촌이면서 진흙 갯벌 천지였던 이곳을 개발한 이들이 다름 아닌 영국인들입니다. 싱가포르의 중심지인 래플스 플레이스(Raffle's Place)가 바로 영국인 '래플스 경'이 상륙한 자리라고 합니다. 영국인들이 도래한 이후 싱가포르는 동서를 이어 주는 무역 항로의 중심지로 발전해 갔습니다.

질 좋은 많은 노동력이 중국 본토 남부 등지와 인도에서 건너왔으며, 지금은 원주민인 말레이 인보다 중국인이 대다수 구성원이 되었습니다. 1960년대 초 말레이시아로부터 독립한 싱가포르는 영국에서 유학한 리콴유(李光耀)의 경제 최우선 정책으로 누구도 넘볼 수 없는 이상적인 도시국가를 건설하였습니다. 이 모든 것의 근간이 된 것은 정치, 경제, 법률 등 다방면에 걸친 영국의 훌륭한 시스템 덕분입니다. 영국의 훌륭한 시스템과 영어를 공용어로 받아들인 것이 경쟁력 우위의 결정적 밑거름이 되었습니다.

1980년대 초 조직된 싱가포르 국제금융거래소 SIMEX (Singapore International Monetary Exchange)의 등장으로 세계 유수의 금융회사와 노동력이 유입되었으며, 기타 산업 분야의 아시아 본부도 제반 여건이 완벽한 싱가포르에 속속 자리를 잡으면서 그 발전의 속도를 더하게 되었습니다. 홍콩도 싱가포르와 같은 도시국가로서 영국이 영구 조차권을 가지고 식민 통치를 했던 곳입니다. 지난 1997년 중국에 반환 직전 홍콩 주민의 대량 이주가 있었습니다. 중국과의 병합 이후를 걱정했던 것입니다. 그러나 지금은 그때의 우려는 말끔히 가시고 병합 전의 홍콩 이상으로 번영을 구가하고 있습니다. 영국 식민 통치 기간 영국 시스템의 완벽한 이식으로 서방 세계의 대 아시아 창구 역할을 도맡아 하게 되었고, 나아가 그 자체로 세계 금융시장의 한 축이 되었습니다.

싱가포르와 홍콩은 여러 면에서 유사한 점이 많습니다. 합리적 정신에 입각한 영국식 제도와 법령을 기반으로 성장의 토대를 이룬 점과 영어를 공용어로 사용한다는 점입니다.

또한 각종 규제에서도 자유롭다는 점입니다. 싱가포르의 경우는 정부 주도의 계획경제여서 관치가 행해지는 곳이 많지만 홍콩의 경우는 시장의 정글 논리가 완벽히 이루어지는 금융 프론티어입니다.

참여정부는 뉴 어젠다로 2012년까지 동북아 금융허브를 만들기로 했습니다. 후발국들에 밀려 제조업의 경쟁력이 날로 떨어지고 있는 이때 금융산업을 육성하겠다는 것은 잘한 일입니다. 그러나 준비를 자칫 소홀히 하면 동북아 금융허브는 하나의 구호로 그칠 수 있습니다. 무릇 금융허브가 되려고 하면 홍콩, 싱가포르와 같은 사회 시스템 구축이 뒤따라야 합니다. 먼저 인적 인프라입니다. 그것도 영어를 능숙히 구사할 수 있는 금융인력이 절대적으로 필요합니다. 법률가, 회계사, 컨설턴트, 애널리스트, 펀드 매니저, 딜러 등입니다.

그리고 각종 법령, 특히 세법이나 외환관리법 등 돈이 자유로이 입출될 수 있는 법 시스템이 잘 갖추어져야 합니다. 또 중요한 것은 규제입니다. 각종 규제 개혁 없이는 금융허브 구실을 할 수 없습니다. 규제가 많은 상황에서 어떻게 국제적으로 돈이 왔다 갔다 할 수 있겠습니까? 이외에도 교통과 같은 사회적인 인프라도 금융허브가 되는 데 아주 중요한 요소가 됩니다. 이러한 요소들은 하루아침에 마련할 수 있는 것이 아닙니다. 지금부터라도 차근차근 준비를 해야 된다고 봅니다. 영어를 잘할 수 있도록 학교에서부터 교육이 잘되어야 함은 물론입니다.

유럽연합의 중심 금융도시인 프랑크푸르트가 런던에 자꾸 밀리는 것은 바로 영어 때문이고, 또 다른 홍콩을 꿈꾸고 있는 상하이 역시 언어와 인력지원 그룹의 부재로 어려움을 겪고 있으며 총체적인 시스템상의 열세로 고전을 면치 못하고 있는 실정입니다.

동북아 금융허브는 진정 구호로만 되는 것이 아니라 차근차근 준비를 갖추어 나가야만 이루어질 수 있는 어젠다입니다. 우리가 동북아 금융허브로 나아가려면 영어뿐만 아니라 선진금융 기법도 내부적으로 끊임없이 개발해 나가야 할 것입니다. 금융과 같은 고도의 지식집약산업의 노하우는 일순간에 축적되지 않습니다. 설령 축적되었다 할지라도 그것을 국제적으로 사용할 수 있는 도구인 영어에 능통하지 못한다면 무용지물인 것입니다. 반면 영어에 능통할지라도 오래 축적된 지식과 그것을 차세대에 전할 인력이 없다면 결과는 마찬가지일 것입니다.

따라서 영어를 잘하는 새로운 인재를 꾸준히 양성해 나가야 합니다. 우리 대구은행도 100년 이상 영속하는 은행으로 거듭나기 위해서는 세계화의 흐름을 직시하고 하나둘 실마리를 풀어 나가야 할 것입니다.

2006년 12월 6일

줄탁동시 (啐啄同時)

저는 2007년의 경영 화두를 '줄탁동시(啐啄同時)'로 정했습니다. 이는 본래 중국의 민간에서 쓰이던 말이었는데, 송나라 때 임제종의 화두집인 『벽암록(碧巖錄)』에 인용되면서 불가(佛家)의 중요한 화두가 되었으며, 줄여서 '줄탁'이라고도 합니다.

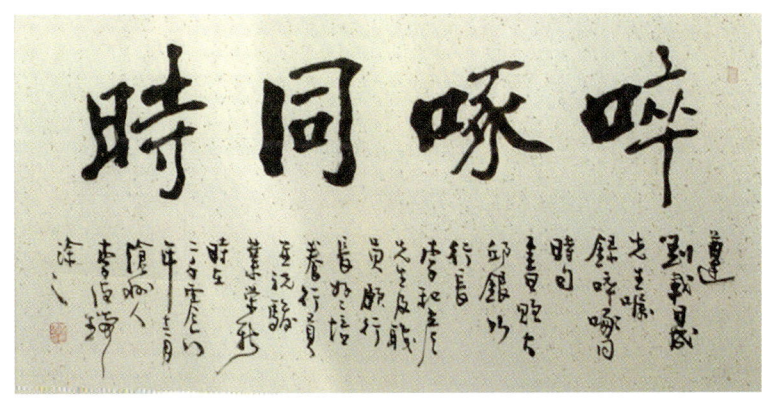

대구은행의 노사가 서로 줄탁동시하여 더욱 발전하길 바라는 마음에서 유재성 (주)태창철강 회장이 중국 유명서예가 이덕서 선생에게 부탁하여 선물한 작품

병아리가 세상 밖으로 나오기 위해 알 속에서 껍질을 쪼는 것을 줄(啐)이라 하고, 어미 닭이 그 소리를 듣고 밖에서 마주 쪼아 주는 것을 탁(啄)이라고 합니다. 그런데 중요한 것은 이러한 행위가 동시에 일어나야 온전한 병아리로 태어날 수 있다는 것입니다.

만약 어미 닭과 알 속의 병아리가 서로 쪼는 곳과 시기가 조금이라도 어긋나면 새로운 생명이 탄생하지 못합니다. 이처럼 어떤 일이 동시에 일어나야 일이 완성되는 것을 줄탁동시라 합니다. 선가(禪家)에서는 줄탁동시를 스승이 제자를 지도하여 깨달음으로 인도하는 것에 비유하고 있지만, 요즘에는 정치, 경제, 사회, 문화 등 모든 분야에 폭넓게 활용되고 있습니다. 행복한 가정은 부부가 줄탁동시할 때 이루어지고, 훌륭한 인재는 스승과 제자가 줄탁동시의 노력을 할 때 탄생하며, 세계적인 기업은 노사가 줄탁동시할 때 가능하다고 봅니다.

하지만 줄탁동시를 이루기 위해서는 몇 가지 전제 조건이 필요합니다.

첫째는 '내가 먼저 변하기'입니다. 상대로부터 화답이라는 선물을 받으려면 내가 먼저 변화해서 상대방이 기뻐할 일을 해야 합니다. 가정이라면 배우자 중 어느 한 쪽이 먼저 기뻐할 일을 준비해야 하고, 기업이라면 가치 있는 상품과 서비스를 먼저 제공해야 시장의 열광이 따르게 됩니다.

둘째는 '경청'입니다. 병아리가 부화할 준비가 되었는지, 또 어떤 부위를 쪼아야 할지 알기 위해서는 어미 닭이 먼저 잘 들어야 하듯이, 기업은 고객의 소리에 늘 귀 기울여야 그들이 원하는 것을 제대로 알고 대응할 수 있습니다.

셋째는 '타이밍'입니다. 아무리 좋은 변화와 혁신이라도 상대방이 갈망하는 때를 잘 맞춰야 합니다. 새로운 고객가치에 소비자들이 목말라 할 때, 혁신을 통해 그에 맞는 제품과 서비스를 제공해야 고객의 사랑과 감동을 얻을 수 있습니다. 위대한 기업은 결코 멀리 있는 것이 아니라, 고객과 함께 손을 맞춰 박수를 칠 수 있는 기업입니다.

줄탁동시를 경영 화두로 제시한 이유는 노사가 화합하고 고객과 주주의 소리에 귀 기울이고 시대의 변화와 고객의 요구에 맞는 상품과 서비스를 제공할 때 세계적인 초우량 지역은행 실현이라는 우리의 꿈을 달성할 수 있기 때문입니다. 이런 의미에서 우리 모두 줄탁동시의 뜻을 잘 실천하여 100년 이상 지속되는 은행을 다 함께 만들어 갑시다.

2007년 1월 24일

작은 거인 마카오

주말을 이용하여 홍콩, 마카오를 다녀왔습니다. 그런데 잠시 들렀던 마카오가 저의 흥미를 끌었습니다. 어떻게 이 조그마한 도시가 1인당 국민소득과 연간 방문객 수가 홍콩을 앞설 수 있는지 의문이었습니다.

마카오는 1999년 12월 포르투갈에서 중국으로 반환된 이후 중국 정부의 '1국가 2체제' 방침에 따라 홍콩과 함께 특별 행정구로 남아 있는 도시입니다. 외교, 국방 분야만 중국 본토 정부가 담당하고 다른 분야는 50년간 마카오 인에 의한 통치가 보장된 도시입니다. 마카오는 1553년 포르투갈 인들이 물에 젖은 화물을 말린다는 구실을 내세워 발을 들여놓은 이후로 400여 년 동안 포르투갈의 지배를 받아 왔으며, 1841년 영국이 홍콩에 식민지를 개척하기 전까지 중국과 서양의 유일한 교류 기지가 되었습니다.

홍콩과 함께 특별 행정구로 남아 있는 도시 마카오는 경쟁 원리를 도입한 카지노 사업 및 관광산업의 활성화와 외국자본의 유치로 홍콩을 앞질러 성장하고 있다. 마카오의 청사진은 우리에게도 귀감이 된다. 1602년에 완공된 성 바오로(St. Paul) 성당 앞에서

1575년에는 로마 교황청에서 마카오 관구를 설립하여 마카오를 거쳐 중국으로 그리스도교가 전파되었고, 서양에서 발달한 천문학, 기하학, 대포 제조 기술 등 많은 서양 지식들이 이곳을 통하여 들어왔습니다. 우리나라 최초의 천주교 신부인 김대건 신부가 처음 유학을 가서 공부한 곳도 이곳 성 안토니우스 성당에서였습니다.

마카오의 인구는 50여 만 명으로 면적이 여의도의 세 배 크기인 28제곱킬로미터에 불과합니다. 2006년 마카오의 1인당 국내총생산(GDP)은 2만 8,436달러로서 홍콩의 1인당 국내총생산 2만 7,641달러를 웃돌았습니다.

마카오의 소득 수준이 이렇게 홍콩을 앞선 것은 경쟁 원리를 도입한 카지노 사업과 관광산업의 활성화 때문입니다. 마카오 정부는 2001년 마카오 최대 재벌인 스탠리 호 측의 강한 반발에도 불구하고 지난 40년 동안 독점적으로 묶여 있던 카지노 사업을 자유화하면서 전 세계 카지노 업체들이 마카오로 진출하는 물꼬를 텄습니다.

제가 마카오를 방문했을 때 들렀던 '샌즈 마카오'는 시장개방 이후 첫 진출한 외국계 카지노로서 2004년 5월 개장하여 지금까지 2,000만 명이 넘는 사람이 찾았을 정도로 유명한 곳이었습니다. 시장 개방 후 외국자본들이 몰려들면서 마카오는 급성장하고 있습니다. 마카오의 2006년 카지노 수입은 70억 달러로, 사상 처음 미국 라스베가스(65억 달러)를 제치고 세계 최대의 도박 도시로

등극했습니다. 해외 관광객들도 2,200만 명이 몰려 3년 전에 비해 두 배가량 늘고 홍콩을 능가하는 등, 마카오 경제는 전반적으로 호황을 맞고 있습니다.

제주도와 비슷한 인구 50만 명의 마카오는 지금 넘쳐나는 외국 자본과 관광객으로 제2의 전성기를 누리고 있습니다. 이것은 마카오 정부(에드먼드 호 행정장관)의 일관된 자유 개방 정책이 큰 힘을 발휘하였기 때문입니다. 자연 환경에서 세계적으로 뛰어난 우리의 제주도도 정책에 따라서 얼마든지 마카오를 능가하는 지역으로 육성, 발전시킬 수 있을 것이라 생각합니다.

마카오 정부는 도박 도시라는 기존의 이미지를 개선하고 마카오를 비즈니스와 관광이 조합된 여행지로 만들겠다는 청사진을 그리고 있으며, 가족 단위 게임 리조트와 컨벤션산업 중심지를 지향하며 새로운 도약을 시도하고 있습니다.

2007년 4월 18일

서브프라임 모기지,
The World is Flat

지금 전 세계 금융시장을 뒤흔들고 있는 서브프라임 모기지(subprime mortgage)는 한마디로 신용등급이 낮은 저소득층들을 대상으로 주택 자금을 빌려 주는 미국의 주택담보대출입니다. 미국의 주택담보대출 시장은 집을 사려는 일반 개인들의 신용등급에 따라 크게 세 종류 대출로 나누는데, 신용등급이 높으면 프라임(prime), 낮으면 서브프라임(subprime), 그 중간은 알트 A(alternative A) 모기지입니다. 2006년 말 기준으로 프라임은 6조 3,700억 달러, 서브프라임은 1조 9,000억 달러, 알트 A는 7,500억 달러, 기타 모기지 1조 7,200억 달러로 모기지 대출은 대략 10조 300억 달러이고 이 중 서브프라임은 12퍼센트 정도에 불과합니다. 그러나 미국 집값이 하락하고 금리가 올라 신용등급이 낮은 저소득층들이 원리금을 제대로 못 갚고 연체가 발생하여 이것이

사태의 발단이 되었습니다.

미국에서는 서브프라임 취급 회사들이 주택담보대출을 해주면서 담보로 잡은 주택을 대상으로 주택담보대출증권(MBS: Mortgage Backed Securities), 부채담보부증권(CDO)* 등의 채권을 발행하는데, 일반적으로 이 채권들은 굉장히 위험하지만 한편으로는 고수익이 가능한 채권입니다. 우량한 금융 업체들은 저소득층에게 직접 대출을 해주지는 않았지만, 서브프라임 업체들이 발행한 정크 본드를 대량 사들이는 고위험 펀드를 많이 구성하고 있습니다. 서브프라임 모기지의 연체율이 최근 20퍼센트 정도로 높아지자 복잡한 거래로 얽혀 있는 세계 금융시장이 현재 충격파를 맞은 것입니다.

미국의 투자은행 베어스턴스는 관련 헤지펀드* 두 개를 청산했고 프랑스 최대 상업은행인 BNP파리바는 세 개 펀드의 환매를 중단했습니다. BNP파리바의 세 개 펀드는 22억 달러에 불과했지만 서브프라임에 투자했다가 손해를 봤다고 하니까 이에 겁먹은 투자자들이 일시에 돈을 빼는 바람에 펀드 런(fund run, 'bank run'에 비유해 나온 신조어) 현상이 걷잡을 수 없이 일어난 것입니다.

서브프라임발 신용위기가 세계 곳곳으로 빠르게 전파되면서 골드만삭스, 바클레이스, AIG 등 세계 각국 금융기관들이 잇따라 손

CDO(Collateralized Debt Obligation)
금융기관의 대출채권이나 자산담보부 증권(ABS), 회사채 등을 한데 묶고 이를 기초자산으로 삼아 새로 발행하는 채권이다. 부채담보부채권 혹은 부채담보부증권이라고 부른다.

헤지펀드(Hedge Fund)
국제증권 및 외환시장에 투자해 단기 이익을 올리는 민간투자기금. 100명 미만의 투자자들로부터 개별적으로 자금을 모아 파트너십을 결성한 후 조세 회피 지역에 외적 거점을 두고 자금을 운영하는 투자신탁

실을 고백했습니다. 급기야 미국 연방준비제도이사회와 유럽 중앙은행 등 세계 각국 중앙은행들이 3,000억 달러에 달하는 긴급자금을 방출해 일단 급한 불길은 잡은 듯했습니다.

우리나라 금융사들이 보유 중인 8억 4천만 달러의 CDO 중 서브프라임 모기지가 차지하는 비중은 약 30퍼센트인 2억 5천만 달러 정도에 불과하여 100퍼센트 손실이 나더라도 충분히 감내할 수 있는 정도입니다. 그러나 문제는 최근 글로벌 자본시장의 동요는 작은 금융 불안을 지구촌에 전파의 속도로 확산시키고 쓰나미처럼 증폭시키는 글로벌 금융시장의 특징에 문제가 있습니다.

최근 글로벌 금융시장의 특징이라면, 지구촌 한구석의 금융 불안이 컴퓨터 망을 타고 즉시 전 세계로 전달된다는 점입니다. 그리고 과거의 금융위기는 주로 은행에서 발생했지만 지금은 개인이 투자하는 펀드에서 터지고 있고, 파생금융상품이 급속하게 팽창해 부동산과 주식, 채권, 외환, 상품시장이 하나로 연결되어 한쪽의 리스크가 다른 쪽으로 쉽게 전이되고 있습니다. 더구나 투자가 단기 고수익화하면서 투자 심리가 빠르게 변하고 시장 변동성이 크게 높아지고 있습니다.

서브프라임 사태와 관련해서 세계 금융시장에 퍼져 있는 수천억 달러의 엔화 투기자금(엔캐리 자금)이 글로벌 신용 경색 위기에 기름을 끼얹을 태세라는 것입니다. 엔캐리 트레이드는 이자율이 싼 엔화를 달러 등 다른 통화로 바꿔 고금리 상품에 투자하는 자금으로 이들이 안전 자산을 쫓아 일시에 일본으로 되돌아가면(즉 엔캐리 트레이드가 청산되면) 세계 투자 상품의 자산 가치가 폭락하고 환율이 급변할 뿐 아니라 글로벌 증시의 폭락 사태까지 초래하여 이것이 소비 심리를 위축시키고 그 결과 경기 침체를 야기할 가능성마저 있습니다. 이번 사태로 전 세계의 동시 다발적인 금융시장 위축(신용 경색) 가능성이 점점 커지고 있습니다. 이는 곧 전 세계적인 안전 자산 선호 현상이 심화되면서 우리나라를 비롯한 이머징 마켓에서의 자금 이탈로 이어질 공산이 큽니다. 최근 들어 외국인 투자자들이 우리 주식을 계속 순매도하고 있는 것도 이러한 것들과 연관이 있습니다.

우리나라도 서브프라임 모기지 부실에 따른 신용 경색 우려와 엔캐리 트레이드 청산 등 금융시장이 요동치면서 실물 부문으로 옮겨 가는 돌발 변수도 생각해야 할 때입니다. 사실 이들 금융 부문 부실의 충격이 제2, 제3의 파장을 몰고 올지도 모릅니다.

이처럼 어려운 때에 우리도 리스크관리를 더욱 강화하고 비용 절감과 업무프로세스를 재검토하는 등 비상 긴축 경영을 실시하고 또 한편으로는 신성장 동력을 꾸준히 찾아 나가야 되겠습니다.

이번 서브프라임 사태로 다시 한 번 "세계는 평평하다(the world is flat)."는 것을 저는 실감하고 있습니다.

2007년 8월 16일

도광양회(韜光養晦)

저는 2008년 무자년 경영 화두를 '도광양회(韜光養晦)'로 정했습니다. 이 말은 빛을 감추고 어둠 속에서 은밀히 힘을 기른다는 뜻입니다.

도광양회는 제갈공명이 천하삼분지계(天下三分之計)를 세워 놓고 오지인 촉나라를 중심으로 때가 올 때까지 힘을 길러야 한다는

'도광양회'는 빛을 감추고 어둠 속에서 은밀히 힘을 기른다는 뜻. 급변하는 국내외 금융환경 속에서 경쟁력을 확보하고 성장의 활로를 열기 위해 내실을 더욱 알차게 다지자는 취지에서 2008년 경영 화두로 정했다.

것에서 비롯한 고사성어입니다.

지금의 쓰촨성에 위치했던 촉나라 땅은 조조의 위나라나 손권의 오나라에 비해 보잘것없는 오지였습니다. 중국 서북부 산악 지역의 척박한 땅에 자리 잡고 있었지만 촉나라는 천하제패의 꿈을 버리지 않았습니다. 촉이 장차 천하를 차지하기 위해서는 부단히 내실을 길러야 한다는 계획 아래 제갈공명이 도광양회를 화두로 사용하였던 것입니다.

훗날 1980년대 들어 중국의 지도자 덩샤오핑이 계획 개방 정책을 시작하면서, 중국이 세계 강대국으로 우뚝 서기 위해서는 아직 빛을 자랑할 때가 아니라 어둠 속에서 부단히 실력을 길러야 한다는 의미의 화두로 사용하기도 하였습니다. 그 후 중국은 대외적으로 불필요한 마찰을 줄이고 내부적으로 국력을 키우는 것을 외교 정책의 기본으로 삼았으며, 마침내 강대국으로 성장하였습니다.

경영 화두를 도광양회로 정한 이유는 2008년 금융환경이 그 어느 때보다 어려울 것으로 보인 데다 우리 대구은행의 성장 과정에서 매우 중요한 한 해이기 때문입니다. 미국발 서브프라임 모기지의 부실로 인한 글로벌 금융위기의 우려가 채 가시지 않은 가운데, 자본시장통합법과 한미 FTA 실시를 앞두고 국내 금융시장 판도에 거센 변화의 파도가 밀려올 것으로 예상됩니다. 특히 지방은행을 둘러싼 기업 인수 합병 움직임이 본격화되고 대형 은행들의 지역시장 공략 또한 더욱 거세질 것으로 보입니다.

이처럼 급변하는 국내외 금융환경 속에서 경쟁력을 확보하고 성장의 활로를 열어 나가기 위해서는 현재에 안주하거나 결코 자만해서는 안 되며 내실을 더욱 알차게 다져야 합니다.

또한 '복합금융이 강한 은행'으로 거듭나기 위해 지역밀착영업을 더욱 강화함은 물론이거니와 고객과 시장, 그리고 지역사회 변화의 흐름을 예의 주시하고 신속하고도 효과적으로 대응해 나가야 합니다.

그리고 생산성과 가치혁신을 통해 우리의 체질을 한층 더 강화하는 등 경영 혁신의 고삐를 더욱 다잡고 우리의 핵심역량인 지속가능경영의 정착, 강화에 주력해야 할 것입니다. 우리가 도광양회해야 하는 것은 바로 이와 같은 이유에서입니다.

덩샤오핑의 도광양회를 바탕으로 힘을 기른 중국은 후진타오가 집권한 후에는 화두를 '화평굴기(和平崛起)'로 바꿨습니다. 더 이상 빛을 숨기고 힘을 키우는 것이 아니라, 당당히 평화 속에 강대국으로 일어서겠다는 의지를 표명했다 할 수 있습니다.

우리도 도광양회의 정신으로 미래를 알차게 준비한다면 머지않아 '세계적인 초우량 지역은행'의 대열에 우뚝 서는 영광의 날을 맞이할 수 있을 것으로 확신합니다.

2008년 1월 9일

아시아 최우수 경영기업상을
수상하고

2008년 2월 21일 저녁 '아시아 최우수 경영기업상' 시상식이 열리고 있는 홍콩 콘래드호텔 그랜드볼룸은 축제 열기로 가득했습니다. 드디어 사회자가 "Asia's Best-Managed Company, Daegu Bank in Korea, CEO Mr. Hwa Eon Lee." 라고 호명하였습니다.

2번 테이블에 앉아 있던 저는 용수철에 튕기듯 자리에서 일어나 수상대로 올라갔습니다. 카메라 플래시가 연달아 터졌습니다. '지방은행인 우리 대구은행이 드디어 글로벌 무대에서 인정을 받는구나.'라고 생각하니 가슴이 벅차올랐습니다.

우리가 신청하여 받은 상이 아니라 글로벌 시장에서 종사하는 펀드 매니저와 애널리스트들이 추천해준 상입니다. 그들은 자산이 크거나 이익이 많이 나는 회사를 뽑은 것이 아니라 종합적으로 경영을 잘하고 있는 회사를 추천하였습니다. 재무경영은 물론이고 윤리경영, 환경경영, 사회공헌, 직원중시경영, 주주가치경영 등을 종합적으로 평가하였기 때문에 이 상이 더욱 가치 있게 느껴졌습니다.

다음은 『아시아머니(Asiamoney)』지에 실린 당행 추천 배경 전문입니다.

아시아 최우수 경영기업

확고한 기업 비전, 합리적인 자본 배분, 작은 것까지 신경 쓰는 안목—이런 모든 면에서 2007년도 여타의 기업들과 차별화된 지역별 최우수 경영 회사들이 선택되었다.

『아시아머니』는 지역별 최우수 경영기업의 선정을 위해 펀드매니저들과 애널리스트들의 의견을 취합하였다.

'한국: 올해의 기업상 대구은행'

대구은행은 회계 부정의 전력이 없는 기업들에게 대출의 우선권을 주고 있으며, 환경 친화적 전략을 접목시킨 기업에게는 가산점도 주고 있다. 이런 그들의 사업모델과 경영성과는 삼성증권의 리서치장으로 있는 제이슨 유에게 깊은 인상을 남겼고, 또한 그가 지역 자금 공급원인 이 은행을 높이 산 이유인즉 '은행장이 환경 이슈에 우선을 두고 윤리적 경영을 강조하는 보기 드문 은행'이라는 점 때문이다.

2006년 이래 지속가능금융은 이 은행의 공식 경영방침이 되었

2008년 2월 21일 홍콩에서 열린 '아시아 최우수 경영기업상' 시상식. 대구은행이 글로벌 무대에서 재무경영, 윤리경영, 환경경영, 사회공헌, 직원중시경영, 주주가치경영 등 종합적인 평가에서 한국 최고기업상(Best-Managed Company in Korea)을 받았다

다. 제이슨 유의 말에 따르면, 이화언 행장은 2005년도에 대구은행 CFO에서 CEO로 취임하여 기업문화를 변화시켰다. 그는 직원들이 행복하기를 원했다. 물론 이러한 방침은 직원들의 행복이 더 나은 서비스를 낳고 고객들의 행복으로 이어진다는 점을 내포하고 있다.

이 행장은 매주 직원들에게 편지를 보내고 있으며, 금연에 성공한 직원이나 체중을 감량한 직원들에게는 보너스를 주고 있다. 가족주의적 접근이 자연스레 직원들의 충성심을 이끌어 내고 있다는 평가다.

대구은행은 같은 이름을 가진 한국 세 번째 규모의 도시에 기반을 두고 여기서 40퍼센트의 시장 점유율을 가지고 있다.

이 행장은 또한 주주 친화적이다. 해외에 나가 외국인 주주들에게 직접 IR를 하고 있으며, 30퍼센트라는 인상적인 배당 성향을 유지하고 있다. 또 이익의 4퍼센트를 지역사회에 기부하여 여러 사업에 공헌하고 있다.

현재 이해관계자들의 관심은 대구은행을 넘어서서 지역은행 전체를 초점에 두고 있다. 현재 지방은행들이 자신들의 사업 영역을 유지하면서 규모의 경제를 실현하고 마케팅 비용의 절감을 이끌어 내기 위해 하나의 지주회사 구조 아래 뭉치는 선도적 움직임들이 지역은행 사이에서 일어나고 있다.

비 오는 홍콩의 첵랍콕 공항을 이륙한 비행기는 어느덧 제주 상공을 통과했습니다. 생각지도 않게 이런 큰 상을 받고 보니 '이제 우리도 국제 사회에서 인정받는 은행이 되었구나.'라는 뿌듯한 생각도 들었지만, 한편 무거운 책임감도 느껴졌습니다.

분명 이 상은 우리가 한국에서, 아니 아시아에서 최고 기업이 되었다고 준 상이 결코 아니라고 봅니다. 대구은행이 지속가능경영과 직원중시경영, CEO의 해외 IR 등 다른 기업들과 차별화된 경영을 하고 있기 때문에, 최고의 기업이 될 수 있는 가능성이 높다고 보고 앞으로도 더욱 더 노력하라는 의미의 채찍으로 생각해야 할 것입니다.

글로벌 금융환경이 그 어느 때보다 어렵습니다. 이러한 상을 받았다고 조금이라도 방심하거나 자만해서는 안 됩니다. 이 상의 취지에 걸맞은, 그야말로 아시아 최고 기업이 되기 위해서는 현재 우리가 추구하고 있는 윤리경영, 환경경영, 사회공헌, 직원중시경영을 아우르는 지속가능경영에 최선을 다하고, 작지만 강한 은행이 될 수 있도록 우리 모두 힘을 모아야겠습니다.

2008년 2월 27일

상하이사무소

　상하이 푸둥, 루자주이 금융 무역구에 위치한 포스코 프라자 20층, 대구은행 상하이 대표처는 한눈에 봐도 매우 실용적이고 역동적인 첫인상이었습니다. 외환위기로 뉴욕, 도쿄, 홍콩에 있던 사무소를 폐쇄한 지 꼭 10년 만에 다시 해외 거점을 세운다고 생각하니 만감이 교차하였습니다.

　11시 정각, 김정기 상하이 총영사를 비롯한 각계 대표 인사 10여 명이 참석하여 테이프 커팅식을 가졌습니다. 당초 개소식 행사는 중국 금융당국과 현지 교민 및 금융기관, 거래처 대표 등 200여 명의 내외빈을 초청해 대규모로 가질 예정이었으나 최근의 쓰촨성 대지진 참사를 감안해 간소하게 진행하였습니다. 은행 측에서도 20여 명이 참여할 계획이었지만 행장인 저와 담당 임원인 하춘수 수석부행장 그리고 김낙원 국제업무부장만 참석하였습니다. 이번 행사 비용 절감액과 직원 모금액 등 45만 위안(한화 약 6,800만 원 상당)을 상하이 홍십자회를 통해 지진 구호 성금으로 기탁하여 그 의미를 더했습니다.

작년 4월, 중국 사무소 진출 지역 결정을 위해 중국은행의 도움을 받아 베이징, 칭다오, 상하이 등을 후보지로 놓고 사전 답사를 하였습니다. 중국이 당당히 세계 경제의 중심으로 자리 잡고 있는 지금, 그중에서도 상하이가 제1의 산업 및 무역의 중심 도시이자 금융허브로 급부상하고 있어 해외시장 개척의 최적지로 판단하고 진출을 결정하게 되었던 것입니다.

공산주의 정권이 들어서기 전후인 지난 반세기를 제외하고 역사적으로 중국은 우리나라와 밀접한 관계를 맺어 왔고, 싫든 좋든 관계를 유지해야만 할 나라입니다. 저는 우리가 중국과 같은 대국에 맞서려면 비교우위에 있는 산업에 집중하지 않으면 안 된다고 생각합니다. 마치 미국이 우리나라에 와서 금융업, 로열티 수출, 회계, 컨설팅 등 서비스업에서 돈을 벌고 있듯이, 우리나라와 이미 격차가 좁혀진 제조업 분야보다는 금융업 같은 서비스업에서 비교우위를 발휘해 집중하는 것이 좋은 방법이라 생각합니다.

오후에 만난 상하이 은행감독국 홍 페이리(Hong Peili) 부국장은 우리의 중국 진출을 크게 환영하였고, 특히 지진 성금을 기탁한 데 대해 깊은 감사의 뜻을 표했습니다. 사무소 설립 후 2년이 지나면 영업점 개설 인가를 얻을 수 있으므로 향후 2년 동안은 영업 준비 단계라 생각하고 열심히 활동하도록 조성문 소장에게 특별히 부탁하였습니다. '꽌시(關係)'가 중요시되는 중국임을 감안하여 영업 준비 인력도 한 명 보강하고, 그동안 중국의 각 대학을 통해 추진해 온 6개월 코스의 중국 전문가 양성 과정도 상하이 사무소 위탁 교육으로 바꾸는 것을 고려해 볼까 합니다.

문명의 발전에서 항상 선도적이었던 동양이 서양에게 추월당한 시기는 그리 긴 시간이 아니었습니다. 많은 미래학자들도 21세기를 'Pax Sinica(중화중심주의)'의 세기로 보고 있기도 합니다. 우리나라가 21세기 후반에 이룩한 소성(小成)에 만족하지 말고 전진하기 위해서, 중국은 기필코 천착해야 할 새로운 의미의 신세계입

니다.

그래서 저는 여러분께 중국어의 중요성을 강조하고 싶습니다. 중국어가 비록 디지털 시대에 적합지 않은 언어라 할지라도 이미 수천 년간 한 문명의 역량이 집약되어 형성된 언어입니다. 그리고 전 세계에서 가장 많은 사람, 그것도 근래에 강력한 구매력으로 무장하여 세계 경제를 주도할 잠재력을 지닌 젊은 인구들이 사용하고 있는 언어입니다. 또한 새로이 생산되는 많은 지식 정보들도 중국어로 기록되고 있다는 점은 영어의 중요성과 동등한 위치에서 중국어를 직시해야 할 때가 도래한 것으로 봐야 할 것입니다.

상하이 푸둥 루자주이 금융 무역구에 위치한 포스코 프라자 20층에 세워진 대구은행 상하이사무소 개소식 행사. 외환위기로 뉴욕, 도쿄, 홍콩에 있던 사무소를 폐쇄한 지 꼭 10년 만에 다시 세운 해외 거점이다.

앞으로 중국은 우리에게 가장 중요한 전략적 파트너 국가로 존재할 것이고 우리는 모두 여기에 대비하여야 한다고 생각합니다. 중국과 우리는 수천 년간 축적한 문화의 산물들을 교환하였고 이를 통해 번영을 이루어 왔습니다. 근자에는 미국을 앞질러 가장 큰 교역국의 위치를 차지할 정도로 중요성이 날로 증대되고 있습니다.

유무형의 것을 얻고자 멀리 구득의 길을 마다하지 않으셨던 선현들의 열정이 오늘의 밑거름이 되었듯이 우리 대구은행이 상하이에 뿌린 첫 씨앗은 새로운 미래를 위한 준비라고 하겠습니다. 똑같은 사물을 봄에 있어 안팎의 시선이 다르듯이 중국 현지에서 직접 부딪치며 얻은 결과물들은 분명 가치 있는 성과를 이룰 것이라 확신합니다.

국제화니 세계화니 하는 단어를 새삼 거론하지 않아도 저는 항상 '세계 속의 대구은행'을 강조해 왔습니다. 그래서 우리의 모토 또한 '세계적인 지역은행'인 것입니다. 이는 더 이상 관념 속의 문제가 아니라, 곧 생존의 문제로 대두될 것임에 대한 개인적인 확신에서 비롯된 것입니다.

이를 위해 2008년 6월 19일, 중국 상하이에 뿌린 우리의 초지(初志)가 정착하여 100년 지속 대구은행의 디딤돌이 되었으면 하는 바람입니다.

2008년 6월 25일

글로벌 금융위기와
미국의 투자은행

　추석 연휴 마지막 날 불어 닥친 미국발 '금융 허리케인'이 또 다시 국내외 금융시장을 강타했습니다. 세계 4위 투자은행인 리먼 브러더스(Lehman Brothers)가 6,130억 달러의 부채와 함께 파산 보호 신청(Chapter 11)을 했고, 세계 3위 투자은행인 메릴린치(Merrill Lynch)는 BOA(Bank Of America)에 경영권이 넘어갔습니다. 이에 앞서 5위의 투자은행인 베어스턴스(Bear Stearns)는 지난 3월 JP모건체이스(J.P. Morgan Chase)에 인수 된 바 있습니다. 이제 투자은행 부문에서 1위인 골드만삭스(Goldman Sachs)와 2위의 모건스탠리(Morgan Stanley)만 남은 셈입니다.

　그러나 이번 위기를 겪으면서 고객 기반에 의존하지 않은 투자은행 모델의 생존가능성에 의문을 표하면서 심지어는 골드만삭스와 모건스탠리까지도 상업은행과 합병해야만 살아남을 수 있다고

들 합니다. 서브프라임 모기지로 촉발된 미국의 금융위기는 세계 최대의 보험회사인 AIG까지 부도 직전까지 몰리는 대 혼란을 겪고 있습니다.

이는 2001년 9.11사태 직후의 경제위기와 1929년 대공황을 방불케 하고 있습니다. 그러나 다행히도 AIG는 도산 직전에 미국 정부의 막대한 구제금융 지원으로 가까스로 회생의 돌파구를 찾았고 패닉상태를 보이던 국내외 금융시장이 일단 고비를 넘기는 것 같이 보입니다. 하지만 최근 경기둔화에 대한 염려와 금융시장 경색으로 상황을 낙관하기가 어렵습니다. 지금 미국 주택 가격의 추가하락을 배제할 수 없는 데다, 신용파생상품인 CDS(Credit Default Swap)의 부실이 우려되고, 미국 최대 저축은행인 워싱턴뮤추얼 등 주요 금융회사들이 또 다른 희생양으로 거론되고 있어, 금융시장의 앞날을 가늠키 어려운 실정입니다. 금융시장 불안이 신용경색으로 번지는 사태를 막기 위해 FRB를 비롯해 세계 중앙은행들이 엄청난 자금을 공급하고 나섰지만, 이렇게 돈을 푸는 것만으로는 국제 금융시장의 불안을 근본적으로 잠재우기 어려울 것 같습니다.

그동안 승승장구해 온 미국식 금융과 투자은행들은 왜 이렇게 하루아침에 허망하게 무너지고 있을까요? 오늘의 글로벌 금융위기를 초래한 가장 큰 주범인 서브프라임 사태는 9.11 사태 직후의 경제위기를 조기 극복하고 IT버블 붕괴를 막기 위해 FRB에서 편 장기간의 초저금리 정책의 산물이라 할 수 있습니다. FRB는

2001년 1월부터 2003년까지 모두 13차례에 걸쳐 5.5%포인트나 금리를 내렸으며, 이러한 초저금리 상태는 상당기간 유지됐습니다. 이때 풀린 과잉 유동성이 바로 부동산 버블을 일으킨 주범입니다. 한 때 '마에스트로'라 불렸던 그린스펀 전 FRB 의장이 비판의 표적이 되고 있는 이유도 바로 이 때문입니다.

복잡다기한 파생상품과 이들의 증권화도 이번 위기에 한 몫을 했습니다. 미국의 은행과 모기지대출 회사들은 대출자산을 담보로 주택저당채권(MBS: Mortgage Backed Securities)을 만들어 팔아 미리 돈을 회수하는 자산 유동화에 적극적이었습니다. 이는 미국식 신자유주의의 선진성을 상징하는 첨단 금융기법으로 각광받았지만, 빌려준 돈을 받기도 전에 또 다른 형태의 빚을 지는 것이기도 했습니다. 이 과정에서 투자은행들은 채권을 파는 것에 그치지 않고, 이를 기초로 파생상품인 부채담보부증권(CDO: Collaterlized Debt Obligations)을 만들어 팔았습니다. 심지어 기존 CDO를 담보로 2차 CDO를 만들어 팔거나, 다른 채권이나 파생상품과 섞은 뒤 쪼개 파는 금융상품을 내놓기도 했습니다.

경기가 좋아 집값이 계속 오를 때는 모두가 윈-윈(win-win)할 수 있었지만, 집값이 떨어져 부동산 담보에 기반을 둔 금융시스템 자체가 흔들리기 시작하면서 복잡한 파생상품에 문제가 불거진 것입니다. 금융계에 오래 종사한 사람들조차 잘 이해하지 못하는, 첨단 금융공학을 활용한 상품개발이 결과적으로 이번 월가의 위기를 불러왔다 하겠습니다. 수학이나 물리학을 전공한 과학자들

(소위 rocket scientist)이 이론상 위험률 제로베이스의 상품을 개발한 것입니다. 그러나 금융공학의 신화는 결국 깨지고 말았습니다.

또한 투자은행 내부의 엄격한 통제시스템이 없는 데다, 금융당국의 적절한 감독과 통제 없이 수익률을 높이려는 '머니게임'에만 몰두해온 미국식 신자유주의가 취약점을 적나라하게 드러내고 말았습니다. 감독 당국의 엄격한 규제와 감독을 받는 일반 상업은행들과 달리 투자은행들은 느슨한 규제감독으로 큰 위험을 감수하며 부실을 자초해 왔다 하겠습니다.

우리나라는 '금융 허리케인'의 영향을 더 크게 받고 있습니다. 한국의 금융시장이 더 큰 폭으로 출렁이고, 미 달러화의 약세에도 불구하고 유독 한국의 원화가치만 떨어지고 있는 것은, 한국이 여전히 신흥시장(emerging market)에 속해 있어 외국인 투자가들이 안전자산을 선호하여 투자자금을 해외로 빼나가기 때문입니다. 이러한 상황에서 외부 충격으로부터 국내 금융시장의 안정을 확보하기 위해서는 국내 금융시장의 불안정을 해소할 수 있는 최선의 자구책을 찾아야 할 것입니다.

이번 사태를 계기로 리스크관리를 한층 더 강화하고 기존 IB 업무도 재점검하는 기회가 되어야겠습니다. 투자은행(Investment Bank)들은 사라져도 투자은행 업무(Investment Banking Business)는 리스크관리를 통해 지속적으로 보완하고 개발해 나가야 할 것입니다.

우리 대구은행은 충성도가 매우 높은 고객 기반을 가진 리테일 전문 지역은행입니다. 우리의 강점인 지역밀착경영을 더욱 강화하고, 우리의 핵심역량인 리테일 기반을 알차게 다져 나간다면 충분히 경쟁력을 확보할 수 있을 것입니다.

이러한 탄탄한 영업 기반 위에서 새로운 성장 동력을 발굴, 개척해나갈 때, 비로소 글로벌 경쟁력을 지닌 '초우량 지역은행'으로 발전해갈 수 있을 것입니다.

2008년 9월 18일

금융 허리케인의 한가운데서

미국 IR 출장을 마치고 귀국하였습니다. 보통 IR 출장 뒤에는 본점 부서장 회의를 소집하여 IR 결과를 설명해 왔습니다만 이번에는 제가 출장 나간 사이, 국내외 금융시장이 너무 급변하여 직원 여러분들께 직접 말씀드리게 되었습니다.

이번 IR에서는 글로벌 금융위기의 진원지인 뉴욕을 위시해서 보스턴과 워싱턴에 있는 외국인 투자자들을 두루 만났습니다. 그들에게 2008년 9월 실적을 보고하고, 신규 배당 투자도 권유하고, 국제적인 금융위기에 외국인 투자자들을 안심시켜 드리는 것도 좋은 방법이라고 생각했습니다. 어려운 시기에 자리를 비운 것은 걱정이 되었지만 위기의 진원지에서 투자자들을 직접 만나 많은 이야기를 나누면서 글로벌 금융위기와 세계 경제 전체를 조망할 수 있는 좋은 기회가 되었던 것 같습니다.

미국에 도착한 지난주는 미국뿐만 아니라 전 세계 금융시장이 엄청난 혼란을 겪고 있었습니다. 지난 주 다우지수는 월요일 10,325선에서 시작하여 금요일까지 5일간 연속 급락하여 8,541선에서 마감하였는데, 한 주 동안 18퍼센트나 폭락하였습니다. 특히 금요일 하루 다우지수 변동 폭이 무려 1,000포인트에 육박할 정도로 세계 금융의 심장부가 요동치고 있었습니다. 지난 한 주 동안은 영국은 -21퍼센트, 독일 -22퍼센트, 프랑스 -22퍼센트, 일본 -24퍼센트 등 선진국 시장이 더 크게 하락하였습니다. 이는 경제 규모가 크고 유동성 확보가 쉬운 주식시장에서 자금 유출이 더 심하여 크게 영향을 받았기 때문입니다.

위기의 발단이 미국 금융 부문에서 시작되었기 때문에 전 세계 금융기관들의 주가가 더 크게 하락하였습니다. 미국과 유럽은 그동안 은행 간에도 돈을 빌려 주지 않을 정도로 극심한 신용 경색 상태에 있었으며, 이러한 금융위기가 실물경제에 전이되어 GM, 포드와 같은 자동차 회사들까지 부도설이 나도는 등 그야말로 아무도 믿지 못하는 신용 붕괴 상태에 빠져 있었습니다.

다행히 미국을 비롯하여 선진국들이 현재의 위기 진화를 위해 모든 수단을 동원하겠다고 선언하고 달러를 무제한 풀고, 은행 간 거래를 정부가 보장한다든지 은행 주식을 매입하는 등 구체적인 방안들이 마련되고 있어 글로벌 시장 안정화에 큰 도움이 될 것으로 예상합니다.

지금 한국시장의 상황을 1997년 외환위기 때와 비교하는 사람

2008년 10월 글로벌 금융위기의 진원지인 미국 방문. 해외 투자자들에게 9월 실적을 보고하고 신규 배당 투자를 권유하며 그들을 안심시키는 가운데 금융위기 대처법을 모색할 수 있었다. 푸트남(Putnam) 소속 애널리스트인 카밀라 칼스트롬 씨(Ms. Camille Carlstrom)와 매니시 파텔 씨(Mr.Manish Patel)

들도 있습니다만 저는 절대로 그렇게 생각하지 않습니다. 과거 외환위기 당시 우리나라 기업들의 평균부채비율이 500퍼센트를 웃돌았고 단기외채의존도가 매우 높아 외환보유액이 불과 몇 십억 달러에 불과하였습니다. 그러나 지금 국내 기업들의 평균부채비율은 100퍼센트 내외이며 외환보유액도 2,400억 달러에 달한 데 비해, 1년 이내 갚아야 하는 모든 대외 채무는 2,100억 달러에 불과하여 큰 문제가 없는 상태입니다.

다만 최근 경상수지가 적자로 돌아섰고 이러한 시기에 미국의 문제로 한국에 투자했던 달러 자본이 과도하게 빠져나감으로써 원화 약세가 급격하게 진행된 점이 문제가 되고 있습니다. 그러나 민간 연구소들이 전망한 대로 시장의 패닉 상태가 진정되면 조만간 원/달러 환율은 적정 수준으로 복귀할 것으로 보이며, 최근의 어려운 상황들은 곧 안정될 것으로 생각합니다.

우리 대구은행의 경우 그동안 외환위기를 겪으면서 건전성, 수익성, 자본적정성 등 모든 측면에서 우량 은행으로 성장해 왔습니다. 그럼에도 불구하고 최근 주가가 큰 폭으로 하락한 것은 대구은행의 투자가치가 떨어져서라기보다는 투자자들이 유동성 확보를 목적으로 환매한 것으로 보여 일시적인 현상으로 보고 있습니다.

포트폴리오상 중소기업 대출, PF(Project Financing) 대출, 파생상품 등의 장래 리스크에 대해 우려하는 이들도 있지만 이것들은 우리가 충분히 감내할 수 있는 리스크라고 생각합니다.

직원 여러분들이 열심히 노력한 덕분에 2008년 9월 결산에서도 좋은 성과를 거둔 것으로 나타났습니다. 자산건전성은 0.9퍼센트대로 양호하였으며 수익성도 전년동기 대비 좋아졌고 유동성은 원화, 외화 불문하고 은행권에서 가장 뛰어난 수준임을 말씀드립니다. 따라서 이번 주가 하락은 펀더멘털의 문제라기보다는 글로벌 금융위기 확산에 따른 공포 심리와 수급상의 공백 문제로 보아야 할 것입니다. 이번 IR에서 만난 우리 주주들은 오히려 어려운 시기에 안정적인 경영성과를 내준 데 대해 칭찬을 아끼지 않았고,

이렇게 전 세계가 혼돈 상태에 있을 때 직접 CEO가 현지에 나와 최근 경영 상황을 설명해 준 것에 고마워하며 오히려 대구은행 투자를 확대하겠다고 말씀하시는 분들이 많았습니다.

우리 대구은행은 외환위기 당시 주가가 1,000원 대로 빠지고 부실여신과 연체율이 10퍼센트를 넘어서는 등 건전성과 수익성이 그처럼 악화되었을 때도 공적자금에 의존하지 않고 굳건히 위기를 극복한 역사와 전통을 가지고 있습니다. 이번 9월 결산에서도 확인되었지만 우리 스스로 아무런 문제가 없는 상태에서 외부에서 불어오는 태풍에 우리가 먼저 부화뇌동하여 불안해 해서는 절대 안 될 것입니다.

제가 미국에 있는 동안《뉴욕 타임스》를 읽으면서 그중 독자 투고란에 실렸던 글 중 현 상황과 딱 들어맞는 글이 있어 소개합니다.

"1930년 대공황 때 루스벨트 대통령이 미국 국민들에게 이렇게 말했다고 합니다. 우리가 진정 두려워해야 할 대상은 두려움 바로 그 자체입니다(The only thing we have to fear is fear itself)."

지금은 우리 모두가 차분하게 글로벌 금융위기를 냉철하게 직시하면서, 우리가 세계 어떤 은행들과 비교해서도 뒤지지 않는 은행이라는 확고한 자신감을 가질 때입니다. 우리가 그렇게 생각하고 행동할 때 고객들의 신뢰도 높아질 것입니다.

2008년 10월 15일

글로벌 금융위기 속의 홍콩, 싱가포르를 다녀와서

저는 얼마 전 홍콩, 싱가포르에 있는 애버딘(Aberdeen), CRMC 등 대주주와 장기 투자에 관심이 있을 만한 대형 투자기관들을 만나고 돌아왔습니다. 그들에게 국내 경제 상황과 우리 대구은행의 실상을 정확히 알리고 글로벌 금융위기로 매우 어려운 경영 여건 속에서 우리가 나아갈 방향에 대해 많은 의견을 나누었습니다.

지난주 일요일 홍콩에 도착했는데 예전보다 공기가 훨씬 깨끗하다는 느낌을 받았습니다. 마침 그날 저녁에 만난 펀드 매니저로부터 홍콩 공기가 맑아진 이유가 홍콩에 인접한 선전(深圳) 지역 중국 공장들이 글로벌 경기침체로 인해 문을 많이 닫았기 때문이라는 설명을 듣고 기분이 착잡해졌습니다.

홍콩 경제에서는 부동산과 금융이 절대적 비중을 차지하고 있는데, 글로벌 금융위기로 인해 홍콩 역시 크게 어려움을 겪고 있었습니다. 빅토리아 피크(Victoria Peak) 지역의 80평형 고급 주택이 작년에는 1,500만 달러였는데 최근에는 900만 달러에 거래되었다고 하니 무려 40퍼센트나 하락한 셈입니다. 또한 홍콩에는 일반 개인들이 주가연계증권(ELS: Equity Linked Securities) 류의 주식과 통화파생상품에 가입하여 엄청난 손실을 입어 소비가 크게 위축되고 있다고 합니다.

싱가포르 역시 금융과 관광산업이 큰 비중을 차지하는데 어렵기는 마찬가지였습니다. 싱가포르 정부가 야심 차게 추진하던 '마리나 베이'의 엔터테인먼트 리조트 건설 공사의 타워 크레인이 모두 서버렸습니다. 주 사업자인 샌즈그룹의 자금조달에 문제가 생긴 것입니다. 싱가포르는 올 3분기 현재 기술적으로 이미 경기 침체에 돌입하였고 부동산 가격은 고점 대비 30퍼센트가량 하락한 상태라고 합니다. 이번 IR를 통해 지금 우리나라가 겪고 있는 경제적 어려움은 우리만의 문제가 아니라 전 세계 지구촌이 동시에 겪고 있다는 사실을 피부로 느낄 수 있었습니다.

저는 대주주인 CRMC(Capital Research and Management Company)의 미스터 해럴드 라를 만나 우리 대구은행의 최근 실적과 투자자들이 우려하는 주요 이슈에 대해 있는 그대로 솔직하게 설명하고 의견을 물었습니다. 해럴드 씨는 국내 은행들에게 지난 1~2년간 지속적으로 유동성, 자본, 예대율 등에 대해 많은 조언을 해왔는데도 참고하는 은행이 없어 한국계 은행 주식을 상당 부분 처분하였다고 합니다. 만약 그들이 대구은행만큼만 경영을 했더라면 처분하지 않았을 것이라며 아쉬움을 토로하였고 우리가 한국에서 가장 뛰어난 은행이라는 칭찬을 아끼지 않았습니다.

이번에 만난 신규 투자기관인 노무라의 미스터 카사하라는 대구은행이 규모가 작아서 그렇지 워런 버핏이 살 만한 은행으로 평가하며 앞으로 투자대상으로 편입할 것을 적극 고려하겠다고 말했습니다.

싱가포르에 있는 우리의 최대 주주인 애버딘은 이렇게 어려운 경영 여건 속에서도 안정적인 실적을 내준 데 대해 고마움을 표시하였습니다. 또한 자신들은 장기 투자를 하기 때문에 주가 하락에 대해서는 크게 개의치 않는다면서 대구은행은 한국에서 가장 보수적으로 경영을 잘한 은행이니 앞으로도 계속 차별화된 실적을 내줄 것을 당부하였습니다.

홍콩과 싱가포르에서 만난 우리 주요 주주와 신규 투자기관들은 한결같이 지금의 상황이 전 세계 경제가 모두 동시에 어려운 상태에 있기 때문에 다른 나라가 도움을 줄 수 있는 상황이 아니라고 진단하였습니다. 특히 내년은 올해보다 더욱 어려운 한 해가 될 것이라며 앞으로 우리가 초점을 맞추어야 할 부문에 대해 다음과 같이 도움말을 주었습니다.

첫째는 세계 굴지의 은행들이 파산하거나 파산에 가까운 지경에 몰린 이유는 무엇보다도 단기 차입금 등 시장성 자금조달에 과도하게 의존하면서도 자본 규모에 비해 30배 이상으로 무리하게 위험자산을 키웠기 때문이라고 합니다. 영원히 지속될 것 같던 천하의 골드만삭스도 고객 기반 없이 1조 달러에 가까운 자금을 시장에서 조달한다는 것은 현재 상황에서는 거의 불가능했던 것입니다.

우리 대구은행은 지금도 시장성 수신 비중이 은행권에서 가장 낮은 상태이지만 유통 CD나 은행채를 고객 예금으로 점차 대체시켜 나갈 것을 당부하였습니다. 그리고 공공 금고를 포함한 저원가성 예금을 중심으로 대고객 수신 기반을 더욱 확충하는 것이 무엇보다 중요하다고 강조하였습니다.

둘째로 향후 경제가 적어도 1년에서 1년 반은 어려움이 계속될 것으로 예상되기 때문에 이번 경기침체 기간을 신규 우량고객 기반을 확대하는 기회로 삼으라는 조언입니다. 고객 분류를 잘해서 앞으로 좋아질 수 있는 거래 기업에 대해서는 '비 오는 날 우산을 빼앗지 말고', 장래에 살아남을 수 있으나 다른 은행으로부터 우산을 빼앗긴 기업에게는 '새 우산을 빌려 주라.'는 이야기입니다.

셋째는 현 시점에서 미분양 아파트 등 건설과 부동산 문제, 통

싱가포르에 있는 대구은행 최대 주주인 Aberdeen의 펀드매니저와 애널리스트와 함께

화파생상품 문제, 유동성 문제 등의 위험 요인을 신용리스크 측면에서 상세히 점검해 보고 건전성관리에 철저히 대응해 줄 것을 당부하였습니다.

마지막으로 고객이 쉽게 이해할 수 있는 단순한 금융상품을 취급해 줄 것을 부탁하였습니다. 은행도 잘 모르는 상품을 팔면 나

중에 고객으로부터 불만이 높아져 은행의 평판 리스크가 높아질 수 있는 점을 우려하고 있었습니다.

귀국길 싱가포르항공의 보잉 777 비즈니스 석은 다른 비행기의 1등석보다 더 편했습니다. 제가 여승무원에게 좌석 칭찬을 했더니 그녀는 과거 비즈니스 석을 이용하던 많은 승객들이 이코노미 석으로 낮춰 이용한다며 글로벌 경제위기에 대해 걱정하였습니다. 이처럼 경제의 어려움이 모든 사람의 피부에 와 닿고 있었습니다.

우리 대구은행이 이번 금융위기를 잘 이겨 내면 앞으로 크게 차별화되어 최고의 은행으로 성장할 수 있는 좋은 기회가 될 것이라고 저는 확신합니다. 마치 대나무가 5년 동안 땅속에서 성장을 위한 준비를 하고 나면 하루에 27센티미터씩 2~3개월 만에 다 자라는 것처럼 우리도 '도광양회'의 정신으로 자신감을 가지고 고객에게 한 걸음 더 다가간다면 앞으로 크게 성장할 수 있을 것입니다.

"Every cloud has a silver lining."이라는 말이 있습니다. 모든 시련 속에는 반드시 희망이 있다는 의미입니다. 우리 모두 열정과 자신감으로 우리가 가야 할 방향을 향해 묵묵히 나아간다면 더 나은 미래가 우리를 기다리고 있을 것으로 저는 확신합니다.

2008년 12월 24일

마부작침(磨斧作針)

예로부터 우리 조상들은 동지(冬至)가 지나면 생명의 근원인 태양의 기운이 강해지고 낮이 길어진다고 하여 '작은 설'이라 불렀고, 한 해의 액운을 쫓아낸다는 의미로 붉은 팥으로 쑨 죽을 먹는 풍습이 있습니다. 벌써 동지가 지났으니 이제 새해도 얼마 남지 않았습니다.

2009년 기축년 새해의 경영 화두는 '마부작침(磨斧作針)'으로 정하였습니다. 예년과는 달리 이번에는 글로벌 금융위기를 극복하고자 하는 우리 임직원들의 의지와 역량을 한데 모으고, 자발적인 참여와 공감대를 형성하고자 공모와 설문 조사 과정을 거쳐 화두를 선정하였습니다.

마부작침은 '도끼를 갈아서 바늘을 만든다.'는 뜻으로 중국인 특유의 과장된 표현이 느껴지는 사자성어입니다만, '포기하지 않

금융위기를 극복할 수 있다는 확신과 도전정신을 가지고 전직원이 함께 끊임없이 노력한다면 금융위기가 오히려 우리에게는 기회가 되어 경영목표 달성은 물론, 100년 은행을 이룰 수 있다는 의미로 선정한 2009년도 경영화두 '마부작침(磨斧作針)'

고 끊임없이 노력하고 혁신한다면 언젠가는 뜻을 이룰 수 있다.'는 의미를 담고 있습니다. 이 말은 당나라 때 시선(詩仙)으로 불리던 이백이 큰 깨달음을 얻었다는 일화로 유명합니다.

남송 때 축목이 쓴 지리서 『방여승람(方輿勝覽)』과 당서(唐書) 『문예전(文藝傳)』에 따르면, 젊은 시절 쓰촨성 각지를 떠돌던 이백은 상의산(象宜山)에서 학문에 정진하다 싫증을 느끼고 하산하던 길에 한 노파가 바위에 도끼를 갈고 있는 모습을 보게 되었습니다. 노파의 이상한 행동에 그 이유를 물어본 이백은 '도끼를 갈아 바늘을 만들려고 한다.'는 대답에 큰 소리로 비웃었으나, '포기하지 않는다면 언젠가는 바늘을 만들 수 있다.' 는 노파의 꾸짖음에 크게 깨달아 다시 학문에 정진하게 되었다는 것입니다.

글로벌 경기침체와 불확실성의 증대로 인해 그 어느 때보다도 많은 어려움이 예상되는 2009년의 경영 화두로 마부작침이 선정된 것은, 바로 이러한 '끊임없는 노력과 혁신'이 위기 극복을 위해 가장 절실하게 요구된다는 직원들의 공감대가 형성되었기 때문이라고 저는 생각합니다.

이처럼 우리가 처한 현실을 직시하고 새해를 준비하는 단계에서부터 전 직원들이 공감대를 형성하여 한 방향으로 힘을 모으는 모습을 보니 우리 앞의 어떠한 난관도 충분히 극복해 낼 수 있을 것이라는 믿음과 함께 여러분들이 무척 자랑스럽게 느껴집니다.

올해도 우리는 태스크포스팀을 구성하여 내년도 경영전략을 수립하였습니다. 그리고 전략조정회의와 임원회의 등을 거쳐 경영목표를 '위기에 강한 은행'으로 정했습니다. 또한 경영목표를 달성하기 위해 '위기대응 변화관리 강화', '고객기반 강화', '생산성 혁신'을 경영전략으로 선정하였습니다.

이와 같은 새해 경영목표와 전략을 마부작침의 정신으로 추진해 나간다면 우리는 반드시 이 위기를 기회로 바꾸고, 나아가 세계적인 초우량 지역은행의 대열에 우뚝 서는 그날을 보다 일찍 맞이할 수 있을 것이라고 저는 확신합니다.

2008년 12월 24일

하이브리드채권

우리 대구은행은 역사상 처음으로 1월 19일과 29일 두 차례에 걸쳐 총 4,000억 원의 하이브리드채권(신종자본증권)을 성공적으로 발행하였습니다. 1차 발행 때 발행 목표액 2,700억 원을 훨씬 초과한 무려 6,300억 원이나 신청함에 따라, 한도를 늘려 추가로 1,300억 원을 발행하였습니다.

지난해 12월초, 금융환경과 실물경제지표가 빠르게 악화되고 있는 가운데 건설, 조선 등 일부 산업의 구조조정을 앞두고 금융당국은 은행권에 올 1월 말까지 바젤Ⅱ 기준 BIS 비율을 12퍼센트 이상, 기본자본비율(Tier1 비율)을 9퍼센트 이상 유지할 수 있도록 권고하였습니다. 이에 우리는 자본 확충 방안에 대해 다각도로 검토한 결과, 배당을 하향 조정하고 하이브리드채권을 발행해야 한다는 결론에 이르렀습니다.

많은 분들이 유상증자를 하지 않고 8.6퍼센트의 고금리 하이브리드채권을 발행한 이유에 대해 궁금해할 것입니다. 결론부터 말하자면, 유상증자를 통해 조달하는 자기자본은 하이브리드채권 발행보다 훨씬 비용이 많이 듭니다.

자본자산가격결정모델(CAPM) 이론, 납입 자본금에 대한 배당, 중장기 ROE(자기자본이익률) 등의 관점에서 자본 비용을 계산해보면 대략 15퍼센트 이상의 비용이 수반됩니다. 어떤 의미에서는 당행의 ROE인 18퍼센트가 자본 비용이라고 봐도 무방합니다.

따라서 실물경제가 빠르게 하강 국면에 접어들고 향후 성장과 수익성이 악화될 가능성이 높을 때는 하이브리드채권 발행으로 자기자본을 확보하는 것이 경영에 유리하며, 반면에 경기가 하강 국면을 벗어나 상승 국면으로 전환되어 중장기 목표 ROE를 충분히 달성할 수 있을 시기에는 유상증자를 고려하는 것이 바람직하다고 하겠습니다.

또한 8.6퍼센트의 고금리 하이브리드채권을 발행하면 향후 NIM 하향 압박 등 금리 리스크에 대해 걱정하시는 분들도 많을 것으로 생각합니다. 우리 대구은행의 경우 유가증권 전체 포트폴리오 중에서 회사채가 차지하는 비중이 약 4퍼센트 내외에 불과하나 시중은행과 다른 지방은행들의 회사채 비중은 평균 10퍼센트 정도입니다. 따라서 일부 발행 자금은 A등급 이상 회사채에 투자하여 운용하고 나머지는 운용 부문 고객 기반 확대에 사용할 계획입니다. 이렇게 하면 비용 대 편익(cost-benefit) 측면에서 NIM

의 큰 훼손 없이 자금 운용이 가능하다고 봅니다.

여러 정황으로 미루어 볼 때, 저는 처음부터 하이브리드채권을 성공적으로 발행할 수 있을 것으로 확신하고 있었습니다. 다만 만에 하나 실패할 경우 그 파급 효과가 치명적일 수 있기 때문에 '사자가 토끼 한 마리 잡을 때도 전력을 다하는' 그런 자세로 임했습니다. 그래서 인센티브를 걸고, 인사이동까지 보류하는 등 전사적 조치를 취했던 것입니다.

저 또한 앞장서서 CEO 마케팅을 적극적으로 펼쳤고, 우리 3,000여 임직원 모두가 한마음으로 힘을 모았습니다. 그러나 전산 시스템에 연계한 선착순 모집의 허점이 나타나 긴급 임원회의를 소집하고 한도조정을 지시하였습니다. 5,000만 원 이하 소액 고객을 우선으로 하여 전액 배정하고 5억 원 이상 고액 고객과 기업 및 투자기관에 대해서는 이해를 구하고 배정 한도를 감축하는 등의 조치를 취했습니다.

또한 운용 측면에서도 일부 회사채 투자를 병행하면서 '비 올 때 새 우산 빌려 주라.'고 하듯이 대출 고객 확대에 활용토록 하였습니다. 이처럼 저는 하이브리드채권의 발행을 조달과 운용 측면에서 고객 기반 확대에 모든 초점을 맞추었습니다.

좋은 은행과 그렇지 못한 은행의 판단 기준은 단연코 고객 기반에 있다고 봅니다. 이미 파산한 리먼 브러더스를 비롯한 투자은행(IB)들이 종말을 고한 핵심적인 이유는 고객 기반이 약해 자금조달이 제대로 되지 않았기 때문입니다. 즉 고객 기반이 취약해 시장에서 자금을 빌려 높은 레버리지(leverage)를 이용해 신용파생상품 등 각종 고수익 금융상품을 좇아 투자를 했다가 낭패를 보게 된 것입니다. 전 세계 금융기관들이 이제는 기본에 충실히 하는 것(back to basics)이 얼마나 중요한지 절실히 깨달았을 겁니다.

이번 하이브리드채권의 발행으로 2009년 1월 말 기준 BIS 비율은 13.6퍼센트, 기본자본비율은 10퍼센트 내외가 되어 우리의 자본 적정성은 은행권 최상위 수준이 예상됩니다. 물론 앞으로 겪게 될 실물경제 악화가 어느 정도 은행권에 파급 효과를 가져올지 지켜봐야 하겠지만, 저는 이번 일을 통해서 다시 한 번 우리 직원들의 저력과 위기에 강한 대구은행의 미래를 함께 보았습니다. 여러분 정말 수고 많았습니다.

2009년 1월 21일

| 제 4 부 |

100년 은행을 위한 대구은행의
지속가능경영

대구은행은 지역사회의 사랑과 성원에 보답하기 위해 창립이래 **지금까지 지역밀착경영을 최우선에 두고 있으며, 꿈과 풍요로움을 지역과 함께** 해오고 있다. 이제는 더욱 성숙한 기업시민으로서의 사회적 책임을 다하고 국제기준에 맞는 지속가능경영을 추진해 나감으로써 100년 은행으로의 미래를 착실히 준비하고 있다.

불편한 진실

지난해 9월, IR를 위한 해외 출장길의 기내에서 저는 「불편한 진실(An Inconvenient Truth)」이라는 다큐멘터리 영화를 우연히 보게 되었습니다. 처음에는 그 뜻이 다소 모호한 영화의 제목에 이끌려 보기 시작했지만 곧바로 영화 속으로 깊숙이 빠져들고 말았습니다.

우리 대구은행이 올해를 '지속가능경영의 원년'으로 선포하면서 환경문제에 관심이 많던 차에, 지구온난화로 인해 닥쳐올 환경재앙에 대한 미국 전(前) 부통령 앨 고어의 진심 어린 경고와 호소는 저의 눈과 귀를 사로잡기에 충분했습니다.

환경문제의 심각성은 어제 오늘의 이야기가 아니지만 갖가지 인상적인 그래프와 앨 고어의 재치 있는 입담을 곁들인 과학적인 설명으로 구성된 이 영화는 지구온난화의 위기가 얼마나 심각한

지를 보여 주고 있었습니다. 그리고 우리 인류에게 닥친 심각한 기후변화와 생태위기로부터 하나뿐인 지구를 지키기 위해 우리 모두가 나서야 할 때라는 점을 절실히 깨닫게 해주었습니다.

환경 다큐멘터리인 이 영화는 지구온난화로 녹아 버린 바다를 떠돌며 얼음 조각을 찾는 북극곰의 쓸쓸한 일상을 다룬 애니메이션에서부터 지구온난화가 가져다준 환경파괴의 현장까지를 생생히 보여 주고 있습니다. 2005년 8월 뉴올리언스를 강타한 허리케인 카트리나의 피해에서부터 다 녹아 사라질 위기에 처한 킬리만자로의 눈, 한때 세계 여섯 번째로 큰 호수였다가 이제는 바닥을 드러낸 아프리카의 차드 호, 북극에서 가장 큰 워드헌트 빙붕(氷棚)의 균열, 남극 펭귄의 개체 수 감소 등을 선명한 사진 자료를 통해 보여 줍니다.

이산화탄소의 배출로 지구온난화가 이대로 계속되면 북극의 빙하는 10년을 주기로 9퍼센트씩 녹아 사라지며 그 결과 전 세계 해수면은 6미터 가량 상승한다고 합니다. 그렇게 되면 태평양의 섬들이 하나둘씩 잠기고 플로리다, 미국의 샌프란시스코와 뉴욕, 중국의 베이징과 상하이, 인도의 콜카타 등 대도시의 40퍼센트 이상이 침수되며 네덜란드는 지도에서 사라지게 된다고 합니다.

최근 유엔환경계획(UNEP)에서도 삼림개발과 산업공해로 인해 아프리카 대륙의 최고봉인 킬리만자로 산(5,895미터)과 두 번째로 높은 케냐 산(5,199미터)의 꼭대기를 덮고 있는 얼음이 앞으로 25년에서 50년 사이에 사라질 것이라고 경고한 바 있습니다. 킬리만

자로 산 정상의 얼음은 지난 80년간 82퍼센트가 사라졌고, 만년 빙하를 이고 있던 적도 부근의 케냐 산에서도 지난 100년 사이에 92퍼센트의 얼음이 녹아 없어졌다고 합니다.

지구온난화의 영향은 우리 주변에서도 일어나고 있습니다. 동해안 표층 수온은 지난 36년 동안 약 0.82도 상승했고, 이 때문에 예전에는 볼 수 없었던 아열대성 어종이 빈번하게 출현하고 있다고 합니다. 한반도의 아열대화는 육지의 자연생태계에도 큰 변화를 가져오고 있습니다. 슈퍼컴퓨터도 예측하기 어려운 집중폭우가 빈번히 쏟아질 뿐만 아니라, 곤충이나 조류의 서식지가 바뀌고

아프리카 대륙의 최고봉인 킬리만자로 산 정상의 얼음은 지구온난화로 인해 지난 80년간 80퍼센트가 사라졌고, 앞으로 25년~50년 사이에는 완전히 사라질 것이라고 한다. 2011세계육상선수권대회 유치차 케냐 몸바사에 들렀다가 귀국하는 길에 비행기 안에서 촬영한 킬리만자로 산 정상

식물의 군락지가 점차 북상하는 등 생태계의 변화가 예사롭지 않습니다.

안타까운 점은 지구온난화가 과학적으로 입증되었음에도 불구하고 아직도 정치가와 일반인들이 그 위험성과 긴박함을 외면하고 있다는 것입니다. 지난 10년간 저명한 학자들이 지구온난화의 위험을 줄기차게 경고해 왔지만, 일반인들 중 53퍼센트는 여전히 온난화가 지구에 미치는 영향이 과학적으로 입증되지 않았다고 생각하고 있습니다. 지구온난화의 위험을 깨닫지 못하는 현대인들은, 뜨거운 물에 넣으면 곧바로 튀어나오지만 서서히 가열하면 아무것도 모르는 채 삶겨 죽는 개구리와 같은 존재일지도 모릅니다.

불편한 진실이란 결국 지구온난화 현상을 진실로 받아들일 경우 모두가 불편을 감수할 수밖에 없다는 것을 의미합니다. 우리 인류가 환경재앙을 당하지 않고 아름다운 지구를 후손들에게 물려주기 위해서는 앨 고어가 전하는 경고의 메시지에 귀 기울여 크고 작은 불편을 기꺼이 참고 이겨내는 노력을 해야 할 때가 아닌가 합니다.

정부는 에너지 절약형 산업구조로의 개편과 신재생에너지 등 대체에너지의 개발을 위한 투자확대에 더욱 힘쓰고 기업들은 환경경영을 포함한 '지속가능경영'을 적극적으로 실천해야 합니다. 우리 국민 모두는 쓰레기와 일회용품 사용을 줄이고, 전기와 수돗물을 아껴 쓰는 한편, 카풀제나 승용차 부제 운행에 적극 동참해야 할 것입니다. 이와 함께 기업과 정부가 환경보전에 책임감 있는 태도를 가지도록 친환경 상품의 소비나 시민운동 등을 통해 적극적으로 의사표시를 하고 이를 지원해 나가야 합니다. 하나뿐인 지구를 온전히 지키기 위해서는 '불편'하지만 피할 수 없는 '진실'을 더 이상 외면해서는 안 될 것입니다.

우리 대구은행은 금년 들어 친환경경영 대상을 수상한 데 이어 유엔 글로벌 콤팩트와 유엔환경계획 금융협의회(UNEP FI)에 가입하고, 올해를 지속가능경영의 원년으로 선포하는 선포식을 가진 바 있습니다. 경영성과 면에서 앞서감은 물론이고, 선진 기준에 부합하는 윤리경영, 사회공헌, 환경경영을 추진함으로써 지속가능경영의 기틀을 확고히 구축해야겠습니다.

특히 환경경영 부문에서는 우리가 앞으로 해야 할 일이 매우 많습니다. 우리 임직원 모두가 에너지 절감과 친환경 소비를 생활화하는 동시에, 우리 고장의 자연과 생태계를 보호하기 위한 봉사활동에도 적극 참여해야 할 것입니다. 그리고 업무와 관련해서는 거래 기업에 대한 환경 관련 리스크를 평가 반영하고, 환경 관련 상품의 개발에도 최선을 다해야 할 것입니다.

2006년 11월 1일

나우르의 비극

　태평양 한가운데 떠있는 작지만 풍요로웠던 나라 나우르는 이제 세계 최빈국으로 전락하고 말았습니다. 예전에는 바닷새 앨버트로스가 싸놓은 똥이 세월이 지나면서 인광석이 되어 세계적인 수요를 창출해 나우르에 엄청난 부(富)를 가져다주었습니다. 1980년대 우리의 국민소득이 2,000달러 정도일 때, 나우르는 2만 달러 이상으로 세계 최부국에 속했습니다.

　부자가 된 나우르 사람들은 더 이상 농사를 짓지 않았고 고기도 잡지 않았습니다. 심지어는 걸어 다니는 것조차 싫어하게 되었습니다. 섬 전체를 걸어 다녀도 한두 시간이면 온 나라 구경이 다 끝나는 곳인데도 나우르 사람들은 너나없이 자동차를 타고 드라이브인 상점에서 쇼핑을 즐겼습니다. 한 집에 자동차 두 대는 기본이었습니다.

어려운 일은 외국인들을 불러다 시키고, 원주민들은 손 하나 까딱 않고 먹고 자고 놀기만 하였습니다. 해외에서 수입해 온 식품에 의존하다 보니 나우르 사람의 90퍼센트가 비만이 되었고, 50퍼센트가 당뇨병을 앓고 있습니다.

문제는 영원할 줄 알았던 인광석이 2003년부터 완전히 고갈되어 버린 것입니다. 예전처럼 소박하게 농사를 지으려 해도 온 나라가 인광석 채취를 위해 베어 버린 나무 때문에 섬은 대부분 황폐해졌고, 자연이 파괴되어 그마저도 불가능하게 되었습니다. 지금 나우르는 호주 정부의 지원으로 근근이 연명하는 처량한 신세가 되었습니다. 게다가 지구온난화로 인한 해수면 상승으로 언젠가는 나우르 섬이 바다 속으로 가라앉을 것이라는 우울한 예측마저 나오고 있습니다.

우리는 나우르에서 교훈을 얻고 메시지를 받아야 할 것입니다. 몇 억겁 년에 걸쳐 생성, 보존되어 온 지구 자원을 지금처럼 함부로 쓴다면 이 세상은 더 이상 지속 불가능한 끔찍한 일이 발생할 수도 있다는 것을 우리 모두 명심해야 합니다. 하나뿐인 지구를 후손들에게 잘 보존해서 물려주기 위해서는 지금부터라도 자원을 아껴 쓰고 지구 환경보전에 우리 모두 최선을 다해야 하겠습니다.

2008년 2월 20일

물, 생명의 원천이자 소중한 자원

매년 3월 22일은 '세계 물의 날'입니다. 물은 생명의 원천이자 소중한 자원입니다. 우리 몸의 70퍼센트 정도가 물로 되어 있고 물 없이는 하루도 살 수 없습니다. 농업 및 공업용수 등 산업 생산 활동에서도 물은 없어서는 안 될 소중한 자원입니다. 인간의 역사는 물과 함께 해왔으며, 사람이 많이 모여 사는 도시나 찬란한 문명은 으레 강과 호수를 끼고 발달했습니다.

뿐만 아니라 물은 우리 인간에게 무언의 교훈을 주기도 합니다. 노자는 『도덕경(道德經)』에서 물의 덕을 높이 칭송하였습니다. 상선약수(上善若水), 즉 '최고의 선은 물과 같다.'고 했습니다. 물은 겸손하여 모두가 싫어하는 낮은 곳을 향해 흐릅니다. 쉼 없이 아래로 흘러가다 보면 더 큰 물줄기를 만들고 마침내 큰 바다를 이룹니다. 물은 변화에 잘 적응합니다. 둥근 그릇에 담으면 둥글고 모난 그릇에 담으면 모난 모습으로 변합니다. 물은 생명의 싹을 틔우고 자라게 하여 온갖 만물을 이롭게 합니다. 물은 다투는 일 없이 장애물이 있으면 감싸 안고 지나가며 깊을수록 더욱 고요합니다. 그런 점에서 노자는 물을 '그러므로 도에 가깝다(故幾於道).'라고 했습니다.

이처럼 소중한 물이 산업화와 도시화로 인해 급속히 오염되거나 귀해지고 있습니다. 산업화의 속도가 빠른 나라일수록 강과 하천의 오염도도 더욱 높아지고 있습니다. 이를테면 연평균 10~11퍼센트씩 경제가 성장하면서 '세계의 공장'으로 부상하고 있는 중국의 도시 지역 하천 중 절반은 전혀 관리되지 않은 채 오염 물질이 곧장 하천으로 흘러 들어가고 있다고 합니다. 나일 강이 발원하는 빅토리아 호수도 오염과 수량(水量) 감소에 시달리고 있고, 아랄 해와 차드 호 등은 머잖아 고갈될 수밖에 없는 운명에 처해 있습니다.

탄소 배출에 의한 지구온난화 현상으로 인해 수많은 사람들에게 맑은 물을 공급해 주는 만년설이 점차 줄어들고 있어 전 지구적 재앙으로까지 확산될 조짐입니다. 인도의 갠지스 강과 인더스 강, 중국의 양쯔 강과 황허, 인도차이나 반도의 메콩 강 등 아시아 7대 강의 발원지인 히말라야 산맥의 만년설의 설선(雪線)이 매년 10에서 15미터씩 후퇴하고 있습니다. 히말라야 빙하가 현재 속도로 계속 녹아내리면 50년 뒤에는 완전히 사라질 것이라고 합니다.

그럴 경우 이들 강 유역에 살고 있는 수십억 명에 달하는 주민

탄소 배출에 의한 지구온난화 현상으로 중요한 식수원인 만년설이 점차 줄어들고 있으며 우리나라 역시 2025년에는 UN이 분류한 '물 부족 국가'에 들어간다. 물을 아껴 쓰는 한편 강과 하천을 깨끗이 보호하는 데도 앞장서야 한다. 사진은 신천에서 이루어진 붕어 치어 방류 행사 장면

들이 단기적으로는 홍수와 산사태의 위험에 처하고, 장기적으로는 물 부족 사태를 겪게 될 것입니다. 아름다운 알프스의 만년설도 2025년까지 50퍼센트가 녹아 사라지고, 열대권에서는 유일하게 만년설을 머리에 이고 서 있는 아프리카의 최고봉 킬리만자로의 눈도 2020년이면 더 이상 볼 수 없을 것이라고 합니다. 숱한 사람들에게 생명의 젖줄 역할을 하고 영혼의 안식처 역할을 해온 아름다운 설산들이 지금 인간의 끝없는 탐욕으로 인해 영원히 사라질 위기에 놓여 있습니다.

전 세계에 깨끗한 물을 마시지 못하는 사람이 11억 명이나 되

고 2025년경에는 약 18억 명이 물 부족으로 고통을 받을 것이라고 합니다. 우리나라도 예외는 아닙니다. 한국의 연평균 강수량은 1,245밀리미터로 세계 평균의 1.4배이지만, 인구밀도가 높기 때문에 1인당 강수량은 세계 평균의 8분의 1에 불과합니다. 그 결과 1인당 물 사용 가능량이 1,479입방미터에 불과해 국제연합이 분류한 '물 부족 국가'에 들어갑니다. 우리나라는 기름 한 방울 나지 않음에도 불구하고 에너지 소비 증가율은 세계에서 가장 높습니다. 물 소비도 마찬가지입니다. 물의 소중함과 물 부족 현상의 심각성을 깨닫지 못하고 물을 흥청망청 쓰고 있습니다.

우리 모두 물의 가치와 소중함을 다시금 인식하고 직장에서나 가정에서 물을 더욱 아껴 쓰는 한편 우리 지역의 강과 하천을 맑고 깨끗이 보호하는 데도 앞장섭시다.

2008년 3월 26일

공기를 팝니다

"탄소 배출권 시장은 인류가 발명한 단일상품으로는 사상 최대 히트작이 될 것이다."

이 말은 전 세계 환경 관련 금융 전문가들이 자주 하는 말입니다. 일본에서는 탄소시장을 가리켜 '공기시장'이라고도 합니다. 이산화탄소 배출권을 사고파는 것은 결국 공기를 거래하는 것과 다름없기 때문입니다. 2006년에 300억 달러이던 세계 탄소시장 규모가 오는 2010년에는 그 다섯 배인 1,500억 달러에 이를 전망입니다. 어찌 보면 '봉이 김선달의 대동강 물 팔아먹기'와도 같이 황당하기 짝이 없는 이런 시장이 실제로 유럽과 미국 곳곳에서 성업하고 있습니다.

탄소 배출권은 지난 1997년의 교토의정서(Kyoto Protocol)에 의거하여 지구온난화 방지를 위한 국제협약인 기후변화협약의 구체적 이행 방안으로 온실가스 감축을 위해 탄생한 제도입니다. 정부나 기업들이 기후변화의 최대 적인 온실가스를 시장 메커니즘을 통해 스스로 줄이도록 유도하는 데 그 목적이 있습니다.

실제 탄소 배출량이 감축 목표보다 적은 기업은 배출권을 시장에 내다팔 수 있습니다. 감축 목표를 초과하여 탄소를 배출해야 하는

환경오염과 기상이변의 위기 속에서 탄소 배출량을 줄이기 위한 DGB STOP CO_2 플랜의 일환으로 대구은행의 임직원과 가족들은 다양한 환경보존 활동에 적극적으로 참여하고 있다. 대구은행 반야월지점에 설치된 태양광발전 설비

기업은 탄소 배출권을 시장에서 구입하여 충당하거나, 온실가스를 줄이기 위한 청정개발체제(CDM: Clean Development Mechanism)나 공동의무이행제(JI: Joint Implementation) 등을 활용하여 배출권을 획득할 수 있습니다.

교토의정서에 가입한 38개 의무 이행 당사국들은 2008~2012년 사이에 이산화탄소(CO_2), 메탄(CH_4), 아산화질소(N_2O), 육불화황(SF_6), 수소불화탄소(HFCs), 과불화탄소(PFCs) 등 여섯 가지 온실가스 총배출량을 1990년 수준보다 평균 5.2퍼센트 감축해야 합니다. 여러 온실가스 중에서 이산화탄소의 배출량이 전체의 89퍼센트로 절대적인 비중을 차지하기 때문에 '탄소 배출권'으로 명명하게 된 것입니다.

탄소 배출권이 우리 경제에 미칠 영향은 양날의 칼처럼 긍정적인 면과 부정적인 면을 동시에 가지고 있습니다. 다시 말해서 탄소 배출권은 기업의 활동을 제약하는 규제인 동시에, 수익과 부가가치를 창출할 수 있는 새로운 기회를 제공하고 있다는 것입니다. 탄소 배출권을 사고파는 시장이 세계 곳곳에서 생겨나고 있고 해마다 빠른 속도로 성장하고 있습니다.

배출권 거래소로는 유럽연합의 주도로 2005년에 맨 처음 설립된 EU-ETS(EU Emission Trading System)를 비롯하여 영국, 프랑스, 미국, 호주, 노르웨이 등에서 거래소가 설립 운영되고 있고 중국, 일본 등이 거래소 설립을 서두르고 있습니다.

온실가스를 줄이기 위한 프로젝트를 수행하고, 여기에서 발생한 배출권 크레디트를 서로 사고팔기도 합니다. 교토의정서에서 정한 배출권 프로젝트로는 선진국이 개도국에서 신재생에너지 사업 등을 수행하는 청정개발체제와 감축 이행 의무를 지닌 선진국 상호간에 탄소 배출 감축 사업을 벌이는 공동의무이행제가 있습니다.

현재 톤당 20유로(약 3만 원) 전후로 거래되는 탄소 배출권의 가격은 앞으로 더욱 상승할 것으로 예상됩니다. 수요는 늘어나는데 국제연합의 온실가스 감축 승인이 점점 까다로워지고 있어 공급이 부족하기 때문입니다. 헤지 펀드 등의 배출권 시장 진출이 더 활발해질 경우에는 배출권 가격의 변동성이 더욱 커질 소지도 없지 않습니다.

우리나라의 탄소 배출량은 세계 9위를 기록했습니다. 에너지 효율성은 일본 등 선진국의 3분의 1 정도에 불과합니다. 그럼에도 불구하고 국제사회로부터 우리나라 정부나 기업들의 대응이 너무나 안이하다는 비판을 받고 있습니다. 그러나 이러한 전 지구적인 변화의 흐름에서 우리나라도 결코 비켜서 있을 수만은 없습니다. 한국은 교토의정서상의 의무 이행 당사국은 아니지만, '발리 로드맵'에 따라 2013년부터는 탄소 감축 대열에 동참하지 않을 수 없게 되었습니다. 만약 우리가 선진국 기준에 의해 온실가스를 감축한다면 현재의 배출량을 절반 정도 줄여야 한다고 합니다.

정부의 계획대로 2005년 수준으로 탄소 배출량을 유지한다 하더라도 2013년에 가면 3억 톤에 달하는 온실가스를 줄이거나, 그렇지 못할 경우에는 시장에서 탄소 배출권을 구입해야 합니다. 그 경우 추가 부담액은 100억 달러가 훨씬 넘을 것이라고 합니다. 이처럼 온실가스 배출 감축의 부담이 크다는 것은 그만큼 탄소 배출권 시장의 성장 가능성도 크다는 것을 의미합니다.

 탄소 배출량이 세계 9위인 우리나라가 동북아 배출권 시장을 선점하기 위해서는 경쟁력 있는 탄소거래소를 조속히 설립, 육성할 필요가 있습니다. 때마침 우리도 탄소거래소 설립에 나선 것은 참으로 다행스러운 일이라 하겠습니다. 2009년 자본시장통합법의 시행으로 탄소배출권을 이용한 파생상품 개발이 가능해졌습니다. 이제 국내 금융회사들도 탄소배출권 거래와 관련된 노하우와 선진금융 기법을 익히고, 전문인력 양성에 주력함으로써 이를 새로운 성장의 기회로 삼기 위한 준비에 나서야 할 때입니다.

2008년 4월 30일

육식과 채식, 그리고 환경

　기후변화와 환경문제는 21세기 최대 화두이자 세계적인 관심사의 하나가 될 것임에 틀림없습니다. 어떤 학자는 기후변화 문제가 세계 경제의 지도를 바꾸고, 심지어는 금 본위제와 달러 본위제에 이어 '탄소 본위제' 시대가 올 것을 예고하고 있기도 합니다. 기후변화 문제에 어떻게 대응하느냐에 따라 기업은 물론 국가와 지역의 경쟁력이 좌우된다고 해도 지나친 말은 아닐 듯싶습니다.

　우리나라는 전 세계에서 탄소 배출량이 9위임에도 불구하고 국민들의 환경 의식이 매우 낮을 뿐더러, 정부와 기업들이 에너지와 환경문제에 너무 안일하게 대응하고 있다는 비판을 국제사회로부터 받고 있습니다. 지난해 온 나라를 들끓게 한 쇠고기 파동도 어느 면에서는 우리나라 국민들의 미약한 환경 의식을 보여 준 사건이라 할 수 있습니다.

지금 선진국들은 쇠고기를 두고 이야기할 때 광우병과 같은 보건 문제보다는 환경문제에 더 무게를 두는 경향이 있습니다. 국제연합은 2006년에 소, 돼지, 닭 등을 사육하는 축산업이 세계적인 대기, 수질 오염과 토양 침식의 주범일 뿐만 아니라 기후변화와 생물 다양성을 해치는 원인이라 단언하고 '지속 가능한 소비와 생산'을 제창한 바 있습니다. 이를 계기로 주요 선진국에서는 육류 생산이 환경과 빈곤층에 미치는 영향을 연구하고, 수천만 명의 사람들이 '환경을 위한 채식(environmental vegetarianism)' 운동에 참여하고 있습니다.

육류를 생산하는 데는 엄청난 양의 곡물이 사료로 사용됩니다. 곡물 재배에는 막대한 양의 물과 에너지가 소모되며 그 과정에서 이산화탄소를 배출합니다. 이들 곡물을 배나 차로 운반하는 과정에서도 이산화탄소가 대기를 오염시키며 가축의 배설물에서는 메탄가스가 방출되고 유출된 축산 폐수는 강과 내를 오염시킵니다. 축산업은 세계 온실가스 배출 총량의 18퍼센트를 차지하여 자동차나 항공기 등 교통 분야의 탄소 배출량 비중(13.5퍼센트)을 훨씬 웃돌고 있습니다.

현재 2억 8,400만 톤인 전 세계 육류 생산량은 오는 2050년경에는 지금의 두 배 수준으로 늘어날 것으로 추정됩니다. 더 많은 가축을 키우고 곡물을 재배하기 위해 1분마다 축구장 여덟 개 넓이의 열대우림이 벌목과 개발로 인해 파괴되고 있으며 그 속에 살고 있는 5만 종의 생물이 해마다 사라지고 있습니다. 국제적인 보존책을 마련하지 않은 채 방치할 경우 2030년에는 지구의 허파이자 희귀 생물 자원의 보고인 열대우림이 겨우 20퍼센트밖에 남지 않을 것이라는 섬뜩한 전망까지 나오고 있습니다.

하지만 다행히도 희망의 빛이 조금씩 보이고 있습니다. 소비자들이 지구 환경과 이웃을 배려하는 로하스적인 소비 패턴을 보이고 있으며 채식주의 운동에 참여하는 사람들의 수도 꾸준히 늘어나고 있습니다. 특히 기름진 고기를 너무 많이 먹어 각종 성인병에 시달리고 있는 선진국 국민들을 중심으로 고기를 적게 먹거나 채식을 지향하는 이른바 '지속가능한 삶(sustainable living)' 또는 '대안적 삶(alternative living)'을 추구하는 흐름이 나타나고 있습니다.

경제가 발전하고 소득이 늘어남에 따라 우리나라도 지난 10년 동안 1인당 쌀 소비량은 절반 가까이 줄었습니다. 반면 1인당 육류 소비량은 꾸준히 증가해 왔습니다. 이제는 우리도 자원을 아끼고 지구 환경을 보존하기 위한 세계적인 식문화의 변화와 소비 혁명에 동참할 때가 된 것 같습니다.

쇠고기 1킬로그램을 덜 먹으면 10만 리터의 물과 7킬로그램의 곡물을 절약할 수 있고, 20일 동안 100와트의 전구를 밝힐 수 있을 만큼의 에너지를 절약할 수 있습니다. 채식을 하는 사람의 온실가스 배출량은 육식을 하는 사람이 배출하는 양의 5~6퍼센트밖에 되지 않는다고 합니다. 육류 소비를 줄이면 환경뿐만 아니라 빈곤 문제의 치유와 국민 건강에도 도움이 될 수 있습니다.

만일 가축에게 먹일 사료용 곡물을 식용으로 돌릴 수 있다면 굶주림에 허덕이고 있는 수많은 사람들을 먹여 살릴 수 있습니다. 육류 섭취량의 증가 등 식생활의 서구화로 인해 우리나라에서도 비만, 대장암, 당뇨병 환자가 부쩍 늘고 있습니다. 육식 동물 사육에 따른 광우병, 조류독감(AI), 구제역과 같은 질병도 수시로 출몰하곤 합니다. 따라서 국민 건강을 위해서도 육류 소비를 줄이고 채식을 장려해 나갈 필요가 있습니다.

2008년 5월 28일

하나뿐인 지구,
녹색금융으로 살려야

　세계 경제를 뒤흔들었던 글로벌 금융위기의 충격파가 실물경제로 전이되면서 혹독한 불황의 한파가 밀어닥치고 있습니다. 건설, 자동차부품, 철강, 전자 등 지역 주력산업들이 고전을 면치 못하고 있는 가운데 지역 경기도 급속히 얼어붙고 있습니다.

　그러나 위기 속에는 기회도 함께 숨어 있기 마련입니다. 태풍이 지나간 바다에서 더 많은 고기가 잡히듯이, 기존의 질서가 붕괴되고 그동안 군림해 온 강자들이 하루아침에 무너지는 지금이야말로 새로운 기회에 도전할 때입니다. 하지만 기회는 저절로 찾아오지 않습니다. 기회는 미리 준비하고 그것을 찾아 나서는 자에게만 얼굴을 내밉니다.

　그럼 우리 대구경북지역이 경제 위기를 극복하고 글로벌 경쟁력을 갖춘 풍요로운 지역으로 발돋움할 수 있는 길은 무엇일까요? 여러 가지 대안 중에서 그린에너지와 환경산업을 지역의 새로운 성장 동력으로 삼는 방안도 그 하나가 되지 않을까 싶습니다.

전 세계적으로 기후변화와 관련된 국제 질서가 새롭게 형성되고 있고, 에너지와 환경산업에서 우위를 차지하기 위한 국가 간, 지역 간 경쟁이 날로 치열해지고 있습니다. 버락 오바마 미국 대통령은 2018년까지 1,500억 달러를 투입하는 그린 뉴딜(Green New Deal) 정책을 발표했으며 유럽연합, 일본 등 선진국들도 '저탄소 사회'와 '그린 산업'에서 성장의 돌파구를 찾고 있습니다. 우리나라도 '저탄소 녹색성장'의 국가 비전에 이어 한국판 '녹색 뉴딜 정책'이 발표되었고, 이의 일환으로 추진되는 4대강 살리기 프로젝트는 안동에서 그 첫 삽을 떴습니다.

'저탄소 녹색성장' 시대에 에너지·환경산업은 대구경북지역의 새로운 비상(飛上)을 위한 강력한 엔진이 될 수 있을 것입니다. 더욱이 대구경북지역은 다른 어느 지역보다 녹색성장 시대를 리드해 나갈 수 있는 유리한 고지에 서있습니다. 김천, 구미, 대구, 경산, 경주, 포항, 울진을 잇는 광역 에너지 환경 클러스터에, 원자력을 비롯하여 태양광, 태양열, 연료전지 등 각종 그린에너지의 연구개발(R&D)과 생산 기반이 잘 구축되어 있습니다. 또 기업, 대학, 연구기관, 지자체 등 산학 연관의 협력 기반 또한 비교적 잘 갖추어져 있습니다. 최근에는 5+2 광역경제권의 대구경북권 선도 산업으로 IT 융복합과 그린에너지가 선정됨으로써 또 하나의 청신호가 켜졌습니다.

대구는 그린에너지 및 환경과 관련된 국제 교류의 중심이자 R&D 허브로서의 역할을 수행하고, 경북은 다양한 유형의 그린에너지와 에너지 부품소재의 생산 거점 기능을 맡을 수 있을 것입니다. 그러나 지자체들이 너도나도 에너지 환경산업의 육성에 나서고 있어 치열한 경쟁에서 우위를 확보하기 위해서는 다른 지역보다 한 발 더 앞서나가지 않으면 안 될 것입니다.

대구시와 경상북도가 경제 통합의 정신을 살려 에너지 및 환경산업의 육성을 위한 비전과 로드맵을 함께 마련하는 동시에 시도민들의 인식을 드높이고 지역 경제 주체들의 적극적인 참여를 이끌어 내야 할 것입니다. 지역 기업들의 에너지 효율성을 개선하고 신재생에너지 산업을 적극적으로 육성하는 한편 교통, 물류, 건축, 농업 등 여러 분야에 환경 기술을 접목시켜 나가야 할 것입니다. 산업 입지 조성과 외국인 투자 유치, 그리고 산업 인력 양성 시책도 에너지·환경 부문에 역점을 둘 필요가 있습니다.

각종 에너지·환경 관련 국제 회의와 전시회를 개최하고, 오는 2011 세계육상선수권대회와 2013 세계에너지총회를 성공적으로 개최함으로써 기후변화 및 에너지·환경 모범 지역으로서의 브랜드 이미지를 높여 나가야 할 것입니다.

'녹색성장'을 금융 분야에서 뒷받침하는 '녹색금융' 또한 전 세계적으로 확대일로에 있습니다. 리사이클링, 신재생에너지산업과 친환경 농업 및 건축 분야에 대한 투융자 등 다양한 형태의 금융 지원이 이루어지고 있을 뿐만 아니라 배출권 거래 시장 규모도 날로 늘어나고 있습니다.

　윤리경영, 사회공헌, 환경경영을 아우르는 지속가능경영의 선두 주자인 우리 대구은행은 앞으로도 지속가능경영을 브랜드화하고, 새로운 블루오션으로 떠오르고 있는 녹색금융 분야에도 적극적으로 진출하여 우리의 성장 엔진으로 삼아야겠습니다.

　녹색성장과 녹색금융은 대구경북지역 경제와 우리 대구은행의 성장의 디딤돌이 될 수 있을 뿐만 아니라, 병들어 신음하는 하나뿐인 지구를 구하는 길이기도 합니다. 우리 모두 녹색금융의 실천을 통해 지구 환경 지킴이가 됩시다.

2009년 1월 7일

윤리경영 없는 우량기업 없다

저는 서울대학교와 한국경제신문사가 주관한 제1회 '한국을 빛낸 CEO' 시상식에 참석하고 KTX에서 이 글을 썼습니다. 이번 '한국을 빛낸 CEO' 상은 윤리경영 부문, 글로벌경영 부문, 인재경영 부문 등 일곱 개 부문에 걸쳐 한국을 대표하는 CEO들이 수상자로 선정되었습니다. 저는 이중에서도 '윤리경영 부문'에서 한국을 빛낸 CEO로 선정되는 영광을 안게 되었습니다.

이 상은 CEO인 저 개인에게 준 상이라기보다는 우리 3,000여 직원 모두에게 주는 상이라 생각합니다. 여러분들 덕분에 제가 이렇게 큰 상을 대표로 받게 되어 감사하게 생각합니다. 이번 상은 제가 받기에 너무나 큰 상이고 과분하다는 생각도 듭니다만, 현대 기업 경영에서 가장 중요한 윤리경영 부문을 수상한 것은 저와 우리 대구은행에 큰 영광이라 생각합니다. 우리가 표방하는 경영 비

서울대학교와 한국경제신문사가 공동주관한 제1회 '한국을 빛낸 CEO' 시상식. 윤리경영 부문, 글로벌경영 부문, 인재경영 부문 등 7개 부문의 상 중, 대구은행은 윤리경영상을 수상했다. 당시 서울대학교 정운찬 총장과 함께

전은 '세계 초우량 지역은행'입니다. 여기서 말하는 '세계 초우량 지역은행'이란 자산이나 이익의 크기가 아니라 바로 윤리경영, 지역밀착경영, 환경경영 등을 말한다고 하겠습니다. 윤리경영 없는 우량 기업, 글로벌 기업은 존재할 수 없다고 생각합니다.

기업이 비윤리적인 경영으로 단기간에 많은 돈을 벌 수는 있을지 몰라도 장기적으로 지속가능한 성장을 기대할 수는 없을 것입니다. 기업윤리는 회사 경쟁력을 강화하고 회사 이익을 증대시켜 직원들의 근무의욕을 높여나가는 중요한 요소입니다. 윤리경영을 하면 손해를 감수해야 한다는 생각에서 벗어나, 정도(正道) 경영을 실천할 때만이 기업의 미래가 보장되고 치열한 경쟁에서 살아남을 수 있다는 공감대가 형성되어야 한다고 생각합니다.

윤리경영의 완성을 위해 가장 주안을 두어야 할 부분은 기업윤리에 대한 올바른 인식의 확산과 실천력의 강화라고 생각합니다. 윤리경영에 임하는 우리의 자세는 단기적 성과에 치중하기보다는 중장기적 차원에서 전 직원들이 비윤리적 행위를 근절하고자 하는 의식 개혁과 실천 운동으로 발전시켜 나가야 한다고 봅니다. 또한 윤리경영을 단순히 추상적인 구호로 끝낼 것이 아니라 실제 의사결정 및 직원들의 행동에 영향을 줄 수 있는 방향으로 추진해야 할 것입니다.

기업윤리는 여유 있는 기업이 추진하는 선택 사항이 아니라 기업 생존을 위한 필수적인 요소입니다. 그래서 저는 이번 수상을 우리 은행의 윤리경영을 보다 체계화하고 발전시키는 계기로 삼았으면 합니다. 이번 수상을 계기로 우리는 윤리적으로 미흡한 부분을 보완하고 느슨해진 마음을 다잡아 실천함으로써, 더욱 더 존경받는 기업으로 성장하는 기반을 마련하도록 다 함께 노력합시다.

2005년 10월 19일

대구은행역에 내리면서

지난 8년간의 긴 공사 끝에 드디어 대구 지하철 2호선이 개통되었습니다.

저는 개통식에 참석하여 용산역에서 대구은행역까지 지하철을 시승해 보면서 문득 실크로드라는 단어가 떠올랐습니다. 고대 아시아 내륙을 횡단하는 실크로드가 동서양 문물교류를 하는 중요한 통로였듯이 지하철 2호선은 대구의 동과 서를 연결하는 대동맥으로서의 역할을 할 것으로 생각되었기 때문입니다.

하지만 제가 실크로드란 단어를 떠올린 또 다른 이유는 승차감이 그렇게 좋을 수가 없었기 때문입니다. 마치 비단길을 달리는 기분과 같다고 할까요? 지하라는 것을 느끼지 못할 만큼 공기가 쾌적하였고 출발할 때나 정지할 때에 바퀴의 덜커덩거리는 소리를 느끼지 못할 정도로 조용하였습니다. 또한 각 역에는 지상으로

그동안의 지역밀착경영에 대한 보답으로 대구 시민들이 직접 대구은행역이라는 뜻 깊은 이름을 붙여주었다. 대구은행은 이에 보답하기 위해 역 주변에 시민들의 휴식과 만남의 장소인 열린 광장을 조성했다.

연결되는 엘리베이터를 설치하여 노약자들이 편리하게 이용할 수 있도록 하는 세심한 배려도 잊지 않고 있었습니다. 가장 최근에 건설되었기에 감히 세계에서 가장 훌륭한 지하철이라고 할 수 있습니다. 이렇게 훌륭한 지하철을 가지게 되어 대구 시민의 한 사람으로 참 자랑스럽습니다.

지하철 2호선의 쾌적함에 못지않게 저는 뿌듯함과 감사한 마음을 동시에 느낀 것이 하나 더 있습니다. 시승식 때 제가 내린 '대구은행역'이라는 역명 때문입니다. 이 역명은 우리 대구은행의 지역밀착경영과 지역사회에서의 역할에 대하여 대구 시민들이 주신 큰 선물이라고 생각합니다. 우리는 1980년대 초 수성구가 허허벌판에 불과할 때 대구시의 수성구 발전 계획에 적극 호응하여 본점을 현 위치로 이전하였습니다. 이를 계기로 수성구가 급속도로 성장하여 오늘날 대구에서 가장 살고 싶은 지역이 되었음을 생각할 때, 우리 대구은행은 수성구와 함께 발전하였다고 해도 지나친 말이 아닐 것입니다.

지하철 개통과 동시에 우리 대구은행이 그림 전시회와 음악회를 개최하고 화분과 수족관을 기증하여 대구은행역은 고객들에게 따뜻하고 쾌적한 느낌을 주는 역이 되었습니다. 조만간 본점의 동전탑 광장도 개조하여 대구은행역을 이용하는 시민들이 휴식하고 만남의 장소로 활용할 수 있도록 할 예정입니다. 향후에는 지하철 개통에 따른 역세권 개발과 상권의 이동에 대응하여 신

축적으로 점포를 배치함으로써 대구 시민들이 우리 대구은행을 더욱 편리하게 이용할 수 있도록 하겠습니다.

우리는 지하철 2호선에 대구은행역을 가지게 된 데 대하여 자랑스러운 마음과 감사하는 마음을 갖고 우리의 지하철이라는 생각으로 지하철을 더욱 사랑하고 애용하여야겠습니다. 이미 많은 직원들이 지하철을 이용하여 출퇴근하고 있습니다만, 특히 요즘과 같은 고유가 시대에 빠르고 안전하며 경제적인 지하철을 많이 이용하시기 바랍니다.

지하철을 이용하다가 혹시 떨어진 휴지라도 있다면 우리가 얼른 주웁시다. 대구은행 직원의 지하철을 사랑하는 작은 행동 하나하나가 모일 때, 우리 대구은행역이 그 어느 역보다 깨끗하고 아름다운 역이 될 것입니다. 아울러 이는 '대구은행역'이라는 이름을 선사해 주신 시민들께 보답하는 길이기도 할 것입니다.

2005년 10월 26일

세계적인 초우량 지역은행,
지속가능경영에서부터

　최근 들어 기업의 '지속가능경영'이 경제계와 금융계의 새로운 화두로 떠오르고 있습니다. 국제표준화기구(ISO: International Organization for Standardization)는 2008년을 목표 연도로 사회책임의 국제 기준인 'ISO 26000' 제정을 추진하고 있습니다. 이 밖에도 글로벌 콤팩트, SA 8000, OECD 등 여러 기관들이 지속가능경영의 가이드라인을 제시하고 있습니다. 이제 지속가능경영은 또 하나의 세계 기준으로 자리 잡아 가고 있습니다. 이처럼 지속가능경영의 흐름이 새롭게 형성된 데는, 기업의 활동 무대가 국경을 넘어 세계화하는 한편, 자원 절약과 환경보전을 통하여 미래 세대와 함께 나누고자 하는 지속가능발전(sustainable development) 개념이 확산되었기 때문이라 할 것입니다.

　지속가능경영이란, 이익을 많이 내고 경제적 부가가치와 일자리를 창출하는 기업 본연의 역할 외에도 고객, 주주, 종업원, 협력업체, 지역사회 등 기업을 둘러싼 이해관계자(stake-holders)들의 다양한 요구에 부응하여 공동체의 발전을 위해 사회공헌, 윤리경영, 환경경영 등을 체계적으로 수행하는 것을 말합니다.

지속가능경영을 소홀히 하여 어려움을 겪은 기업들이 의외로 많습니다. 『포춘』지가 선정하는 '미국에서 가장 존경 받는 기업'의 에너지 부문에서 1999년, 2000년 연속으로 1위를 차지했던 엔론사가 2002년에는 '가장 존경받지 못하는 기업'으로 전락하였습니다. 모건 스탠리는 직장 내 성차별 소송으로, 소니는 부품의 중금속 초과 검출로, 나이키는 아동 노동 착취로 기업 이미지가 실추되고 주가가 급락하는 등 뼈아픈 경험을 한 적이 있습니다. 가깝게는 잘나가던 몇몇 국내 대기업들이 회계 부정과 비윤리적 행위로 인해 경영상 어려움을 겪고 있음을 볼 수 있습니다.

이 모두는 기업에 있어 지속가능경영이 얼마나 중요한지 새삼 일깨워 준 사례들로서 시사하는 바가 크다 할 것입니다. 기업의 경영성과가 아무리 좋다 하더라도 지속가능경영에 실패하여 시장과 사회로부터 신뢰를 잃는다면 성장은커녕 살아남기조차 어려울 수 있다는 점을 말해 주고 있습니다.

한편 일찍부터 지속가능경영에 적극적으로 나서서 기업의 브랜드 이미지와 경영성과를 높인 선진금융기관들이 적지 않습니다. 그중에는 미국의 씨티은행이나 와코비아은행과 같은 대형 은행들도 있지만, 영국의 코오퍼러티브은행, 그리고 일본의 시가은행과

하치주니은행 등은 영업 규모가 작은 지방은행임에도 불구하고 지속가능경영에서 발군의 성과를 거두고 있습니다. 최근 들어 국내에서도 일부 대기업과 금융기관을 중심으로 지속가능경영에 대한 관심이 높아지고 있고, 지속가능경영보고서를 발간하거나 윤리, 환경, 사회공헌 등에서 다양한 활동을 펴고 있습니다.

우리 대구은행은 당기순이익에서 차지하는 사회공헌 지출액의 비중이 국내 그 어느 은행보다 높을 뿐만 아니라, 지역밀착 사업의 종류와 범위도 매우 다양하고 광범위합니다. 특히 전체 임직원의 90퍼센트 이상이 참여하는 DGB봉사단의 활동은 다른 은행과 기업들의 벤치마킹 대상이 되고 있기도 합니다.

대구은행은 농촌과의 지속적인 상호 교류로 농업 위기를 극복하고 도시와 농촌이 상생하는 방안을 모색하기 위해 '내고향사랑운동'을 벌이고 있다. 자매결연을 맺은 마을의 일손을 돕기 위해 벌인 벼 세우기 봉사활동

그러나 우리는 여기에 자만할 수 없습니다. 우리 대구은행의 경영이념인 '꿈과 풍요로움을 지역과 함께'와 우리의 비전인 '세계적인 초우량 지역은행'을 실현하기 위해서는 우리의 강점이자 핵심역량인 '지역밀착경영'을 새로운 국제 기준에 맞춘 '지속가능경영'으로 업그레이드시켜 더욱 체계적이고도 적극적으로 추진해 나가야 할 것입니다.

자산 규모가 크거나 이익을 많이 낸다고만 해서 선진 우량 은행이 될 수는 없습니다. 뛰어난 경영성과와 브랜드 이미지를 갖춘 우량 은행의 위상에 걸맞게 노블레스 오블리주(Noblesse Oblige)의 정신을 실천에 옮길 때 비로소 존경과 사랑을 받을 수 있을 것입니다.

더욱이 우리 대구은행은 대구와 경북을 성장의 터전으로 삼고 있습니다. 지속가능경영을 당행 성장의 중심축으로 삼아 우리 고장의 발전과 공동 선(善)의 추구에 동참하는 기업 시민(corporate citizen)으로서의 사명을 다해야 할 것입니다. 지속가능경영과 관련된 조직과 규정을 새롭게 정비하고 윤리경영, 사회공헌, 환경경영 등 부문별 세부 전략을 마련하고 추진해야 할 것입니다. 아울러 국제 기준에 의거한 지속가능경영보고서를 발간하고, 권위 있는 국제기구의 인증을 받도록 해야 할 것입니다. 그리하여 지속가능경영 부문에서 명실 공히 국내 금융권에서 가장 앞서감은 물론이고, 세계 선진은행들과 견주어도 조금도 손색이 없는 수준에 올려놓아야 하겠습니다.

대구은행 가족 여러분, 부자 3대 못 간다는 세간의 통설을 뒤엎고 10대 300년간 만석꾼 살림을 지켜 온 경주 최 부잣집의 이야기를 여러분은 잘 알고 계시죠? 우리 고장의 자랑스러운 노블레스 오블리주의 전형이라 할 수 있습니다. 최 부잣집이 오랜 세월 만석꾼의 자리를 지킨 비결은 다름 아닌 이웃과 지역을 돌아보고 배려한 나눔의 철학이었습니다. 100년의 역사와 전통을 자랑하는 초우량 지역은행을 꿈꾸는 우리 대구은행으로서는 지속가능경영은 해도 되고 안 해도 되는 선택의 문제가 아니라 반드시 추진해야 할 필수적인 과제입니다.

지역이 발전해야 우리 대구은행이 성장할 수 있고, 대구은행이 성장해야 지역 경제도 함께 발전할 수 있습니다. 우리 대구은행과 대구경북지역은 더불어 상생 발전해야 할 공동운명체임을 늘 명심하시고, 경영성과 제고와 지속가능경영의 실천에 지혜와 힘을 모아 주시기를 부탁드립니다.

2006년 4월 19일

우량 장수기업의 공통점

경영 이론에 따르면 기업은 영속적으로 발전(going-concern)해 가는 것을 전제로 하고 있습니다. 그러나 기업이 망하지 않고 언제까지나 생명을 유지하기란 쉽지 않습니다. 일본의 경제 잡지 『닛케이 비즈니스』가 메이지 유신(明治維新) 이후 100년간 일본의 100대 기업을 조사한 결과, 기업의 평균 수명은 30년에 불과한 것으로 밝혀졌습니다. 최근의 연구 결과에 따르면 미국 기업들의 평균 수명은 20년을 밑돌며, 날이 갈수록 점차 짧아지고 있다고 합니다. 우리나라에서도 100대 기업 중 지난 40년간 살아남은 기업은 단 열두 곳에 불과합니다. 앞으로 우리 경제의 개방화와 자율화의 발걸음이 빨라질수록 기업 간 경쟁은 더욱 치열해지고 기업의 평균 수명도 단축될 수밖에 없을 것입니다.

톨스토이는 『안나 카레니나』에서 "불행한 가정은 제각기 이유

대구은행은 윤리경영, 환경경영, 사회공헌을 아우르는 지속가능경영에서 국내 금융권에서 선두주자로 확실히 자리매김했다. 김천 베다니성화원에서 아이들과 함께

가 다르지만 행복한 가정은 서로 엇비슷하다."라고 했습니다. 기업경영도 마찬가지입니다. 망하는 기업의 원인은 기업의 수만큼 숱하게 많지만, 잘되는 기업을 보면 그 성공의 이면에는 닮은 점이 많습니다. 그러면 장수하는 기업들의 공통점은 무엇일까요?

장수기업의 공통점은 먼저 환경 변화에 발 빠르게 대응한다는 점을 들 수 있습니다. 하루아침에 우량 기업에서 쇠락의 길로 접어든 기업들은 임직원들이 과거의 성과에 자만하거나 변화를 거부한 반면, 성공한 기업들은 시장의 흐름과 고객의 변화를 재빨리 읽고 이에 잘 대처했음을 알 수 있습니다. '일본의 자존심'이라고 불리던 소니가 전자의 예라면, 6시그마와 아메바 조직으로 변화와 혁신을 거듭한 GE와 목재 산업에서 시작하여 산업재, 이동통신 부문으로 끊임없는 변신을 꾀한 노키아는 후자의 예라고 할 수 있습니다.

장수기업의 또 다른 공통점은 사람을 소중히 여기고 조직 구성원들이 기업의 비전과 정체성(identity)을 함께 공유한다는 것입니다. 장수기업의 직원들은 소속감이 남달리 강할 뿐만 아니라 기업의 번영을 자신의 성공과 동일시하는 공동체의식 또한 강합니다. 우량 장수기업의 임직원들은 '우리가 어디를 향해 가며', '우리에게 가치 있는 것은 무엇인가?'라는 기업의 정체성에 대한 질문에 답할 줄 압니다. 인재 양성을 최우선 전략으로 삼고 고유의 기업문화를 가꾸어 나가는 GE, 도요타, 삼성 등이 여기에 해당합니다.

장수기업의 세 번째 특징은 윤리경영을 실천하는 기업이라는 것입니다. 아무리 경영성과가 뛰어난 기업이라 할지라도 회계 부정, 세금 포탈, 정경 유착, 환경오염 등 비윤리적 행위를 서슴지 않은 기업들은 오래 생존할 수가 없습니다. 존슨앤드존슨이나 3M 등의 기업이 윤리경영을 통해 시장과 고객의 신뢰를 얻은 반면, 미국의 엔론과 월드컴, 일본의 유키지루시 식품 등의 기업은 비윤리적 경영으로 나락으로 떨어지고 말았습니다. 지속가능발전이 강조되는 오늘날에 있어 윤리경영을 포함한 기업의 지속가능경영은 우량 장수기업이 갖추어야 할 가장 중요한 덕목이 아닐 수 없습니다.

끝으로 장수하는 기업들은 대체로 보수적인 재무전략을 추구하고 있습니다. 시장에서 장수기업들은 이유 없이 위험한 곳에 자본을 투자하지 않으며 호황일수록 내실을 다짐으로써 어려운 때에 대비합니다.

기업은 창립한 후 20~30년이 지나면 비효율적인 조직 관리와 브랜드 인지도 확보의 어려움으로 인해 경영성과가 약화되는 이른바 '성장통'을 앓는다고 합니다. 기업이 이러한 성장통을 극복하고 오랫동안 생존하면서 사랑과 존경을 받기 위해서는 변화와 혁신을 통해 성장에 필요한 에너지원을 끊임없이 충전해야 합니다.

선진국에서는 백 수십 년의 역사를 자랑하면서 지역 주민과 국민들로부터 사랑과 신뢰를 받는 우량 은행이 적지 않습니다. 우리 대구은행이 앞으로 50년, 아니 100년의 역사를 가진 세계적인 초우량 지역은행으로 발전해 나가기 위해서는 끊임없는 변화관리와 경영 혁신을 도모하고, 인재 양성과 공동체적 유대를 강화하는 한편, 리스크관리에 더욱 역점을 두어야 할 것입니다. 또한 우리를 둘러싼 이해관계자(stake-holders)와 교류하는 가운데, 지속가능경영에서 가장 앞서가야 할 것입니다.

2006년 6월 14일

지속가능경영 원년 선포

아래 글은 '지속가능경영 선포 및 UNEP FI 서명식'에서 있었던 저의 인사말씀입니다.

오늘은 우리 은행으로서는 참으로 뜻 깊은 날입니다. 우리 대구은행이 창립 39주년을 맞아 지속가능경영을 본격적으로 추진키로 다짐하고 선포하는 날입니다.

우리 대구은행은 지난 8월 2일자로 유엔 산하의 지속가능경영 기구인 글로벌 콤팩트에 가입했습니다. 그리고 오늘 다시 유엔환경계획 산하에 있는, 금융 부문의 지속가능경영 조직인 유엔환경금융협의회(UNEP FI)에 가입하는 자리를 가지게 되었습니다. 오늘 우리의 UNEP FI 가입은 국내에서는 여섯 번째이고, 국내 은행권에서는 네 번째로 가입하는 셈입니다.

먼저 오늘 이곳 대구까지 오셔서 지속가능경영 선포식에 참석해 주신 UNEP FI 아태 지역 특별자문위원이신 다케지로 스에요시 님께 감사드립니다.

우리는 그동안 몇 차례 지속가능경영을 주제로 한 강연을 들은 바 있고, 조금 전의 다케지로 스에요시 특별자문위원의 연설에서도 알 수 있듯이, 이제 지속가능경영은 새로운 세계 기준으로 자리 잡아 가고 있습니다.

우량 기업이 되려면 지속가능경영은 해도 되고 안 해도 되는 선택 사항이 아니라 반드시 실천해야 할 필수적인 과제입니다. 세계적인 우량 기업과 금융기관들은 말할 것도 없고 최근에는 국내 기업과 금융기관들도 지속가능경영에 관심을 기울이고 있으며, 정

창립 39주년을 기념해 금융 부문의 지속가능경영 기구인 유엔환경계획 금융협의회에 서명하며 사회공헌, 환경경영, 윤리경영, 투명경영 실천을 선포하고 다짐하는 자리였다. 「지속가능경영 원년 선포식 및 UNEP FI 서명식」 후 UNEP FI 아태지역 특별자문위원 다케지로 스에요시 씨와 함께

부와 금융당국도 새로운 지원 시책과 기준을 마련하려는 움직임을 보이고 있습니다.

지속가능경영의 참다운 의미는 무엇입니까. 우리 국민들 사이에 성행하던 웰빙 열풍이 이제 로하스(LOHAS: Lifestyles of Health And Sustainability)로 발전하고 있습니다. 웰빙이 나와 내 가족만 건강하게 잘 살아 보겠다는 소비 패턴이라면, 로하스는 이웃과 환경을 함께 배려하는 소비 트렌드라 할 수 있습니다.

로하스가 소비자들의 인식과 행동의 변화라고 한다면, 지속가능경영은 기업 경영에 나타나는 패러다임의 전환이라고 할 수 있습니다. 가장 근본적이고 중요한 기업의 사회적 책임은 이익을 많이 내어 일자리를 많이 만들어 내고 세금을 성실히 납부하여 국가 경제 발전에 기여하는 것입니다. 종전에는 이처럼 재무적 성과가 우수하기만 하면 우량 기업이 될 수 있었습니다.

그러나 이제는 기업이 돈을 많이 벌어 재무 구조만 탄탄하다고 해서 우량 기업이 될 수 없습니다. 재무적 성과가 우수할 뿐만 아니라, 사회공헌, 환경경영, 윤리경영과 같은 지속가능경영을 실천할 때 비로소 선진 우량 기업의 대열에 들 수 있습니다. 재무적 성과는 기업가치의 15~30퍼센트밖에 나타내 주지 못한다고 합니다. 나머지 70~85퍼센트는 사회공헌, 윤리경영, 인적 자산, 리스크관리 등에 달려 있다고 합니다. 국내외 우량 장수기업의 공통된 특징을 살펴보면 모두가 환경 변화에 적극적으로 대응하고, 기업의 사회적 책임을 다하기 위해 노력해 왔음을 알 수 있습니다.

우리 대구은행의 경영이념과 비전이 무엇입니까? 우리의 경영이념은 '꿈과 풍요로움을 지역과 함께'이고, 비전은 '세계적인 초우량 지역은행'입니다. 우리 대구은행이 그렇게 되기 위해서는 지역밀착경영과 지속가능경영에서 가장 앞서가는 모범 은행이 되어야 할 것입니다.

2006년 9월 27일

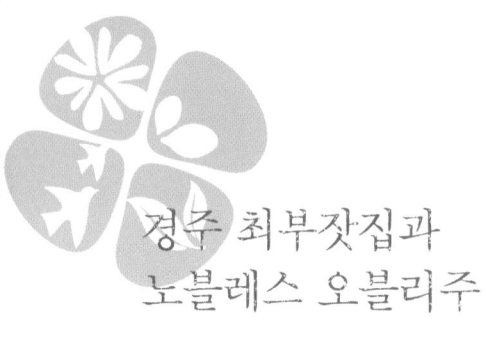

경주 최부잣집과
노블레스 오블리주

'부자 3대 못 간다.'는 옛말이 있듯이 3대를 지키기도 힘든 부를 10대에 걸쳐 지켜내어 거부(巨富)로 이름을 떨친 경주 최 부잣집 이야기는 놀랍고도 대단한 것이 아닐 수 없습니다.

경주 최 부자는 최치원의 19세손인 최국선으로부터 28세손인 최준에 이르기까지 10대에 걸쳐 약 300년 동안 부를 누린 일가를 말합니다. 경주 최 부잣집 가문에는 유난히 후손들에게 남겨 준 유훈(遺訓)이 많습니다. 그중에서도 일반인들에게 잘 알려져 있는 재산관리의 철학이라고도 할 수 있는 여섯 가지의 가훈은 우리에게 여러 가지 교훈을 주고 있습니다.

'진사 이상의 벼슬은 하지 마라.', '재산은 만석 이상 늘리지 마라.', '흉년에 땅을 사지 마라.'는 가훈은 오만과 탐욕을 벗어던진 좋은 예라고 하겠습니다. '과객은 후하게 대접하라', '사방 100리

부자 3대 못간다는 속설을 뒤엎고 최치원의 19세손인 최국선으로부터 10대에 걸쳐 300년 동안 부를 누린 경주 최부잣집. 이 일가는 가난한 이웃을 배려하고 나눔의 철학을 실천한 존경받는 가진 자로서 노블레스 오블리주의 전형이다.

안에 굶어 죽는 사람이 없게 하라.'는 가훈은 후한 인심과 숭고한 인간애를 잘 말해 줍니다. '며느리들은 시집온 후 3년 동안 무명 옷을 입어라.'는 가훈에서는 선비 정신에 근거한 근검절약의 생활화를 엿볼 수 있습니다.

　최 부잣집은 스스로 분수를 지키며 이웃을 배려하고 가난한 사람들을 돌보는 나눔의 철학을 실천하여 한국의 노블레스 오블리주를 대표하는 가장 존경받는 부자의 표상으로 오랫동안 남게 되었습니다.

　기업의 사회적 책임 중에서 가장 중요한 것은 이익을 많이 내어 새로운 일자리를 창출하고, 세금을 성실히 납부하여 국가 경제 발전에 기여하는 것입니다. 그러나 이것만으로는 좋은 기업이 될 수 없습니다. 윤리경영, 환경경영, 사회공헌을 아우른 지속가능경영을 실천할 때 비로소 선진 우량 기업의 대열에 들 수 있습니다.

이처럼 우리가 영업을 잘하여 많은 이익을 내고 사회에 공헌하고 기부하는 것은 지역에 은혜를 베푸는 것이 아니라, 우량 기업으로 성장하기 위해 반드시 실천해야 할 필수적인 과제인 것입니다.

경주 최 부잣집 이야기에서 배울 수 있듯이, 우리 기업들도 기업의 사회적 책임을 깊이 인식하고 꿈과 풍요로움을 항상 지역민과 함께하기 위해 끊임없이 노력할 때, 고객과 지역사회로부터 오랫동안 사랑받고 오랫동안 성장을 구가할 수 있을 것입니다.

조금은 들뜨고 긴장이 풀리기 쉬운 연말이 다가오고 있습니다. 이런 때일수록 우리 사회의 양극화 현상과 지역 경제의 침체 등으로 인해 많은 지역민들이 어려움을 겪고 있다는 사실을 잊지 말아야겠습니다. 흥청망청한 술자리를 줄이는 대신에 우리보다 어려운 이웃에게 도움의 손길을 내밀고 작은 사랑이라도 실천한다면 더욱 뜻 깊고 의미 있는 연말이 될 수 있을 것이라고 생각합니다.

2006년 12월 15일

GRI 'A등급' 획득한 지속가능경영보고서

최근 들어 지속가능경영에 대한 관심이 높아지고 지속가능경영이 세계적인 트렌드로 형성되는 가운데 국내 경제계와 금융계에서도 지속가능경영을 도입 추진하려는 움직임이 점차 확산되고 있습니다. 기업의 가치와 경쟁력은 비단 재무적 성과뿐만 아니라 윤리경영, 사회공헌, 환경경영, 기업문화 등 지속가능경영의 실천 여부에도 달려 있습니다. 따라서 기업은 지속가능경영을 추진하는 과정에서 주주, 고객, 종업원, 지역사회 등 기업을 둘러싼 이해관계자들과 끊임없이 소통하고 정보를 상호 공유하면서 이들의 요구와 목소리를 경영에 반영할 때 지속가능한 발전을 실현할 수 있는 것입니다.

지속가능경영에 대한 다짐과 성과를 이해관계자에게 알리고 피드백하는 의사소통 수단의 하나로 기업들은 지속가능경영보고서를 발간하고 있습니다. 지속가능경영보고서를 작성하고 대내외에 공표하는 국제적인 기준으로는 국제연합을 비롯한 전 세계 산업계 대표들이 정한 GRI(Global Reporting Initiative) 가이드라인이 주로 활용되고 있습니다. GRI는 경제적, 환경적, 사회적 영향을 고려한 지속가능경영 성과의 긍정적인 면과 부정적인 면 모두를 보고서에 담도록 요구하고 있습니다. 아울러 기업의 지속가능경영의 성과와 비전을 체계적이고도 합리적으로 작성토록 권고하고 있습니다.

은행 사상 처음으로 발간한 대구은행의 지속가능경영보고서인 「드라이브 글로벌 베스트」. 대구은행의 재무적 성과와 은행 경영의 일반 현황, 지속가능경영의 비전과 기본 전략 등을 싣고 있다. 본 보고서는 친환경 인쇄 방법을 채택하였고, 청각장애인을 위해 보이스 리더로 읽을 수 있도록 제작되었다.

이번에 우리 대구은행은 2006년 11월에 마련된 GRI G3 가이드라인의 기본 원칙에 따라 작성한 지속가능경영보고서 「드라이브 글로벌 베스트(Drive Global Best)」를 은행 사상 처음으로 발간하였습니다. 이 보고서에는 대구은행의 재무적 성과를 비롯한 은행 경영의 일반 현황을 소개하고 있습니다. 뿐만 아니라 지속가능경영의 비전과 기본 전략 외에도 지속가능금융, 지역사회공헌, 기업문화, 환경경영 등 부문별 실적과 전략을 포함하고 있습니다. 그리고 이 보고서에는 솔개 경영을 통해 우리의 비전인 세계적인 초우량 지역은행의 기틀을 더욱 탄탄히 다지고 향후 100년 은행으로 성장해 나갈 다짐과 의지를 담고 있기도 합니다.

이번에 당행이 발간한 지속가능경영보고서는 국내 금융기관으로서는 최초로 GRI 검증을 요청하여 최고 등급인 'A 등급'을 획득하였으며, 국내 금융권 처음으로 연례 보고서(annual report)와 통합하여 발간하였습니다. 특히 환경을 고려하여 비염소 처리된 친환경 용지와 콩기름 잉크를 사용함으로써 환경 친화적인 지속가능경영보고서의 조건을 갖추었습니다.

임직원 여러분들은 이처럼 남다른 의의를 지닌 당행의 지속가능경영보고서를 대외 홍보와 IR에 적극적으로 활용함으로써 대외 이미지와 브랜드 가치를 높이는 데 노력해 주시기를 당부 드립니다.

그동안 우리 대구은행은 지역밀착경영을 중심으로 '꿈과 풍요로움을 지역과 함께'하는 은행이 되기 위해 노력해 왔습니다. 그리고 지난해부터는 세계적인 추세에 부응하여 지속가능경영에서도 가장 앞서가는 모범 은행이 되기 위해 밖으로는 지속가능경영과 관련된 국제기구에 가입하였으며, 안으로는 전담 조직과 업무 프로세스를 정비하는 한편 지난 2006년 11월부터는 기업의 사회 책임 성과를 바탕으로 하는 SRI(Socially Responsible Investment) 펀드를 판매하는 등 지속가능성을 고려한 투자 활동을 강화하고 있습니다.

앞으로는 지속가능경영 로드맵에 따라 다양한 전략을 단계적으로 추진함으로써 경영의 선진화를 기함과 동시에 당행 브랜드 이미지를 높이는 것은 물론이고, 지속가능경영을 상품 개발이나 마케팅과 연계함으로써 새로운 수익원과 성장 동력을 창출하는 계기로도 삼아야 할 것입니다.

이번 지속가능경영보고서의 발간을 계기로 우리 임직원 모두가 주주, 고객, 지역 사회 등 이해관계자들의 목소리에 더욱 귀 기울이는 한편 지속가능경영에 대한 인식을 새롭게 하고 작은 것에서부터 하나하나 실천해 나감으로써 지속가능경영에서는 가장 앞서가는 모범 은행이 되도록 합시다.

2007년 5월 23일

신뢰는 또 하나의 경쟁력

잘나가던 전문직 여성 두 명이 입신출세의 정점에서 나락으로 떨어진 이야기가 얼마 전 세간의 화제가 된 적이 있습니다. 내실보다 화려한 외양의 브랜드를 중시하는 우리 사회의 어수룩한 틈을 파고들어 승승장구하다가 결국 스스로의 덫에 빠져 버리고 만 서글픈 이야기입니다.

이 사건은 우리 사회에 두 가지 시사점을 던져 주고 있습니다. 하나는 능력이나 실적보다는 간판과 외형, 배경을 지나치게 중시하는 우리 사회의 일그러진 모습이고, 또 다른 하나는 거짓말과 '짝퉁'이 치르는 대가가 너무 가볍고 그러한 행위에 대해 우리 사회가 지나치게 너그러웠다는 점입니다.

선진국에서는 사람이나 물건을 고를 때 거르는 체가 촘촘할 뿐더러 거짓말이나 가짜인 것으로 밝혀지면 엄청난 대가를 치러야 합니다. 비록 사소한 거짓말이나 법 규정의 위반일 경우에도 그러할 뿐더러 직위의 높고 낮음을 묻지도 않습니다.

우리의 경우에는 거짓말이나 법규를 어긴 행위에 대해 그다지 대수롭잖게 여기거나 짐짓 눈감아 주는 사례가 적지 않습니다. 작은 거짓말에 죄의식을 가지지 않고 둔감해지면 마침내는 큰 양심을 저버리는 데도 눈이 멀 수 있습니다. 우리 사회에서는 죄를 짓고 벌을 받아 신문 지면을 오르내린 사람이 어느새 화려하게 재기하는 모습을 심심찮게 볼 수 있는데, 이 모두가 우리 사회에서 불신의 싹을 키우고 신뢰 기반을 무너뜨리는 데 기여해 왔습니다.

프랜시스 후쿠야마는 신뢰는 한 나라의 복지와 경쟁력을 결정짓는 사회적 자본이라 했습니다. "나라를 다스리는 데 중요한 식량, 병기, 백성의 신뢰 중에서 부득이하게 버리지 않을 수 없을 때 무엇부터 버려야 할 것인가?"라는 제자 자공의 물음에 공자는 "병기와 식량을 버릴 수는 있지만 신뢰를 저버리면 나라가 설 수 없다(無信不立)."라고 답했습니다. 사회적 자본인 신뢰가 있고 없고에 따라 사회 통합은 물론, 경제적 효율성에도 그 영향이 크게 미치기 때문입니다.

사회적 자본인 신뢰가 부족하여 서로 믿지 못하는 사회에서는, 서로의 행동을 감시하거나 때로는 소송을 통해 문제를 해결해야 하는 데 드는 정보탐색 비용과 대리인 비용(agency costs) 등 국민 모두가 떠안아야 할 사회적 비용 부담이 그만큼 더 클 수밖에 없습니다.

조선시대 정치의 근본 강령으로 삼았던 오행(五行)인 인의예지신(仁義禮智信) 중 신(信)을 알리기 위해 도성의 한가운데에 세운 보신각(普信閣). 이는 나라를 다스리는 데 '믿음'을 가장 중심에 두었다는 역사적 증좌이다.

그러나 신뢰가 높은 사회에서는 이러한 비용을 부담하지 않아도 됩니다. 말 그대로 신용이 돈이 되고 경쟁력이 됩니다. 도로나 항만과 같이 눈에 보이는 사회적 자본은 정부가 나서서 건설할 수 있지만, 국민 모두의 의식과 관행의 소산인 신뢰는 깨어 있는 선진 시민 정신과 건강한 사회 기풍이 진작될 때만 비로소 만들어집니다.

우리나라는 이제 신용 사회에 깊숙이 들어와 있습니다. 국민 한 사람당 3.8장의 신용카드를 보유하고 있고, 전국 어디를 가나 상점과 식당에서 신용카드로 결제할 수 있습니다. 인터넷 이용률이 세계 2위이고 초고속 인터넷 보급률은 부동의 1위를 달리고 있습니다. 인터넷 뱅킹과 모바일 뱅킹을 포함한 전자금융 이용률이 76.3퍼센트에 달하며 10명 중 6~7명은 집이나 사무실에서 온라인을 통해 주식을 매매하고 있습니다.

이처럼 신용과 관련된 인프라가 잘 발달되어 있음에도 불구하고 참다운 신용 사회로 가는 길은 여전히 멀기만 합니다. 개인신용불량자 수와 개인파산 신청 건수가 좀처럼 줄어들지 않고 있는데다, 세계 13대 경제 대국임에도 불구하고 2006년도 국제 투명성 위원회가 발표한 부패인지지수(CPI: Corruption Perception Index)는 163개 국가 중 42위, 뇌물공여지수(BPI: Bribe Payers Index)는 30개 국가 중 21위로 뒤처져 있습니다.

신뢰라는 사회적 자본을 쌓아 나가야 우리 경제의 체질이 튼튼해지고 대외 경쟁력도 높일 수 있습니다. 저신뢰 사회에서 고신뢰 사회로 하루빨리 나아가야 우리를 뒤쫓아 오고 있는 후발개도국의 추격을 뿌리치고 앞서가는 선진국을 따라잡을 수 있을 것입니다.

대구경북지역은 역사적으로 볼 때 믿음과 의리를 중히 여기고 이를 실천해 온 전통을 지닌 고장입니다. 정보화 사회와 글로벌 경제를 맞아 신뢰의 중요성은 점점 더 커지고 있습니다. 신뢰는 남을 배려하고 남의 의견에 귀 기울이는 한편, 지역에 봉사하고 이웃과 함께 인정과 사랑을 나눌 때 한층 더 커질 수 있습니다.

조선은 오행(五行)인 인의예지신(仁義禮智信)을 정치의 근본 강령으로 삼았으며 이를 수도 도성의 설계에 적용했습니다. 오행 중 인의예지를 4대 소문의 이름에 각각 붙였던 것입니다. 그럼 오행 중 나머지 신(信)은 어디에다 두었을까요? 바로 도성의 한가운데인 보신각(普信閣)입니다. 이는 나라를 다스리는 데 '믿음'을 가장 중심에 두었다는 역사적 증좌입니다. 파루(罷漏)와 인정(人定)의 보신각 종소리는 장안 백성들에게 시간을 알려 주는 역할에만 그치지 않고 믿음을 일깨우는 뜻도 함께 담고 있지 않았을까요? 새벽을 여는 보신각 종소리의 울림처럼 신뢰가 온누리에 두루 퍼져 나가도록 해야 할 것입니다.

2007년 8월 1일

인식에서 행동으로
(Awareness to Action)

지난주 저는 10월 23일부터 25일까지 호주 멜버른에서 열린 UNEP FI 연차총회와 글로벌 원탁회의에 참석하고 돌아왔습니다.

UNEP FI는 1992년 '리우' 정상 회담에서 지속가능발전에 대한 전 세계적 합의를 거친 이후 도이체방크 등 선진금융기관의 제안으로 설립된 국제연합 산하 국제기구입니다. 현재 세계 40여 개 국가의 170개가 넘는 기관에서 참여하고 있으며, 우리 대구은행은 2006년 UNEP FI 서명식을 하고 '지속가능경영' 원년을 선포한 바 있습니다.

UNEP FI는 매년 연차총회를 갖고 격년으로 글로벌 원탁회의를 열어서 그동안 추진했던 활동을 돌아보고 향후의 계획을 세웁니다. 제가 이번에 참석한 행사는 바로 이 연차총회와 글로벌 원탁회의입니다. 이번 행사의 주제는 바로 '인식에서 행동으로

(Awareness to Action)'이었습니다. 그동안 UNEP FI는 지속가능금융에 대한 인식을 전 세계에 확산시키는 노력을 해왔으며 이제는 금융기관들이 행동으로 보여 주기를 촉구하고 있었습니다.

행사 첫날 멜버른 교외에서 차로 한 시간 거리에 있는 한 농장에서 열린 연차총회에는 세계적인 금융기관 대표 100여 명 정도가 참석하였고, UNEP FI 사무국과 각 분과에서 2007년 실적과 2008년 계획을 보고하였습니다. 각 분과는 자산관리, 보험, 책임투자원칙, 개발도상국 투자, 기후변화 대응, 지속가능경영보고서, 생물 다양성 보전, 인권, 수자원 등 넓은 영역에 걸쳐서 활동하고 있었습니다. 이러한 사업들의 중심에는 공통적으로 '환경'과 '사회' 그리고 이를 실행할 수 있는 거버넌스(governance)가 핵심을 이루고 있습니다.

세계 선진금융기관의 경영진들과 이야기를 나누며 현재 지구촌 전체가 전환기를 거치고 있다는 느낌을 받았습니다. 물 부족, 화석연료 고갈, 오염 배출 저감, 기후변화가 큰 문제로 대두된 시점에서 중국 등 신흥 공업국은 폭발적으로 성장하고 있는 대변화의 시대라는 것입니다. 이러한 메가트렌드를 읽고 여기에 잘 대처하는 기관은 지속가능 성장이 가능하지만 여기에 조직적으로 대처하지 못하면 시장을 리드하기는커녕 초우량 기업으로의 성장은 불가능하다는 것입니다.

둘째 날과 셋째 날은 글로벌 원탁회의에 참석했습니다. 행사가 열린 곳은 호주 오픈 테니스 대회가 열리는 멜버른 파크 펑크션

센터(Park Function Centre)였습니다. 세계 각국에서 온 400여 명의 대표들이 회의하기에 아주 좋은 시설이었습니다.

글로벌 원탁회의에서는 각 세션별로 소매금융과 보험산업의 지속가능금융 사례, 사회책임투자의 성과, 환경정보 공개 시 법률의 필요성, 에코 시스템에 대한 투자, 기후변화와 탄소펀드, 개발도상국의 지속가능투자, 신재생에너지에 대한 투자, 인권과 금융의 역할, 은행 여신의 환경리스크관리, 그린헤지펀드, 수자원과 금융, 마이크로 파이낸싱 등 정말 다양한 주제들이 다루어졌습니다.

호주 멜버른에서 열린 UNEP FI 연차총회와 글로벌 원탁회의. UNEP FI는 선진금융기관의 제안으로 설립된 국제연합 산하 국제기구로 현재 세계 40여 개 국가의 170개가 넘는 기관이 참여하고 있으며 대구은행은 2006년 가입하였다. 좌로부터 UNEP FI의 아태지역 특별자문위원(Special Advisor to UNEP FI)인 타케지로 스에요시(Takejiro Sueyoshi) 씨와 이화언 행장, UNEP FI의 총장(Head of UNEP FI)인 폴 클레멘츠 헌트(Paul Clements Hunt) 씨

특히 은행여신의 환경리스크관리, 태양광 시설 설치 융자 등은 지속가능상품으로 은행들이 적극적으로 참여할 수 있는 부분이었습니다.

선진은행들의 경우 신바젤 협약에 벌써 환경과 사회 리스크를 반영시키고 있다는 사실도 이번에 알았습니다. 금융기관뿐만 아니라 정부 기관, 컨설팅 및 평가 기관 등 다양한 사람들과 만나서 지속가능경영, 환경경영에 대한 많은 의견을 교환할 수 있었습니다. 라운드 테이블은 워크숍과 공개 토론 형식으로 진행되었는데, 참석자와 패널 간의 열띤 토론으로 정해진 시간을 넘기기 일쑤였습니다. 여기에서 선진금융기관들의 지속가능경영에 대한 열의를 느낄 수 있었습니다.

이번 행사에 참여하면서 느꼈던 것은, 글로벌 선진금융기관들이 인류의 지속가능 발전에 대한 비전을 가지고 세계를 이끌어 나가고 있고 동시에 새로운 게임의 법칙을 만들어 가고 있다는 점입니다. 특히 중국공상은행(Industrial & Commercial Bank of China) 행장이 20여 명이 넘는 중국 대표단과 함께 회의에 참석하여 UNEP FI에 가입하고, 일본도 30명이 넘는 대표단이 참석한 것을 보고 저는 한국 금융의 위기를 느꼈습니다. 우리에게도 새로운 기회가 열리고 있지만 시간이 많지 않습니다. 이제 다시 현실로 돌아와서 우리가 해야 할 일을 실행에 옮겨야 할 때라고 봅니다.

GE와 같은 글로벌 공룡 기업이 매년 8퍼센트 이상 성장하고, 도요타 자동차가 하이브리드 자동차를 개발하여 환경경영에서 시장을 선점할 수 있었던 것은 글로벌 트렌드를 잘 파악하고 경영전략을 세워 실행했기 때문입니다. 환경경영은 돈이나 들어가는 사치스런 경영이라는 생각을 버려야 합니다. GE가 말하는 '환경이 돈이다(Green is green).'라는 인식을 가지고 우리 금융기관들도 핵심역량과 시너지 효과를 낼 수 있는 분야를 찾아야 할 것입니다.

한국은 중국, 인도와 같이 깊은 잠에서 깨어난 국가들로부터 머지않아 힘에서 밀리게 될지도 모릅니다. 한국이 '동북아 금융허브'로 나가려면 새로운 경쟁구조 속에서 이러한 흐름을 주도하고 고부가가치 서비스 경쟁력으로 승부해야 하는데 선진금융 흐름에 너무나 무관심한 것 같아 걱정이 앞섭니다.

우리 대구은행이 나아가는 방향은 바로 세계의 은행들이 추구하고 있는 지속가능금융의 목표와도 같다는 것을 이번에 느꼈습니다. 우리 대구은행은 지금까지 국내 금융권에서 윤리경영, 환경경영, 사회공헌을 아우른 지속가능경영 부문의 선두주자로 자리매김해 왔습니다. 앞으로도 우리가 바로 '지속가능금융의 리더'라는 자부심을 가지고 더욱 분발하여 지속가능경영의 세계적인 흐름을 따라잡는 동시에, 날로 성장하고 있는 지속가능 관련 산업과 금융을 당행의 새로운 성장 동력으로 삼기 위한 준비를 해나가야 겠습니다.

2007년 10월 31일

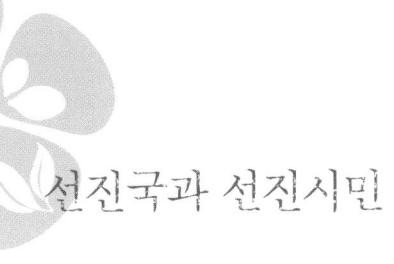

선진국과 선진시민

　우리나라는 1인당 국내총생산(GDP)이 2만 달러를 넘어섰고, GDP 총액과 교역량 규모가 세계 10위권에 다가서고 있으며, 선진국 모임인 OECD에 가입한 지도 어언 12년이 지났습니다. 이쯤이면 이제 우리도 세계를 향하여 떳떳이 선진국으로 자처해도 좋지 않을까라는 생각을 해보게 됩니다. 그러나 그렇지 못한 게 사실입니다.

　참다운 선진국이 되기 위해서는 탄탄한 경제력 외에도 건실한 복지 제도와 문화적 기반, 그리고 성숙한 민주시민 의식이 뒷받침되어야 합니다. 안타깝게도 우리나라는 경제력만 선진국 대열에 이제 막 들어섰을 뿐 복지 수준과 문화적 성숙도, 그리고 시민의식 수준은 아직도 갈 길이 멉니다. 복지 수준은 경제력과 비례한다고 볼 때 선진국을 향해 가는 우리에게 무엇보다 더욱 절실히 요구되는 것은 바로 세계 시민으로서 갖추어야 할 문화적 성숙도와 민주시민 의식이 아닌가 싶습니다. 국민들의 문화적 성숙도와 민주시민 의식은 국가의 품격[國格]을 결정짓는 요소일 뿐더러 국가 브랜드 이미지나 경쟁력과도 직결됩니다.

민주시민으로서 갖추어야 할 첫째가는 덕목은 질서 의식과 준법정신입니다. 88서울올림픽과 2002한일월드컵에서 보여 준 시민들의 질서 의식이 이젠 일상생활 속에 뿌리내리도록 해야 할 것입니다. 법과 공권력을 두려워하고 존중함으로써 '떼법'과 편법이 법 위에 군림하는 일이 없도록 해야 할 것입니다.

다음으로 의사소통을 할 때에 타인을 배려하고 존중하는 것입니다. 상대방을 배려하고 나와 다른 주장에 귀 기울일 줄 알아야 합니다. '입은 적을 만들고 귀는 친구를 만든다.'는 옛말이 있습니다. 거기다 겸손과 양보, 칭찬은 사람과의 관계를 한층 더 부드럽고 맛깔 나게 하는 양념과도 같은 역할을 합니다.

선진 시민의 또 다른 미덕은 신뢰와 투명성입니다. 신뢰가 사회적 자본이라고 갈파한 프랜시스 후쿠야마는 한국을 저신뢰 사회로 분류했습니다. 국제투명성기구(TI: Transparency International)가 발표한 2008년 한국의 부패지수는 180개 국가 중 40위에 그쳤습니다. 공짜 심리를 버리고 공(公)과 사(私)를 엄격히 구분하며, 우리 사회 곳곳에 부정과 비리의 독버섯이 자라나지 못하도록 시민 모두가 감시의 눈을 크게 떠야 할 것입니다. 선진 시민들은 실용적이고 분수에 맞는 소비를 합니다. 무절제한 명품 선호나 충동

선진화의 중요한 척도 가운데 하나는 시민들의 문화예술 감각이다. 대구은행 본점 건물 앞에 조성된 열린 광장은 시민들의 휴식과 문화예술 공간으로 자리잡아가고 있다.

구매, 과시적 소비에 빠지지 않고 소득 수준, 품질, 가격을 꼼꼼히 따져 보는 합리적인 소비 습관이 몸에 배어 있습니다.

또한 자원 봉사와 기부를 통한 나눔의 정신을 실천해야 할 것입니다. '장미를 전해준 사람의 빈손에 아름다운 향기는 남는다.'는 말도 있듯이 사랑의 손길로 하는 자원 봉사는 어려운 이웃에게 도움을 주는 동시에 봉사자들에게는 마음의 평화와 자기 존엄성을 맛보게 해줍니다. 미국의 경우 전체의 76퍼센트가 개인 기부이고, 연소득 10만 달러 미만 가구의 65퍼센트가 기부에 동참하고 있습니다. 반면 우리나라는 기업 기부에 주로 의존하고 있고 개인 기부가 매우 미약합니다. 최근 들어 거액 재산가와 인기 연예인, 그리고 김밥 할머니의 기부 미담들이 우리 사회에 온정의 불씨를 지피면서 기부 문화 확산에 기여하고 있음은 참으로 바람직스럽습니다. 여성, 노인, 장애인과 같은 약자와 소외 계층에 대한 배려가 절실합니다. 약자를 배려하고 소외된 사람을 함께 보듬고 나갈 때 비로소 선진 사회, '인간의 얼굴을 한 자본주의'를 실현할 수 있을 것입니다.

시민들의 문화예술 감각도 선진화의 중요한 척도입니다. 도서관, 박물관, 미술관을 양적으로 늘리는 것도 물론 중요하지만 일반 국민들이 생활 속에서 문화예술을 얼마만큼 누리는가가 중요합니다. 시민들이 문화와 예술의 향기에 이끌린다는 것은 그만큼 여유롭고 정신적 풍요를 누리고 있다는 뜻이기도 합니다. 선진국 국민이라면 환경 의식을 반드시 가져야 합니다. 에너지 절약을 생활화하고 친환경 소비와 재활용을 실천해야 합니다. 나 혼자 잘 먹고 건강하게 잘 사는 '웰빙 족'에서 한 걸음 더 나아가 이웃과 환경을 고려한 건강한 삶을 추구하는 '로하스 족'을 지향해야 할 때입니다.

나아가 지구촌 시대에 다양성을 존중하고 외국인과도 어우러져 살 수 있는 개방성을 가져야 할 것입니다. 외국인 노동자와 국제결혼 가정의 증가로 어느덧 우리 사회가 외국인 비율 1퍼센트 시대에 접어들었습니다. 국적과 피부 색깔의 차이를 뛰어넘어 우리의 따뜻한 정으로 그들을 맞아들이면 다양성이 축복이 될 수 있는 다문화 사회를 이룩할 수 있을 것입니다.

성장에만 집착하여 선진 시민사회 구축을 위한 노력을 게을리 한다면 1인당 국민소득이 비록 4만 달러를 넘어설지라도 국민들의 행복한 삶이 보장되는 참다운 선진국의 실현은 요원할지 모릅니다.

'세계 속의 초우량 지역은행'을 비전으로 삼은 우리 대구은행 임직원들은 글로벌 시대를 맞아 민주시민 의식을 갖추고 이를 실천하는 데 누구보다도 모범을 보이고 앞장서야 할 것입니다. 특히 해외여행을 할 때는 자연 경관이나 유적만 보지 말고 그 나라 국민들의 삶의 방식과 시민 정신을 눈여겨보고 잘못된 점은 타산지석으로 삼되 훌륭한 점은 본받았으면 합니다.

2007년 12월 20일

100년 은행을 위한 대구은행의 선택

우리 대구은행은 2007년 12월 21일, 산업자원부가 주최하고 대한상공회의소와 산업정책연구원이 공동으로 주관한 '제2회 지속가능경영 대상'을 수상하였습니다. 11월 23일에 환경재단(대표 최열)이 주최한 '2007 로하스경영대상'에서 국내 금융기관 중에서는 유일하게 우수기업상을 수상한 데 이어 지속가능경영 부문의 큰 상을 받았습니다.

이번 시상식에서 우리 대구은행은 또다시 국내 은행권에서는 유일하게 '지속가능경영 대상'의 윤리·사회책임경영상을 수상하는 영예를 안았습니다. 이번에 당행이 수상한 '지속가능경영 대상'은 언론사나 민간단체의 주관으로 시행되어 온 여타 시상과는 달리, 정부 부처인 산업자원부와 권위 있는 경제 단체인 대한상공회의소가 주관하였다는 점에서 수상의 의미가 한층 더 크다고 할 수 있습니다.

이번에 우리 대구은행이 '지속가능경영 대상'을 받게 된 것은 재무적 성과가 우수할 뿐만 아니라 지속가능경영을 국내 그 어느 금융기관보다 먼저 그리고 체계적으로 추진한 점을 높게 평가받았기 때문입니다. 특히 윤리경영과 사회공헌 부문에서 타 기업의 모범이 된 것으로 인정받았습니다.

잘 아시다시피 우리 대구은행은 21세기 새로운 트렌드로 확산되고 있는 지속가능경영의 흐름에 부응하여 인권, 노동, 환경, 반부패 등 4대 부문의 지속가능경영을 추진하고 있는 국제연합 글

산업자원부 주최, 대한상공회의소 산업정책연구원 공동 주관의 제2회 지속가능경영대상 수상. 정부 부처와 권위 있는 경제단체에서 주관한 상을 국내 은행권 중에서는 유일하게 수상했다는 점에서 뜻깊고 영예로운 상이었다. 왼쪽은 이 상의 심사위원장이었던 조동성 서울대 교수

로벌 콤팩트에 가입한 데 이어, 전 임직원이 함께한 가운데 UNEP FI 아시아 태평양 지역 대표를 모시고 '지속가능경영 원년의 해' 선포식을 가진 바 있습니다. 또한 국제연합 글로벌 콤팩트 한국 협회와 UNEP FI 코리아 그룹에도 참여하여 회원 기관들과의 정보 공유는 물론 대구은행의 지속가능경영을 적극적으로 알려 왔습니다.

저는 호주 멜버른에서 열린 UNEP FI 연차총회와 글로벌 원탁 회의에 참석한 것을 계기로 환경경영을 비롯한 지속가능경영의 중요성에 대한 인식을 더욱 새롭게 하였습니다. 40여 개국의 170여 개 금융기관 대표들이 모인 행사에 참석하고 나서 저는 그 행사의 주제처럼 이제 '인식에서 행동으로' 옮길 때라고 절감하였습니다. 왜냐하면 심각한 기후변화에 맞서 하나뿐인 아름다운 지구를 보존하여 우리의 후손에게 물려줘야 할 책임은 현 세대를 살고 있는 우리 모두의 책임이기 때문일 것입니다. 또 지역의 환경을 보전하고 지역사회와 함께 동반 발전하여야 하는 것은 대구은행의 피할 수 없는 숙명이자 사명이기도 합니다. 우리의 핵심역량인 지역밀착경영을 한 차원 더 발전시킨 지속가능경영에 앞장서서 지역사회에서 리더십을 발휘할 때 당행의 브랜드 이미지를 높일 수 있음은 물론 지역사회에 더욱 탄탄히 뿌리내릴 수 있을 것입니다.

그러나 지속가능경영의 중요성이 무엇보다 강조되어야 할 이유는, 바로 기업과 금융기관에 새로운 사업 기회와 성장 동력을 제공한다는 것입니다. 지금 세계 전역에서 새로운 부가가치가 창출되는 환경 시장의 규모가 날로 확대되고 있고, '착한 기업'을 골라 투자하고 돈을 빌려 주는 사회책임금융(SRF)이 크게 늘어나고 있습니다. 이제 우리도 이러한 블루오션 시장에 조기에 참여함으로써 영업 기반 강화를 위해 새로운 성장 동력으로 삼을 수 있도록 해야 할 것입니다. UNEP FI 글로벌 원탁회의에서 우리 대구은행의 지속가능경영 활동이 모범 사례로 소개되는 것을 보면서 저는 기쁜 마음과 함께, 앞으로 국제 사회에서도 인정받는 지속가능경영의 모범 은행이 될 수 있도록 더욱 분발해야겠다고 생각했습니다.

그동안 우리 대구은행은 밖으로는 지속가능경영과 관련된 국내외 기구에 가입하고 선진금융기관들의 움직임을 파악하는 한편, 안으로는 지속가능경영 위원회와 지속가능경영 실무협의회와 같은 전담 조직을 설치하고 중장기 로드맵과 단계별 세부 추진 전략을 마련하였습니다. 지난 2006년 4월부터 지속가능경영에 대한 다짐과 성과를 이해관계자에게 알리기 위해 GRI G3 기준의 지속가능경영보고서 「Drive Global Best」를 발간하고 있습니다. 국내 은행권에서는 처음으로 연례 보고서와 통합하여 발간한 이 보고서는 국내 금융기관 최초로 GRI 검증에서 A 등급을 획득하였으며, 관련 기관으로부터 좋은 평가를 받았을 뿐만 아니라 타 기업의 벤치마킹 대상이 되기도 했습니다.

우리 대구은행이 지속가능경영과 관련된 큰 상을 잇달아 받음으로써, 국내 금융권에서는 이 분야에서 한 발 앞서가고 있지만 아직은 지속가능경영의 기틀을 다지기 위한 시작 단계에 와있을 뿐입니다. 선진은행들과의 격차는 매우 크고 그들을 따라잡기 위해서는 해야 할 일이 매우 많습니다.

우리 임직원 모두가 영업 활동 과정에서 주주, 고객, 종업원, 지역사회 등 우리를 둘러싼 이해관계자들의 목소리에 귀를 기울이고 이를 경영전략에 반영하여 해소해 나가는 노력을 기울여 나가야 할 것입니다. 아울러 지속가능 실무협의회 등을 통해 상호 정보를 공유하고 서로 지혜를 모아 부문별, 부서별 세부 실행 전략을 마련하고 추진함으로써 지속가능경영을 한층 더 발전시켜 나가야 할 것입니다. 지속가능경영은 100년 은행을 위한 우리 대구은행의 피할 수 없는 선택이기 때문입니다.

2007년 12월 26일

DGB STOP CO_2 플랜

우리는 석유 없이는 하루도 살 수 없습니다. 이처럼 귀중한 석유 자원이 앞으로 40년 후에는 고갈되어 버린다고 합니다. 천연가스 매장량은 앞으로 60년 정도 사용할 수 있다고 합니다. 세계의 공장인 중국을 비롯한 개도국의 수요가 날로 급증하고 있어 화석연료의 고갈 시기는 이보다 더 앞당겨질 수도 있습니다. 게다가 지금처럼 에너지를 소비하고 자원을 파괴한다면 하나뿐인 지구는 환경오염과 기상 이변으로 인해 심각한 재앙과 위기에 직면할 수 있다는 경고음이 계속 들려오고 있습니다.

우리나라는 에너지 소비 대국입니다. GDP 규모가 세계 13위인데 전체 에너지 소비량은 세계 10위, 석유 소비량은 세계 7위에 올라 있습니다. 기름 한 방울 나지 않는 우리나라의 에너지 소비량이 최근 10년간 연평균 2.8퍼센트 늘어나 증가율 면에서 선진

우리나라의 탄소 배출량은 세계 9위이고 에너지 효율성은 선진국의 1/3정도에 불과하다. 사진은 환경보존과 에너지 절약을 위한 '사랑의 계단오르기' 행사

국들을 훨씬 웃돌고 있습니다. 국민 1인당 에너지 소비량도 전 세계 평균이 1.68 TOE(Tonnage of Oil Equivalent, 석유환산톤)인데 비해 우리나라는 그 세 배인 4.27 TOE에 달하고 있습니다. 에너지 이용의 효율성을 나타내는 지표인 에너지원 단위가 일본의 경우 0.11인 반면에 우리나라는 0.35로 일본의 세 배 이상 높습니다. 우리가 얼마나 에너지를 비효율적으로 소비하고 있는가를 말해 줍니다.

우리나라가 에너지를 많이 소비하고 에너지의 효율성도 떨어지는 데는 국내 산업이 에너지 다소비형 구조에서 벗어나고 있지 못한 때문이지만 에너지 절감의 중요성에 대한 전반적인 인식이 부족하여 에너지를 흥청망청 소비하고 있기 때문이기도 합니다.

지나친 에너지 소비의 부작용은 기업의 경쟁력과 국제수지 악화에만 그치지 않습니다. '교토의정서'의 발효로 탄소 배출권 문제가 이제 우리에게도 발등의 불이 되고 있습니다. 지난해 12월 국제연합 기후변화 협약 당사국 총회에서 탄소 배출 의무 감축이 개도국에까지 적용되는 '발리 로드맵'이 채택됨으로써 우리나라도 이제 탄소 배출 문제를 외면할 수 없게 되었습니다. 탄소 배출량을 할당받은 국가와 기업이 할당된 허용치 이내로 배출할 경우 남는 배출권을 거래소에서 팔 수 있는 반면, 배출량이 할당된 허용치를 넘어서면 거래소에서 배출권을 사거나 탄소 배출을 줄이기 위한 '청정개발체제(CDM) 사업'을 추진하여 부족분을 충당해야 합니다. 우리나라는 탄소 배출량이 세계 10위입니다. 지금은 비의무 감축국에 속해 있지만, 오는 2013년에는 의무적으로 온실가스를 줄여 나가지 않으면 안 됩니다.

'탄소 배출권 제도'는 국제적인 규제이자 위기이지만 새로운 기회이자 성장 동력이 될 수도 있습니다. 2005년 이래 탄소 배출권 시장은 해마다 확대일로를 보여 2006년에 300억 달러였던 탄소 배출권 거래 규모가 오는 2010년에는 약 1,500억 달러에 달할 전망입니다. 뿐만 아니라 태양광, 태양열, 풍력, 조수력 등의 신재생에너지를 비롯한 대체 에너지 산업 또한 날로 커지고 있습니다.

세계 각국의 정부와 기업, 국민들은 탄소 배출 감축의 중요성을 미리부터 깨닫고 에너지 절감과 친환경경영에 전력을 기울이고 있습니다. 그러나 우리나라는 아직까지 환경문제와 에너지 절약에 대한 정책적 의지가 미약할 뿐만 아니라 기업과 시민들의 인식 또한 매우 부족하여 안타까울 따름입니다.

우리 대구은행은 최근에 재무적인 성과뿐만 아니라, 환경경영을 비롯한 지속가능경영 부문에서도 앞서가는 은행이라는 점을 국내외에서 인정받았습니다. 이것은 우리 은행의 재무적인 성과가 우수하고 적극적인 해외 IR를 통한 시장 친화적인 경영과 직원 중시경영, 환경경영, 윤리경영 등 지속가능경영 분야에서 모범을 보인 점이 높이 평가받았기 때문입니다.

하지만 탄소 배출 감축과 에너지 절감을 포함한 환경경영 부문에서는 해외 선진은행들과의 격차가 클 뿐더러 해야 할 일이 너무나 많습니다.

우리 대구은행은 이번에 탄소 배출을 줄이기 위한 에너지 절감과 환경보전 활동을 행동으로 옮기기 위해 'DGB STOP CO_2 플랜'을 마련하고 적극 추진키로 했습니다.

'DGB STOP CO_2 플랜'은 본점과 영업점의 전력, 용수, 난방용 연료, 승용차 연료 등 각종 에너지 사용 실태를 조사하여 이를 이산화탄소 배출량으로 환산하고, 지속적으로 감축해 나가는 것을 내용으로 하고 있습니다. 이러한 'DGB STOP CO_2 플랜'은 우리 임직원과 가족들이 먼저 앞장서고, 나아가 지역의 학교와 공공기관 및 기업들에까지 널리 알려 우리 지역 전체가 동참하도록 할 계획입니다.

2,000CC 승용차 한 대가 연간 배출하는 이산화탄소는 2.3톤이고, 30평 아파트의 전기, 도시가스, 냉난방 사용에 따른 연간 이산화탄소 배출량은 3.1톤이라고 합니다. 폐지, 캔류, 페트병 등 폐기물 재활용률을 1퍼센트만 높여도 639억 원을 절감할 수 있습니다. 전국의 에어컨 온도를 1도만 올려도 핵발전소 1기 건설에 소요되는 2조 원을 절약할 수 있고 텔레비전 시청을 하루 1시간 단축할 경우에는 360억 원을 절약할 수 있다고 합니다. 이처럼 우리 주변에서 조금만 관심을 기울이면 실천할 수 있는 일들이 많습니다.

몇 달 전부터 저는 사무실 책상 위에 작은 스탠드 하나를 마련하였습니다. 혼자 있을 때는 스탠드 하나만으로도 충분하겠다는 생각에 실천해 보았습니다. 전등 하나라도 아껴 쓰는 사소한 습관이 모여 'DGB STOP CO_2 플랜'이 성공적으로 실천되기를 기대해 봅니다.

대구은행 가족 여러분, 주위를 한번 둘러보고 지금 바로 실천할 수 있는 것이 무엇인지 함께 찾아보는 것은 어떨까요?

2008년 3월 12일

금융시장 신뢰 상실의 대안

온 세계가 글로벌 금융위기 극복에 부심한 가운데, 세계 금융산업이 다시 기본을 지켜야 한다는 진단이 나오고 있습니다. 이는 미국 주택 금융시장의 부실로 대형 금융기관에 대한 '신화'가 깨어지면서 글로벌 금융위기로 확산되고, 이러한 신용위기가 다시 실물 경기를 악화시키고 있다는 상황 인식에 기초하고 있습니다. 이러한 '나비 효과'의 배경에는 세계 금융시장에 대한 '신뢰의 상실'과 '두려움'이 크게 자리하고 있음을 알 수 있습니다.

이처럼 신뢰 상실과 신용 기반의 붕괴에 직면한 세계 금융시장이 다시금 회생의 돌파구를 찾기 위한 대안 중 하나가 바로 지속가능경영이 아닐까 생각합니다. 지속가능경영이야말로 효율만을 중시하는 신자유주의적 시장질서의 폐해를 치유하고 누그러뜨리는 방안이 될 수 있기 때문입니다.

우리 대구은행은 지난 10월 17일 '2008 대한민국 지속가능경영대상' 시상식에서 국가지속가능발전위원회 위원장이 시상하는 제1호 기업부문 종합대상을 수상하는 영예를 안았습니다. 이 상은 최근 국내외적으로 기업의 지속가능경영이 이슈로 제기되고 있는 가운데, 우리 대구은행이 지역사회와 주주, 고객, 투자자 등 '이해관계자와의 신뢰'를 바탕으로 환경경영, 사회공헌 등 사회적 책임에 입각한 지속가능경영을 체계적, 효율적으로 추진함으로써 국내 기업의 경쟁력 제고와 국내 지속가능경영의 발전에 공헌한 노력을 인정받아 수상하게 된 것입니다.

2006년부터 매년 발간하고 있는 국제 기준의 지속가능경영보고서와 DGB STOP CO_2 플랜이 높이 평가 받아 2008년 대한민국 지속가능경영대상 시상식에서 기업부문 종합대상을 수상했다.

지난 2006년부터 매년 발간하고 있는 국제 기준의 지속가능경영보고서를 비롯하여, 2008년 3월부터 추진해 온 탄소배출 감축을 위한 실행 계획 'DGB STOP CO_2 플랜'에 대해 높은 평가를 받았습니다.

21세기는 경제, 환경, 사회적 요소의 조화를 전제로 한 지속가능 및 녹색성장의 시대라고 합니다. 지속가능경영의 경영이념은 경제적 신뢰성과 환경적 건전성, 사회적 책임성을 포함하고 있습니다. 환경과 사회에 대한 긍정적 이미지를 높여 나가면서 경제적 가치를 극대화하여 에코 효율성을 지속적으로 개선시켜 나가는 새로운 경영 패러다임입니다.

지속가능경영을 전략적이고 생산적으로 추진하기 위해서는 현재는 물론 미래 우리 이해관계자와의 신뢰를 바탕으로 한 경제적, 환경적, 사회적 투자 수익률을 지속적으로 개선해 나가야 할 것입니다.

글로벌 금융위기에 따른 급변하는 금융환경에서도 생산성 가치혁신을 통해 우리의 내실을 다져 기본 체력을 더욱 강화함은 물론, 'DGB STOP CO_2 플랜'의 지속적인 추진으로 에코 효율성을 높이고 수익 기반을 확대해 나감으로써 '작지만 강한 대구은행'의 저력을 유감없이 발휘합시다.

2008년 10월 22일

지속가능경영은 글로벌 경쟁력의 조건

얼마 전 신라 호텔 영빈관에서 열린 《월간중앙》 주최 '대한민국을 이끄는 21세기 경영 리더 대상' 시상식에서 제가 '지속가능경영 대상'을 받았습니다. 저의 수상 소감을 여러분과 함께 나누고자 합니다.

먼저 이처럼 영광스런 상을 주신 김광수 《월간중앙》 사장님과 관계자 여러분께 깊이 감사드립니다. 지속가능경영은 21세기의 새로운 경영 패러다임입니다. 우량 기업이 되기 위해서는 재무적 성과도 좋아야 하지만 지속가능경영을 반드시 실천해야 한다고 믿습니다.

기업이 지속가능경영을 실천해야 하는 데는 두 가지 이유가 있습니다. 그 하나는 환경경영과 윤리경영 등 지속가능경영이 '세계

대한민국을 이끄는 21세기 경영리더 대상 시상식에서 지속가능경영대상을 수상했다. DGB STOP CO_2 플랜을 수립, 추진하는 한편, 지속가능경영위원회와 전담 실무조직을 두고 윤리경영, 환경경영, 사회공헌 등을 아우른 지속가능경영을 실천해온 결과다.

기준'으로 확산, 정착되고 있어 이들 기준을 준수할 때만이 비로소 글로벌 경쟁력을 가질 수 있기 때문입니다. 또 다른 이유는 지속가능경영과 관련된 시장이 새롭게 창출되고 있고 날로 성장하고 있기 때문입니다. 특히 환경 관련 산업은 지난날 IT 산업의 규모와 성장 속도를 훨씬 능가할 만큼 새로운 경제의 성장 동력으로 떠오르고 있습니다.

  태양광, 태양열, 풍력, 바이오에탄올, 연료전지 등과 같은 신재생에너지산업뿐만 아니라 건축, 교통, 농업 등에 이르기까지 환경 관련 기술은 눈부실 만큼 빠른 속도로 성장하고 있습니다.

  저희 대구은행은 지난 2006년을 '지속가능경영 원년'으로 선포하고 지속가능경영의 비전과 로드맵을 수립한 바 있습니다. 국제연합 글로벌 콤팩트와 UNEP FI와 같은 국제기구에 가입하고, 세계 기준에 부합한 지속가능경영을 추진하기 위해 노력해 왔습니다.

  은행장을 위원장으로 한 지속가능경영위원회와 전담 실무 조직을 두고 윤리경영, 사회공헌, 환경경영, 지속가능금융 등 네 개 부분에 걸쳐 매년 세부 추진 전략을 수립하여 추진하고 있습니다. 특히 최근에는 환경경영에 더욱 주력하여 에너지 절감 및 환경경영전략 로드맵인 'DGB STOP CO_2 플랜'을 수립하여 추진하고 있습니다. 전력, 냉난방용 가스, 자동차 연료 등 에너지원별로 탄소 배출량을 관리하고 있으며, 신설 점포에 태양광 발전 설비를 설치하였고, 친환경 금융상품을 개발 판매하고 있습니다. 그리고 지역민들을 대상으로 한 에너지 절감과 환경 체험 수기 공모와 지역 공공 기관 직원에 대한 환경 교육 등 탄소 절감을 위한 다양한 프로그램을 마련하여 실시하고 있습니다.

  지금까지 저희 대구은행이 선진 기준에 부합한 지속가능경영을 추진하기 위해 노력해 왔고, 국내 금융권에서는 지속가능경영에 앞서가는 것으로 평가받고 있지만, 아직 해야 할 일이 매우 많습니다. 남이 가지 않는 곳에 먼저 새 길을 낸 선발자(first mover)로서의 이익을 누리고 있지 않나 생각합니다.

이 상을 앞으로 더 잘하라는 채찍으로 알고 지속가능경영에 한 층 더 노력하여 이 분야에서는 늘 앞서가는 모범 기업이 될 수 있도록 최선을 다하겠습니다.

2008년 11월 13일

'매니페스토 약속대상'을 수상하고

저는 어제 국회의원회관 소강당에서 열린 제1회 '매니페스토 약속대상' 시상식에서 기업인 부문 대상을 수상하였습니다. 한국매니페스토실천본부가 주는 이 상은 우리 사회가 신뢰를 회복하고 나아가 한 단계 더 성숙한 민주사회가 구현되기를 바라는 큰 의미를 담고 있습니다.

'매니페스토(menifesto)'는 '증거' 또는 '증거물'이란 뜻을 가진 라틴어 '마니페스투스(manifestus)'를 그 어원으로 하고 있습니다. 그런데 이 단어가 이탈리아로 건너가서는 '과거의 행적을 솔직하게 고백하고 앞으로의 실천 계획을 밝힌다'는 뜻의 '마니페스또(manifesto)'로 변화되었고, 오늘날 영국과 미국을 비롯한 선진국을 중심으로 널리 쓰이게 되었습니다.

매니페스토와 관련하여 우리 대구은행은 지난 2006년부터 매년 국제기준의 『지속가능경영보고서(Drive Global Best)』를 발간하고 있으며, 이를 통해 지역사회와 고객, 주주 등의 이해관계자와 지역사회에 기업시민으로서의 사회적 책임을 다하기 위한 약속과 이에 대한 이행 상황을 투명하게 공개하고 있습니다.

올해 처음으로 제정된 이 상은 저 개인에게 주는 것이 아니라 우리 대구은행 3천여 임직원 모두에게 주는 것이라 생각하며, 이 영광을 여러분과 함께 나누고자 합니다.

잘 아시다시피 이번 상을 수상하기에 앞서 우리는 지난 해 12월 한국매니페스토실천본부가 실시한 국내 16개 은행들의 사회공헌 약속 이행 평가에서 가장 높은 점수를 받은 바 있습니다.

한국매니페스토실천본부가 16개 은행들을 대상으로 사회공헌 약속 이행 평가를 실시한 결과 대구은행이 매니페스토 약속대상(기업인 부문)을 수상했다.

이는 '꿈과 풍요로움을 지역과 함께'라는 우리의 경영이념을 실천하기 위해 지속적으로 추진해온 각종 봉사활동과 환경보존, 문화예술, 장학 및 체육진흥, 사회복지에 이르는 다양한 후원사업이 지역민과 지역사회에서 높이 평가받았기 때문이라고 생각합니다.

우리가 펼치고 있는 지속가능경영의 뿌리에는 지역밀착경영이라는 경영방침이 있고, 사회공헌은 이러한 방침의 핵심 전략으로 자리잡고 있습니다.

세계 경제가 글로벌 금융위기의 여파로 그 어느 때보다 어렵습니다. 이러한 위기의 배경에는 신용과 신뢰를 바탕으로 한 사회적 약속이 지켜지지 않고 있기 때문이라 봅니다.

우리 대구은행은 지금까지 쌓아온 신뢰받는 은행의 기틀을 더욱 탄탄히 다지고, 이를 새로운 성장 동력 창출의 계기로 삼아 향후 100년 은행으로 지속 성장해 나갈 수 있도록 온 힘을 모아야 할 것입니다.

2009년 2월 6일

에·필·로·그 epilogue

CEO 레터를 마감하며

이제 CEO 레터를 마감하고자 합니다.

지난 2005년 제가 9대 은행장으로 취임한 이후 매주 임직원 여러분께 써온 CEO 레터가 어느덧 180여 회에 이르렀습니다.

직원 여러분과 파트너십을 이루고 줄탁동시(啐啄同時)하기 위해서는 대화가 필수적이고, 3천여 임직원과의 가장 효율적인 대화 방법이 편지라고 생각했던 것입니다.

CEO 레터를 통해 여러분들과 우리의 나아갈 방향을 공유하고 때로는 '마이 스토리'를 써서 제가 어떤 사람인지 솔직하게 보여 드림으로써 서로를 잘 이해하고, 파트너십을 가지고 대구은행호(號)가 순항하는 데 도움이 되었다고 생각합니다.

그 동안 많은 분들이 편지를 보내 주셨지만 일일이 답장을 드리지 못한 점 죄송하게 생각하며 변변치 못한 제 글을 읽어주시고 기다려준 모든 분들께 감사의 인사를 드립니다.

대학(大學)에 "物有本末(물유본말)하고 事由終始(사유종시)하니 知所先後(지소선후)면 則近道矣(즉근도의)라"는 말이 있습니다.

"세상 모든 것에는 근본과 말단이 있고, 일에는 시작과 끝이 있으니 그 선후를 알면 도에 가깝다."라는 말씀입니다.

모든 일에는 때가 있다고 생각합니다. 지금이야말로 젊고 유능한 후진에게 자리를 내어줄 시기이며, 그것이 우리 대구은행과 지역사회로부터 빚만 지고 살아온 자로서의 도리이자 근본이라 여겼습니다.

저는 은행장에 취임한 이후 겸허한 자세로 양심껏 일하고 물러날 때가 되면 초연하게 떠날 것을 스스로 다짐해 왔습니다.

경영자의 주요 덕목 중 하나가 후계자 양성입니다. 후계자 양성은 일찍부터 제가 신경 써온 부분이며, 처음부터 지속가능경영의 연장선상에서 접근하였습니다. 이 시점에서 준비된 행내의 유능한 인재인 하춘수 수석부행장이 조타수가 되어 높은 파고를 힘차게 헤쳐 나가는 것이 은행을 더욱 발전시키고 지역사회에 더욱 기여하며 저에게도 큰 명예로 돌아온다는 생각을 하였던 것입니다.

백년은행을 지향하는 우리로서는 은행과 지역을 가장 잘 아는 내부인재를 행장으로 배출하는 게 마땅하다고 생각하였고, 제가 물러나는 것을 계기로 내부승진의 확실한 기틀을 마련하고 싶은 욕심도 있었습니다.

지난 행사(行史)를 돌이켜 보면, 아름다운 행내 전통이라 하기에는 명예롭지 못한 행동과 일들이 더러 있었음을 부인하지 않겠습니다. 하지만 이제부터는 진정한 대구은행의 전통으로 자리매김하여 대표 지역은행으로서의 격을 높였으면 합니다.

'세계적인 초우량 지역은행'이 당행의 비전입니다.

저는 우리 대구은행이 지향해야 할 목표와 비전을 제시하고 3천여 임직원들이 비전을 향해 매진할 수 있도록 당겨주고 밀어주는 것이 CEO인 저의 역할이라고 생각해 왔습니다.

혼자서 꾸는 꿈은 꿈에 그치지만, 여럿이 함께 꾸는 꿈은 현실이 된다고 하였습니다. 우리가 비록 세계적인 은행에 비해 자산도 적고 순익도 적지만 지속가능경영에서만큼은 세계적인 은행이 될 수 있다고 생각합니다.

행장으로 재직하는 동안 직원중시경영, 주주가치경영, 윤리, 환경, 사회공헌을 아우르는 지속가능경영을 추구하고 실천하기 위해 여러분들과 함께 전력투구한 것을 가장 큰 보람으로 느끼고 있습니다.

저는 복이 많은 사람입니다. 수습행원으로 입행하여 40년 동안 한 직장에서 일해 왔고, 은행장을 끝으로 퇴임하게 되었으니 저보다 더 복을 많이 받은 사람이 있겠습니까?

하느님의 인도와 사랑 없이는 불가능한 일이 아닌가 생각합니다.

많은 어려움에도 불구하고 묵묵히 최선을 다해준 3천여 임직원 여러분, 여러분들과 함께해 온 지난 40여 년이 정말 자랑스럽습니다. 한결 같은 마음으로 저와 함께 먼 길을 동행해 준 대은가족 여러분께 거듭 감사의 마음을 표합니다.

모두들 건강하시고 행복하십시오.

또 이 긴 여로(旅路)를 늘 뒤에서 보살펴준 아내에게 말로 다하지 못할 고마움을 전하며 늘 어디에선가 굽어 살피고 계실 나의 아버지 어머니께 감사의 절을 올립니다.

끝으로 한용운님의 '님의 침묵' 끝 소절로 CEO 레터를 맺고자 합니다.

"우리는 만날 때 떠날 것을 염려하는 것과 같이 떠날 때에 다시 만날 것을 믿습니다.

아아, 님은 갔지만 나는 님을 보내지 아니하였습니다."

감사합니다.

2009년 3월 5일

언론이 · 주목한 · 이화언 행장 news

수습행원으로 시작하여 40여 년, 은행장으로서 만 4년. 대구은행인으로서의 자리를 물러나는
이화언 행장을 주목한 언론 기사들

毎日新聞
2009년 02월 26일 016면

대구은행 황금시대 열고 '아름다운 퇴장'

이화언 행장 "후배에 길 터주는 것은 전통"

2천800여명의 화이트칼라가 근무하는 곳. 단일기업으로 대구에서 가장 종사자 숫자가 많은 회사. 시중은행들에게 난공불락으로 여겨지며 대구경북지역 최대 금융시장 점유율을 가진 금융회사. 대구경북지역민들과 떼려야 뗄 수 없는 대구은행의 수장이 바뀐다. 현 이화언 행장이 스스로 물러나겠다는 뜻을 밝힌 것이다. 특히 이 행장은 재임중 좋은 실적을 바탕으로 얼마든지 연임 시도를 할 수 있지만 '후배들을 위해서'라며 아름다운 퇴장을 선택, 마지막까지 지역사회의 품격을 지켜냈다는 평가를 받고 있다.

김천 출신으로 고려대학교 경제학과를 나왔다. 1970년 11월 대구은행에 입행한 그는 중앙지점에서의 대부업무 행원으로서 은행 업무를 시작했다. 이후 행장 비서실장, 뉴욕사무소장, 국제부장, 서울지점장, 융자부장 등을 거쳐 2000년 2월에 부행장까지 올랐다. 2003년 3월엔 수석부행장이 되면서 차기 행장을 예약했고 2005년 3월 제9대 대구은행장이 됐다. 외국어에 능통해 오랫동안 해외근무를 하면서 국제감각을 키웠다.

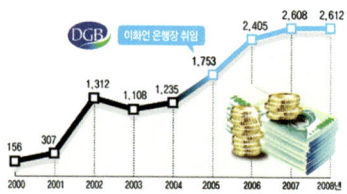

순이익 3년연속 2천억 돌파·해외투자 개척
사무실 전등 끄고 내복 입어 환경경영 실천

역대 대구은행 행장		
초대	김준성	1967년 9월 ~ 1975년 5월
2대	남육현	1975년 5월 ~ 1981년 2월
3대	정달용	1981년 2월 ~ 1984년 2월
4대	권태학	1984년 2월 ~ 1989년 2월
5대	이상규	1989년 2월 ~ 1992년 4월
6대	홍희흠	1992년 5월 ~ 1996년 2월
7대	서덕규	1996년 2월 ~ 2000년 2월
8대	김극년	2000년 2월 ~ 2005년 3월
9대	이화언	2005년 3월 ~ 2009년 3월
10대	?	2009년 3월 ~ ?

◆ "빛만 지고 갑니다"

이 행장은 기자에게 대구경북 지역민 및 은행으로부터 빛진게 너무 많다고 했다. 너무 과분한 사랑을 받았다는 것이다.

"감사하다는 말을 하고 싶습니다. 대구은행은 물론, 지역사회로부터 얻은 것이 너무 많습니다. 수습행원으로 들어온 뒤 벌써 40년동안 받아왔습니다. 은행과 지역사회에 빚만 지고 떠납니다."

기자는 "더 할 수도 있지 않았느냐"고 물었다. 그는 아니라고 했다. 지금 물러나야 한다는 것이다.

"등기 수석부행장으로서의 잔여임기 1년, 그리고 행장으로서의 제 임기 3년을 했습니다. 이제 제게 맡겨진 소임을 다했다고 봐야 합니다."고 그는 잘라 말했다.

"저는 물러날 계획을 오랫동안 생각해왔습니다. 후계자 양성도 해왔습니다. 그리고 이제 결단을 내렸습니다. 능력있는 후배에게 길을 터주는 것은 대구은행의 아름다운 전통입니다. 이것을 이어가죠. 능력있는 후배가 대구은행을 더욱 발전시킬 것이라고 저는 확신합니다."

그는 여러 사람들이 "이 어려운 경제 여건 속에서 맡을 갈아서면 안된다. 모두 불안해한다"고 말렸지만 자신은 그렇게 생각하지 않는다고 했다.

"대구은행이 어떤 조직입니까? 대구은행은 각종 지표는 물론, 시스템적으로 최고의 위치에 올라 있습니다. 행장이 바뀌더라도 흔들림이 없습니다. 염려들 하지 않아도 됩니다." 그는 대구은행의 저력을 믿고 있다고 했다.

◆ 대구은행 황금시대 열었다

2005년 3월 대구은행장으로 취임한 이 행장은 대구은행의 '황금시대'를 열었다는 평가를 받고 있다. 취임하면 그해 총자산 20조원을 돌파했고 그 이듬해에는 대구은행 창립 이후 처음으로 당기순이익이 2천억원을 넘어섰다.

이후 간접투자상품 판매고 2조원 돌파, 인터넷뱅킹 이용고객 100만명 돌파, 신용카드 고객 100만명 돌파 등 잇따라 신기록을 쏘아올렸다. 지방은행 중 신용등급 사상 최고라는 명성까지 재임기간 중 만들어냈다.

매년 2, 3차례씩 외국에 직접 나가 대구은행에 대한 투자를 권유했다. 때문에 대구은행은 외국인들이 좋아하는 종목이 됐다. 대구라는 지방도시에 있지만 대구은행은 글로벌은행의 위치에 오본 셈이다.

재무적 성과 뿐만이 아니다. 이 행장은 '엉뚱한 사람' '괴짜'라는 오해도 받아가면서까지 기업의 사회적 역할에도 관심을 기울여왔다. 또 기업이 갖추어진 기업 문화를 전파해야 하며 대구은행에서 규모가 가장 큰 대구은행이 선도적 역할을 해야한다고 항상 강조했다.

때문에 그는 열린 경영, 편 경영, 직원중시경영, 환경경영 등의 개념을 도입, 직접 그 실천을 진두지휘했다. 환경경영을 전파할 때는 스스로 겨울에 내복을 입고 다녔고 집무실 전등을 껐다. 환경경영은 다른 기관들에 벤처마킹하는 것으로까지 이어졌다.

직원들과 소통하기 위해 매주 CEO 편지를 직원들에게 날렸다. 편지 안에 자신의 생각을 쓰고 CEO는 이런 마음을 갖고 있다고 알렸다.

최경철기자 koala@msnet.co.kr

CEO 레터

"은행이든 기업이든 내부서 CEO 나와야"

말단 직원서 행장으로, 그리고 아름다운 퇴장 이화언 대구은행장

"은행과 지역사회에 빚만 지고 떠납니다."

오는 25일 40년 은행원 생활을 마감하고 '자연인'으로 돌아가는 이화언 대구은행장(사진)은 첫 퇴임소감을 지역민과 은행에 대한 고마움으로 대신했다.

이 행장은 세간의 궁금증을 일으킨 급작스러운 사임에 대해 "발표는 갑작스러운 것이지만 1년전부터 준비해 왔습니다"면서 "후임 행장으로 유력한 하춘수 수석부행장이라는 후임자가 있어 부담없이 결정할 수 있었습니다"라고 수석부행장에 대한 신뢰감을 나타냈다.

그는 은행장추천위원회가 열리기 불과 이틀전에 퇴임을 발표한 것은 '외부인사 방지'와 '(퇴임에 대한)주위 만류 우려' 때문이었다며 항간에 나돈 외압설, 전

"사임 전격발표는 외부인사 방지용 1년전부터 준비" '외압설' 등 일축

강이상설, 국책은행장설 등을 일축했다.

특히 내부승진의 당위성에 대해 거듭 강조했다.

"외부인사가 행장으로 올 경우 지역과 지역민, 지역기업과 은행직원을 파악하는 데만 2년이 걸립니다. 외부 경영인 수혈이 많을 것 같은 '포천'지 선정 500대 기업중에서도 내부CEO 비율이 90%를 넘는 것도 같은 맥락입니다."

그는 또 "주위에서 저를 과대평가해 마음이 흔들리는 것을 막고 싶었습니다. 과거는 제 몫이지만, 변화의 시기는 젊고 능력있는 사람들의 시대라는 생각에는 변함이 없습니다. 훌륭한 후임자가 있고 제가 그 밑거름이 되는 것이 지역엔 더욱 명예로운 일입니다"라고 강조했다.

이 행장은 재임중 가장 기억에 남는 일로 '지속가능경영'을 꼽았다.

"은행장으로 취임하면서 경영방향을 지속가능경영으로 잡았습니다. 지속가능 경영은 기존의 재무경영 위에 '윤리' '환경' 그리고 '사회공헌'이 아우러지는 것입니다."

특히 창립 40주년을 기념해 은행벽을 허물고 만든 열린광장을 시민들의 휴식공간으로 제공한 것에 대해서는 뿌듯함을 숨기지 않았다. 또 지역화가 작품 전열에서부터 금융박물관, 비즈니스룸 등도 지역민의 사랑에 대한 조그만 보답이라고 겸손해 했다.

그는 직원들에 대한 고마움도 잊지 않았다.

"은행은이 있는 곳이라 사고가 많지만 행장 재직 동안 단 1건의 사고도 없었습니다. 이는 직원들이 은행일을 자기일처럼 했기 때문에 가능하며 이러한 직원들이 자랑스럽습니다."

이 행장은 이 모든 것이 '내부고객이 만족해야 외부고객을 만족시킨다'는 직원중시 경영에서 시작됐다고 믿는다. 그는 지속가능 경영의 중심은 직원이라 생각하고 취임초부터 성과보상시스템 확립과 직원교육 화

"내부가 만족해야 외부고객도 만족 지속가능경영의 중심은 직원이다"

대, 그리고 신입행원에서 부행장까지 모든 직원과 파트너십을 가져왔다. 매주 수요일 직원들에게 보내는 'CEO레터'도 그 연장선상이다.

전세계를 휩쓸고 있는 금융위기 속에서도 지역경제에 대해서는 낙관론을 피력했다.

"10년전 외환위기와 비교하면 그때보다 훨씬 좋은 상황입니다. 대구은행만 보더라도 1998년 두달동안의 부도금액이 6천억원이었는 데 지금은 200억원에 불과합니다. 또 자본금도 3천억원에서 1조5천억원으로 성장했고 BIS비율도 비교할 수 없을 만큼 건전해졌습니다. 결국 '두려워해야 할 것은 두려움 그 자체'라는 것을 잊지 말아야 합니다. 지역기업인들이 용기를 잃지 않으면 머잖은 시기에 위기를 극복할 수 있을 것으로 확신합니다."

이 행장은 지난 4년간 재임하면서 주주중시 경영을 일관되게 추진해온 경영인으로 증권가에서 인정받아 왔다. 현 대구은행 주식은 터무니없이 낮게 평가됐다고 판단하고 있다.

"한마디로 지금의 대구은행 주가는 금융위기라는 외부영향에 의해 헐값 왜곡된 것입니다. 분명히 일시적인 것입니다. 후임 행장의 시장친화적 경영에 대해서도 IR를 통해 적극적으로 알려 시장의 인정을 받아나가면 곧 제 자리를 찾을 겁니다."

마지막으로 퇴임후 계획에 대해 "쉬면서 생각해봐야겠지만 지난 지역을 위해서 할 수 있는 것을 찾아보겠다"면서 "당분간 40년동안 앞만보고 살아온 남편을 묵묵히 지켜본 집사람과 함께 여행을 다닐 계획"이라고 말했다.

대구은행 최초로 말단 은행 직원에서 은행장까지 오른 은행계의 입지전적인 인물인 이화언 행장의 소박한 은퇴 계획이다.

경북일보

이화언행장의 후진 위한 용퇴

2009년 03월 04일 023면

이화언 대구은행장이 용퇴했다.

은행 임직원들은 그의 연임을 강력히 희망했고, 김범일 대구시장 등 각계각층 주요 인사들이 어려운 경제사정을 감안해 사임을 만류했지만, 이 행장은 "지금 후진에 양보하는 것이 도리다. 은행 전통에 따라 내부에서 은행장으로 승진할 수 있는 기회를 줄 수 있어 행복하다"며 용단을 내렸다. 김수환 추기경의 '사랑과 베풂의 일생'을 마친 뒤여서 이 행장의 '아름다운 뒷모습'이 더 의미 있게 느껴진다.

이 행장은 임기동안 지방은행 최초로 총자산 20조원 달성, 창립이래 최대 당기순이익 기록 등 매년 2천억원 이상의 경영실적을 올렸고, 대구은행을 세계적 수준의 우량은행으로 성장시켰다.

2006년 UN Global Compact에 가입해 지속가능경영의 국제적 가이드라인이라 할 수 있는 GRI기준에 부합하는 지속가능경영 보고서를 2007년 발간, 국내 금융기관으로는 처음으로 GRI 최고등급인 '레벨A'를 획득했다. 또 직원중시경영, 지역밀착경영, 적극적인 해외IR를 펼쳤다.

그 결과 대구은행은 은탑산업훈장, 한경재단 주최 '로하스 경영대상'에서 우수 기업상, 산업자원부 주최 '제2회 지속가능경영대상'에서 국내 은행권으론 유일하게 '윤리·사회 책임경영상', 아시아머니 주최 '2007 아시아 최우수경영기업상', '2008 대한민국 지속가능경영대상' 종합상, '대한민국을 이끄는 21세기 경영리더 대상', 한국매니페스토실천본부 주관 '제1회 매니페스토 약속대상' 기업인부문 대상을 받았다. 이같은 업적을 남긴 이화언 행장은 실로 '입지전적 인물'이라 할만 하다.

지금의 금융위기에도 대구은행은 모든 지표에서 탄탄한 모습을 보이면서, 지역 중소기업을 위해 많은 공헌을 했다.

이같은 이 행장의 탁월한 경영능력은 '베풂의 정신'을 소중히 여기는 그의 인품에서 연유한 것으로 보인다.

평소 에너지를 절약하는 알뜰정신과 녹색에너지 개발에 관심이 많은 이화언 행장이 사회를 위해 앞으로 헌신할 일은 많다. 그가 어느 분야에서 무슨 일을 하든 사회는 그를 관심 있게 지켜보며 성원할 것이다.

경북일보

2009년 03월 03일 022면

데스크경북

뒷 모습이 아름다운 이화언 행장

박무환 (대구취재본부장 부국장 대우)

이화언 대구은행장이 사의를 표명한다는 소식을 접한 후 순간 무엇엔가 맞은 것처럼 머리가 '띵'했다. 한순간 "진짜 일까"하는 의아심도 지울 수 없었다.

그러나 물러나는 것은 분명했다.

올해 초 은행주변에서 이행장이 연임을 하지 않을 것이란 미화언 풍문은 나돌았다.

그렇지만 설마했다.

특별히 경쟁자로 부상되는 후보자도 없었다. 이 행장이 마음만 먹으면 연임은 얼마든지 가능할 수도 있으리라 생각됐기 때문이다.

그럼에도 출연한 자리에 연연하지 않고 떠나는 이 행장.

권력이란 손아귀에 넣기도, 어렵지만 일단 그것을 잡아 맛을 들이면 쉽게 놓기도 결코 쉽지않다. 정말이지 마약과도 같은 것이다.

그러기에 세도가들은 끝까지 권력의 끄트머리라도 잡으려고 또는 줄을 대기 위해 아등바등거리다. 마지막에는 춤지 않은 모양새로 마무리하는 경우가 허다하다. 때로는 과욕을 부리다 비참한 꼴을 한 채 군중속으로 사라지기도 한다.

박수받을 때 물러나는 이행장.

정말로 정말로 아쉽지만, 또 보내고 싶지 않지만 이행장은 깨끗이 떠나는 모양이다.

대구은행장은 여편자리언가, 대구은행은 지방은행 최초 자산 20조원 달성, 창립 이래 최대 당기순이익을 기록하는 등 최근 수년동안 2천억원 이상의 경영실적을 올렸다. 대구지역에 본사를 둔 기업 가운데 매출액 기준으로 가장 큰 곳이기도 하다.

사회봉사와 지역사회의 기여도 어느 기업못지 않다.

이화언 행장은 그런 기업의 총수이기도 하다. 이런 그가 아무런 미련없이 홀훌 털어버리고 떠난단다.

지난해 이맘때 쯤으로 기억된다. 이행장에 대해 권영호(인터불고회장과 함께 특집기사로 다뤘던 기사가 주마등처럼 스쳐간다.

그는 17년된 승용차를 타고 다녔다. 1991년식 구형 소나타였다. "차는 교통수단에 지나지 않을 뿐 신분을 나타내는 것은 아니다"고 했다.

한 번은 이 행장이 휴일에 17년 묵은 이 승용차를 타고 은행에 나타나자 경비원이 "무슨 일로 왔느냐"며 가로 막았다는 것. 신분을 밝히고 웃으면서 넘겼다고 말했다.

이 행장의 검소함은 옷차림에서도 엿볼 수 있다. 그가 올 겨울 자주 입는 코트는 20년 된 것이고 즐겨 매는 넥타이 가운데는 은행 입사 초기 맸던 것도 있다.

이 행장이 지난 1970년 대구은행에 입사한 점을 감안하면 이 넥타이는 최소 30년 이상 된 것. "넥타이는 유행을 돌고 돌아 오늘에도 어색하지 않습니다"

아름답다. 그리고 멋지다.

그의 인생철학을 보여주는 한 단면이다.

그러기에 대구시장을 비롯해 상당수 지도층들이 그의 사의를 말렸을 게다.

이화언 은행장은 "지금 후진에게 양보하는 것이 도리다. 은행 전통에 따라 내부에서 은행장으로 승진할 수 있는 기회를 줄 수 있어 행복하다"고 말했다고 한다.

은행장후보추천위원회는 2일 당신이 아끼고 사랑하는 후배 하춘수 수석부행장을 신임 대구은행장으로 공식 추천했다지요.

당신이 그랬던 것 처럼 후임행장도 그럴 것입니다.

당신의 바램대로 대구은행은 건강하게 자라서 지역사회의 버팀목이 되는 것을 믿어의심치 않습니다.

굿(GOOD)-럭(LUCK)! 이화언.

언론이·보도한 『CEO 레터』 Media Review

이화언 전 대구은행장이 4년 동안 직원들에게 보낸 편지를 모아 엮은 『CEO 레터』 출간에 대해 선진경영의 모범이자 CEO들의 필독서로 보도한 언론 기사들

『CEO 레터』에는 지역시장 점유율을 44%대로 끌어 올리고 사상 유례 없는 당기순이익을 실현한 대구은행 성공신화의 비결이 낱낱이 공개되어 있다. 이화언 행장의 삶의 행적과 철학이 꾸밈없이 솔직하게 담긴 글들은 읽는 이들의 심금을 울린다. 〈조선일보〉

취임 초인 2005년 4월부터 4년 가까이 매주 직원들에게 공개적으로 보낸 편지를 묶어 펴낸 이 책에서 이화언 행장의 경영철학과 직원에 대한 애정을 엿볼 수 있다. 특히 그는 해외IR를 다녀오는 길에 귀국하는 비행기 안에서도 글로벌 시장 동향과 은행의 나아갈 방향에 대한 보고서 형식의 편지를 남길 만큼 의욕적이었다. 〈동아일보〉

몸에 밴 국제화 마인드와 직원을 아끼는 열린 경영, 편경영을 추구하며 높은 시장점유율 신화를 이뤄낸 이화언 행장은 주위의 만류에도 불구하고 후배들에게 길을 터주며 박수칠 때 떠났다. 40년 백전노장의 아름다운 퇴장이었다. 〈한국일보〉

매주 직원들에게 편지를 쓰는 것은 열정과 성의가 없으면 불가능한 일이다. 재임기간 중 파트너십과 비전 공유를 강조하며 조직 내 거리 좁히기에 힘썼던 감성 경영자의 면모가 돋보인다. 〈연합뉴스〉

마흔 살이 되면 고통스런 갱생을 통해 30년을 더 산다는 솔개 우화를 인용, '솔개 프로젝트'를 통해 새로운 기업문화 조성을 추진한 과정이 잘 드러나고 있으며 특히 윤리경영, 사회공헌, 환경경영 등 지속가능경영에 대해 이보다 더 잘 설명한 책은 없을 것이다. 〈머니투데이〉

이화언 행장은 재임기간 중 파트너십과 비전 공유를 강조했던 경영자로 평가받고 있으며 『CEO 레터』에 이런 경영철학을 그대로 드러냈다. 〈매일경제〉

이화언 행장이 지역대표 기업인 대구은행을 이끌며 지역민들과 함께 해온 경험을 통해 기업의 사회적 책임이라는 것에 대해 진지하게 생각해볼 수 있을 것이나. 『CEO 레터』는 기업이 어떻게 사회와 함께 성장하는가에 대한 해답이다. 〈매일신문〉

이화언 행장은 취임 직후부터 4년 동안 신변잡기부터 경영철학을 담은 『CEO 레터』를 매주 직원들에게 보낸 이색적인 기록을 남겼다.　　　　　　　　　　　〈영남일보〉

『CEO 레터』는 이화언 행장의 뛰어난 통찰력과 글로벌 마인드, 성공적인 리더십을 엿볼 수 있는 책이다. 오늘날 세계적인 경제위기 상황에서 바람직한 리더십을 갈구하는 CEO들이 반드시 읽어야 할 필독서이다.　　　　　　　　　　　　〈경북일보〉

이화언 행장의 『CEO 레터』는 조직을 위하고 직원들을 사랑하는 리더의 참된 모습이 무엇인지를 보여주고 있다.　　　　　　　　　　　　　　　　　　〈대구일보〉

기획재정부장관, 금융감독원장, 대구광역시장, 대구상공회의소 회장, 국가브랜드위원회 위원장, 대통령비서실 경제수석비서관 등 무려 10명에 달하는 경제전문가와 저명 인사들이 일독을 권하는 서평을 남긴 데에는 그만한 이유가 있음을 확인할 수 있다.
　　　　　　　　　　　　　　　　　　　　　　　　　　　　　　　　　　〈내일신문〉

이화언 행장은 세계적인 흐름이자 새로운 경영 패러다임인 윤리경영 · 사회공헌 · 환경경영을 아우른 지속가능경영을 한 발 앞서 도입, 추진함으로써 대구은행을 지속가능경영의 최선두주자 자리에 올려놓았다. 또한 인간 이화언의 삶의 행적과 철학, 문화, 예술, 역사에 대한 타고난 소양이 드러난다.　　　　　　　　　　　〈뉴시스〉

대구은행이 왜 지방은행임에도 불구하고 대형 시중은행을 능가하는 우량한 경영성과를 거두고 지역사회의 신뢰를 받고 있는지를 알 수 있는, 개인과 기업의 훌륭한 등대가 될 책이다.　　　　　　　　　　　　　　　　　　　　　　　〈데일리안〉

이 책을 읽으면 이화언 행장이 재임 기간 중 대구은행이 왜 'Asiamoney'지 선정 아시아 최우수 경영기업상, 제1회 한국을 빛낸 CEO 윤리경영부문 대상, 한경IR 대상, 2008지속가능경영대상 기업부문 종합 대상, 대한민국을 이끄는 21세기 경영리더 대상, 제1회 매니페스토 약속 대상, 은탑산업훈장 등을 수상했는지 알게 될 것이다.
　　　　　　　　　　　　　　　　　　　　　　　　　　　　　　　　　　〈뉴스핌〉